iT교재의 진수

New MyLove series

파워포인트
Powerpoint 2021

이은정 지음

(주)교학사

섹션 설명 해당 섹션에서 다룰 내용에 대한 전체적인 개념을 설명합니다.

완성파일 미리보기 해당 섹션에서 실습을 통해 완성하게 될 문서를 미리 살펴보며 전체적인 흐름을 파악할 수 있습니다.

MISSION 해당 섹션에서 수행할 실습 목차입니다.

CHECK POINT 해당 섹션에서 학습할 내용 중에서 특별히 유의해야 할 사항을 간단 명료하게 제시합니다.

LEARN MORE 실습에서 다루지는 않았지만 알아두면 도움이 될 관련 내용, 고급 기능 등에 대한 설명을 담았습니다.

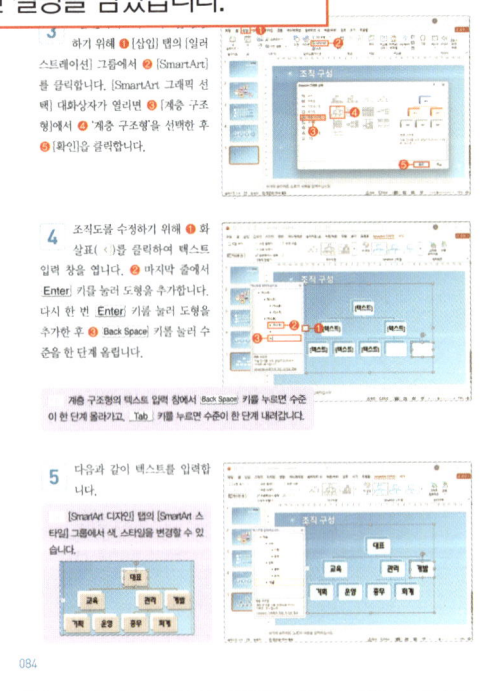

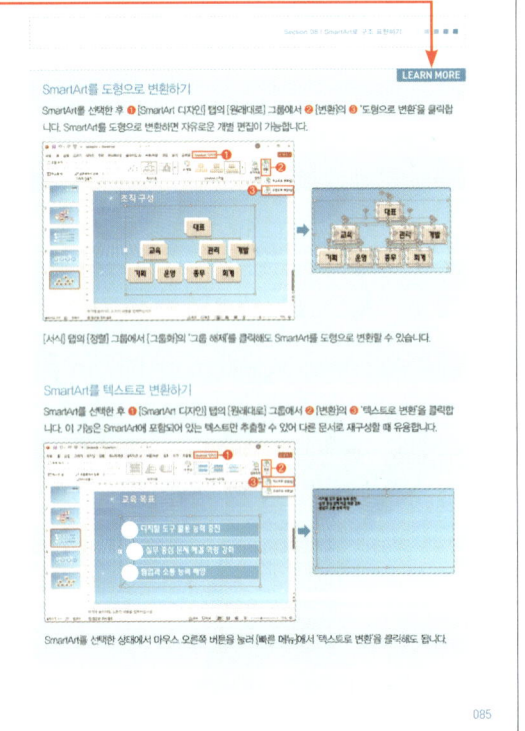

실습 1 디자인 테마 적용하기

1 [새 프레젠테이션]을 실행하고 배경 디자인 서식을 적용하기 위해 ❶ [디자인] 탭의 [테마] 그룹에서 ❷ '테마' 목록을 클릭합니다.

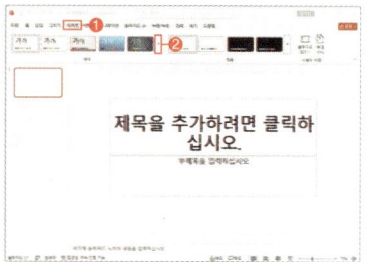

2 테마 목록에서 ❶ '기본'을 선택합니다.

슬라이드의 크기와 방향 변경
[디자인] – [사용자 지정] 그룹 – [슬라이드 크기] – [사용자 지정 슬라이드 크기]

3 테마에 적용된 색상을 변경하기 위해 [디자인] 탭의 [적용] 그룹에서 ❶ '적용' 목록을 클릭합니다. ❷ [색]에서 [청록색]을 선택합니다. 색상 위에 마우스를 올리면 슬라이드에 적용된 모습을 미리 확인할 수 있습니다.

실습 하나의 섹션에는 여러 개의 따라하기식 실습 과제가 있습니다. 순서대로 따라하다 보면 해당 기능을 자연스럽게 이해할 수 있습니다.

TIP 실습 과제를 따라하면서 알아두면 좋을 핵심 사항이나 주의해야 할 부분을 수록하였습니다.

문제 풀어보기 하나의 섹션을 끝낸 후 스스로 풀어볼 수 있는 문제를 기초와 심화로 나누어 수록하여 배운 기능을 복습할 수 있도록 하였습니다.

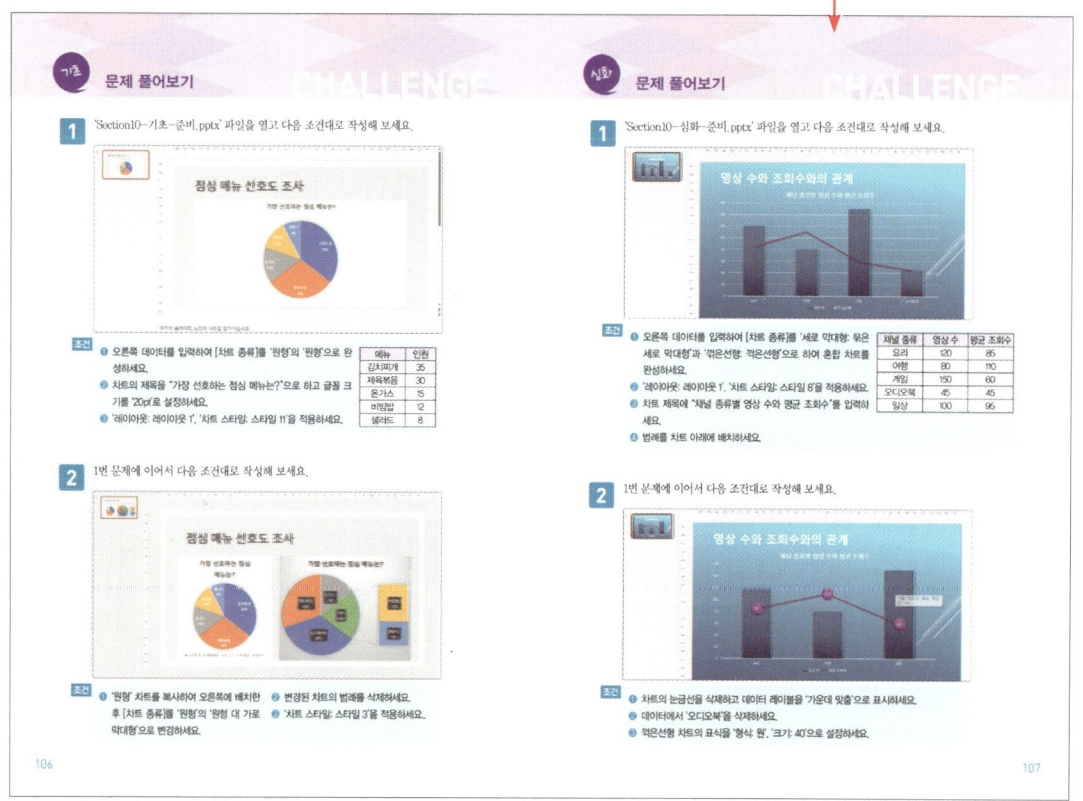

01 웹브라우저의 주소 입력 창에 '**www.kyohak.co.kr**'를 입력한 후 [Enter]를 누릅니다. 교학사 홈페이지에서 상단 메뉴의 [자료실]을 클릭합니다.

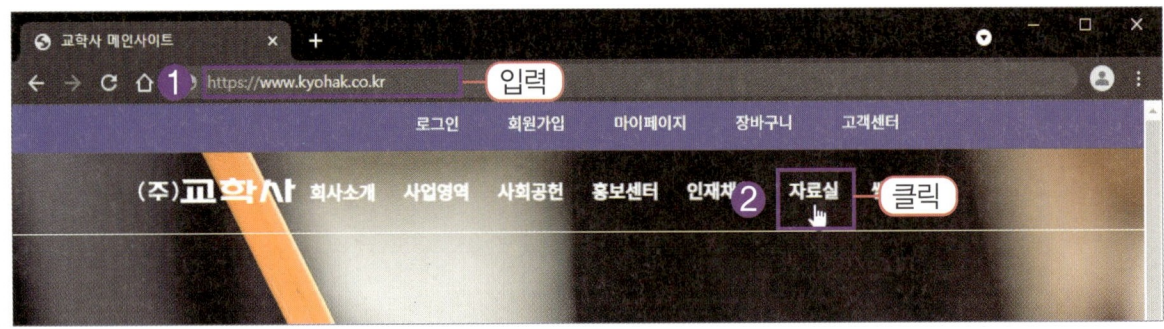

02 [출판] – [단행본] 탭을 클릭하고 검색에 "**뉴마이러브 파워포인트 2021 예제 파일**"을 입력한 다음 [검색]을 클릭합니다.

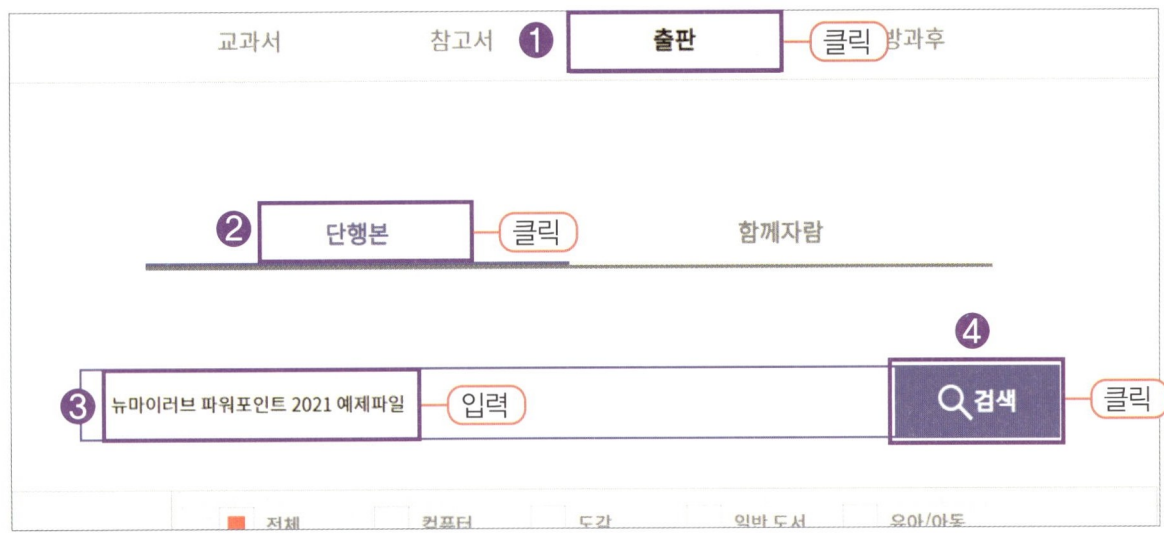

03 홈페이지 하단에 다운로드 본 교재의 예제파일이 검색되면 검색 결과를 클릭합니다.

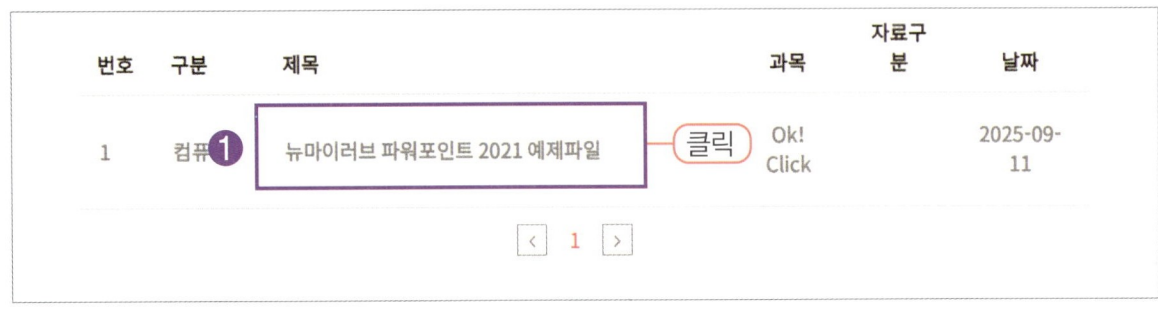

04 [다운로드]를 클릭하여 압축된 예제파일을 내려받습니다.

05 내려받기가 설정된 경로 위치에 압축된 예제파일이 저장됩니다. 압축 프로그램을 이용하여 예제파일의 압축을 풀어줍니다.

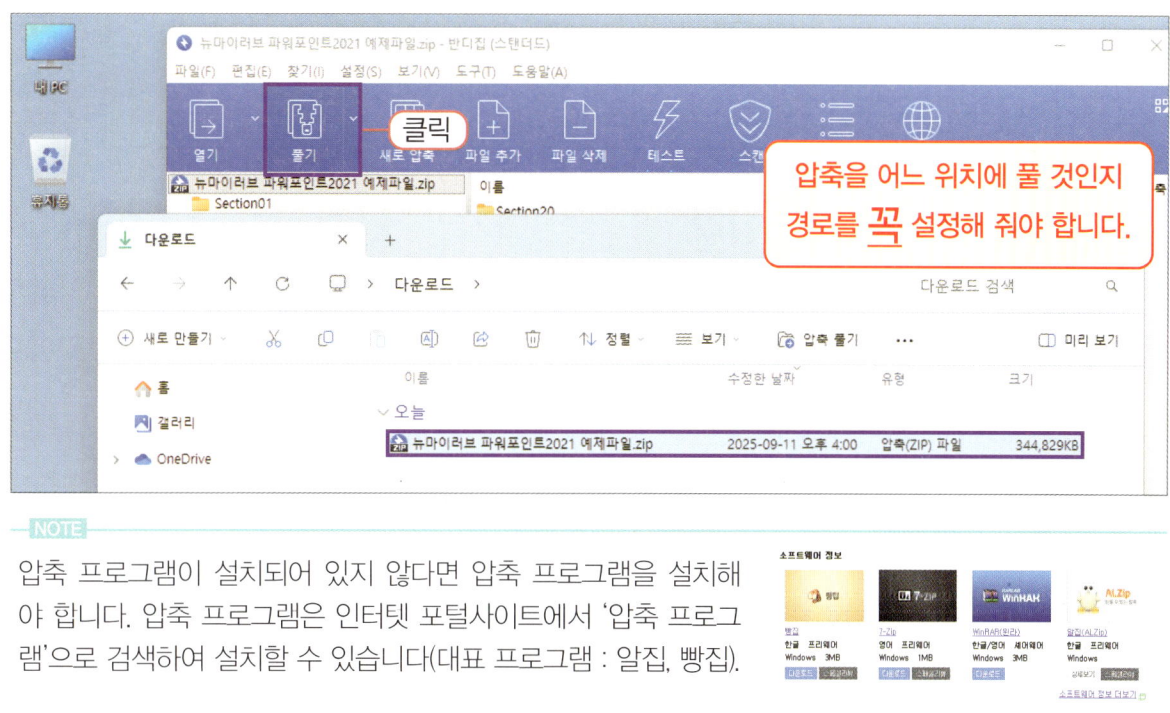

NOTE

압축 프로그램이 설치되어 있지 않다면 압축 프로그램을 설치해야 합니다. 압축 프로그램은 인터넷 포털사이트에서 '압축 프로그램'으로 검색하여 설치할 수 있습니다(대표 프로그램 : 알집, 빵집).

06 바탕화면에 예제파일의 압축이 풀렸습니다. 이제 파워포인트 2021를 실행하고 해당 폴더의 파일을 불러와 사용하면 됩니다.

Contents

Contents

01
SECTION

파워포인트 2021 시작하기

파워포인트는 프레젠테이션에 최적화된 저작 도구로 학교 과제, 제품 소개, 업무 보고 등 다양한 분야에서 폭넓게 사용되고 있습니다. 파워포인트 2021의 화면 구성과 주요 기능을 살펴보고 템플릿을 활용하여 발표 자료를 빠르게 만들어 봅니다.

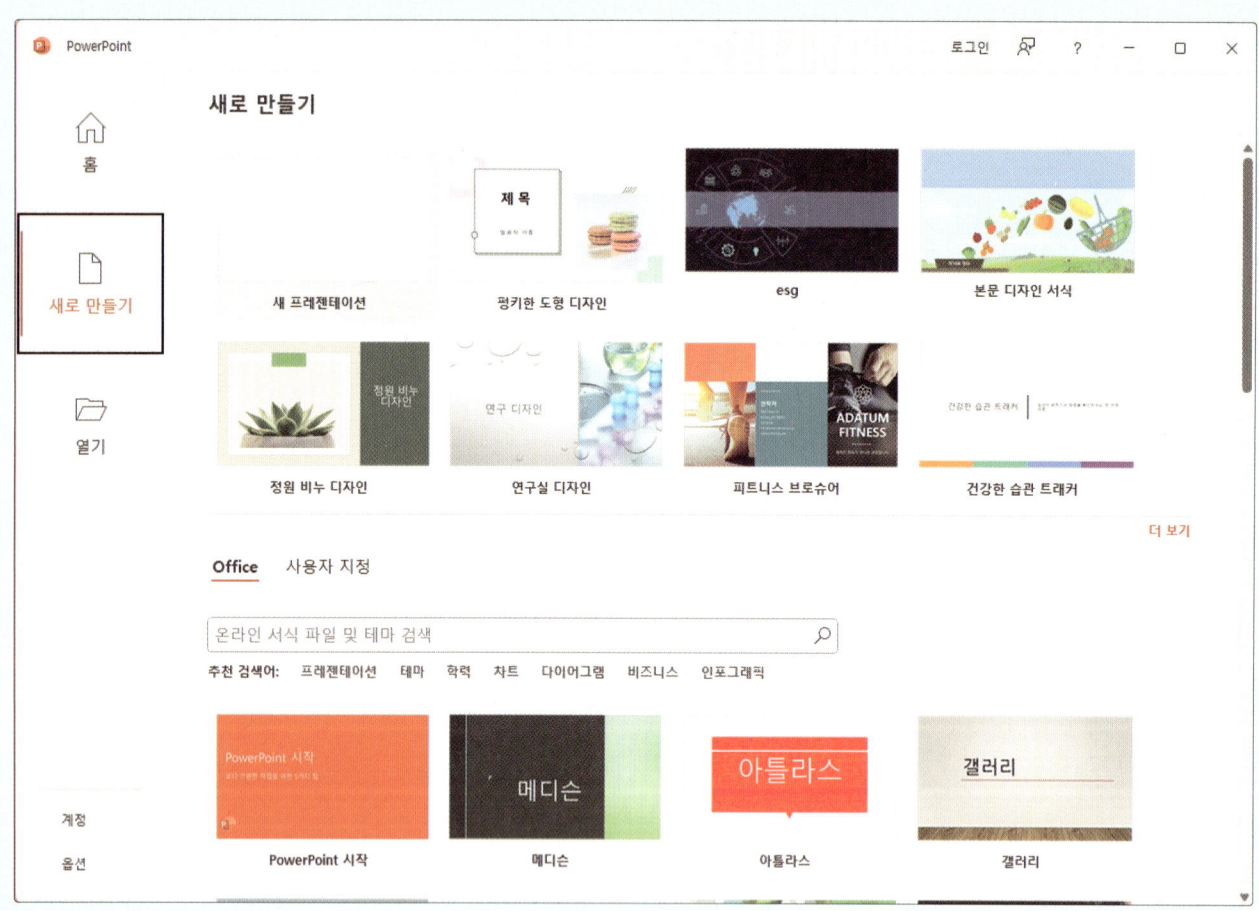

CHECK POINT

포인트 1 파워포인트 2021의 화면 구성을 살펴봅니다.

포인트 2 슬라이드를 삽입/삭제하고 문서를 저장해 봅니다.

포인트 3 템플릿을 활용하여 슬라이드를 빠르게 작성해 봅니다.

파워포인트 2021 화면 살펴보기

1 파워포인트 2021을 실행하면 '파워포인트 빠르게 시작하기' 화면이 나타납니다. 이 화면에서 [새로 만들기]의 [새 프레젠테이션]을 클릭하면 다음과 같이 새 슬라이드가 열립니다.

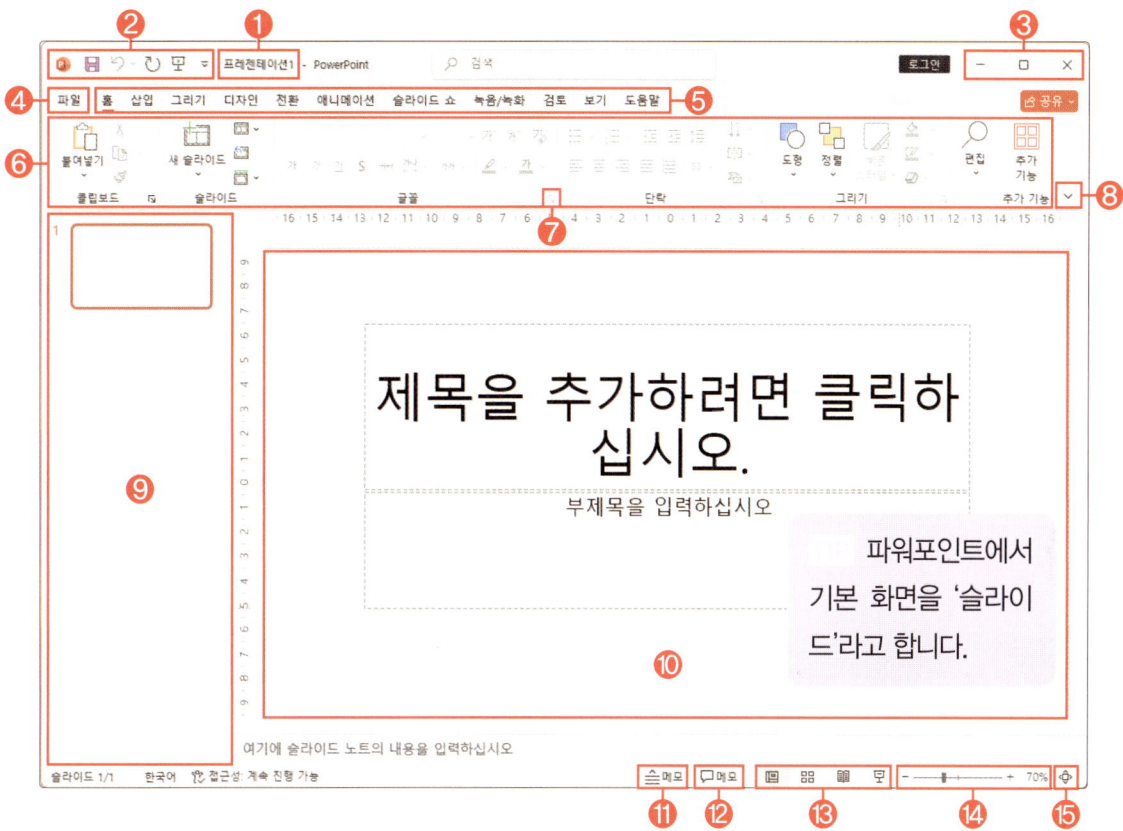

❶ **제목 표시줄** 현재 작업 중인 프레젠테이션 문서의 저장 파일명이 표시됩니다.

❷ **빠른 실행 도구 모음** 자주 사용하는 도구의 모음으로 사용자가 원하는 대로 추가, 삭제할 수 있습니다.

❸ **창 크기 조절** 창을 최소화, 최대화, 종료합니다.

❹ **[파일] 탭** 새로 만들기, 열기, 저장, 인쇄, 공유 등의 기능을 지정합니다.

❺ **[탭]** 파워포인트에서 제공하는 기능을 그룹별로 묶어 제공합니다.

❻ **[리본 메뉴]** [메뉴] 탭을 누르면 각 해당 탭에서 자주 사용되는 명령들이 그룹별로 표시됩니다.

❼ **[대화상자 표시]** 기능의 세부 옵션을 설정합니다.

❽ **[리본 메뉴 축소]** [리본 메뉴]를 축소하고 탭 이름만 보여 줍니다. 임의의 [메뉴] 탭을 더블클릭하면 [리본 메뉴]를 다시 보이게 할 수 있습니다.

❾ **[슬라이드/개요]** 슬라이드를 축소판 그림 형태로 보여 줍니다. 슬라이드 순서를 바꾸거나 삽입/삭제할 수 있습니다.

❿ **[슬라이드]** 기본 작업 창입니다.

⓫ **[메모(슬라이드 노트)]** 발표자가 참고할 내용을 작성합니다.

⓬ **[메모]** 의견이나 변경 내용 등을 작성합니다.

⓭ **[화면 보기]** 슬라이드의 화면 보기 상태를 지정합니다.

[기본] 슬라이드의 기본 편집 화면입니다.

[여러 슬라이드] 슬라이드를 축소해서 한 화면에 나열해 줍니다.

[읽기용 보기] 슬라이드 쇼의 미리보기로 프레젠테이션을 검토할 때 사용합니다.

[슬라이드 쇼] 현재 슬라이드부터 [슬라이드 쇼]를 보여 줍니다.

⓮ **[확대/축소 슬라이더]** 슬라이드의 화면을 확대/축소합니다. 확대 비율을 확인할 수 있습니다.

⓯ **[현재 창 크기에 맞춤]** 슬라이드가 확대/축소되었을 때 현재 창 크기에 맞게 조절합니다.

실습 2 옵션 설정하기

1 [옵션] 창에서 사용자 맞춤 설정을 할 수 있습니다. [파일] 탭의 [홈]에서 [옵션]을 클릭하면 다음과 같이 창이 열립니다. [일반] 탭에서는 사용자 이름, Office 테마 등을 변경할 수 있습니다.

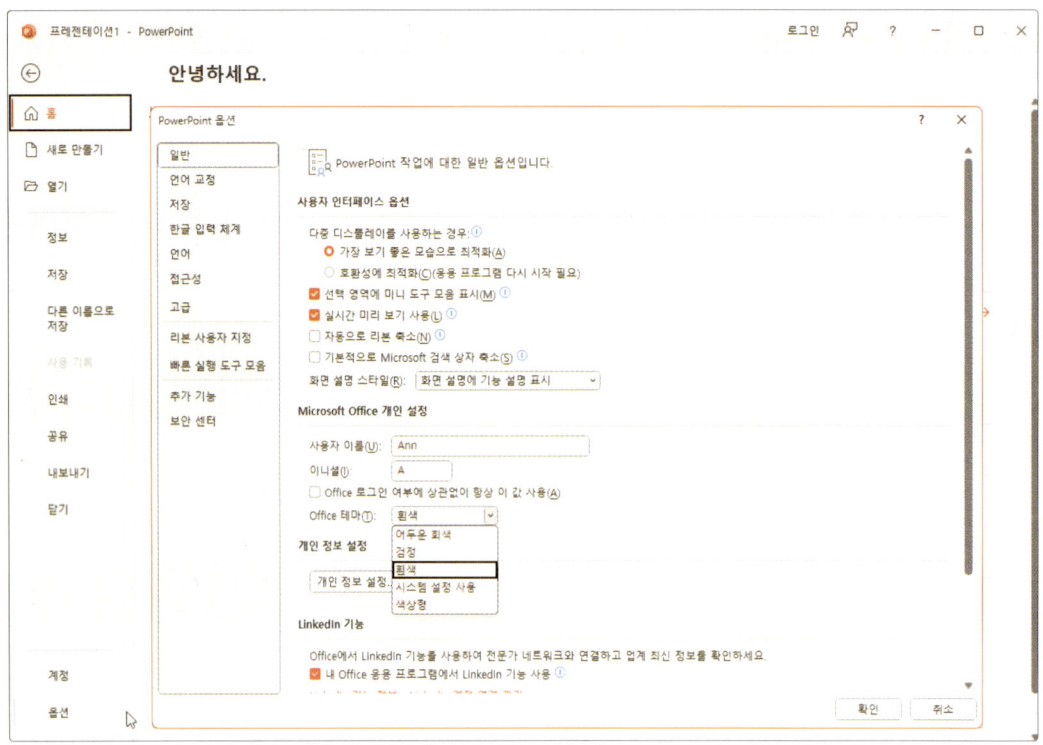

2 [리본 사용자 지정] 탭을 클릭하여 [리본 메뉴] 항목을 추가하거나 삭제할 수 있습니다.

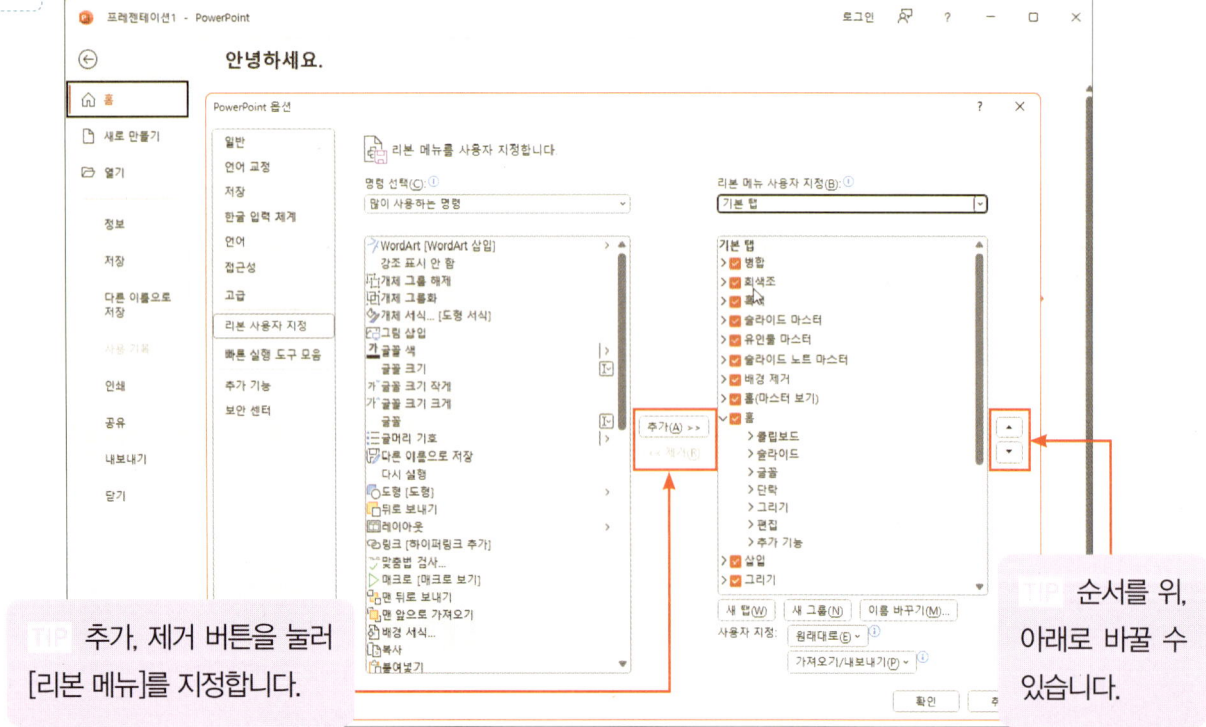

TIP 추가, 제거 버튼을 눌러 [리본 메뉴]를 지정합니다.

TIP 순서를 위, 아래로 바꿀 수 있습니다.

'파워포인트 빠르게 시작하기' 화면 살펴보기

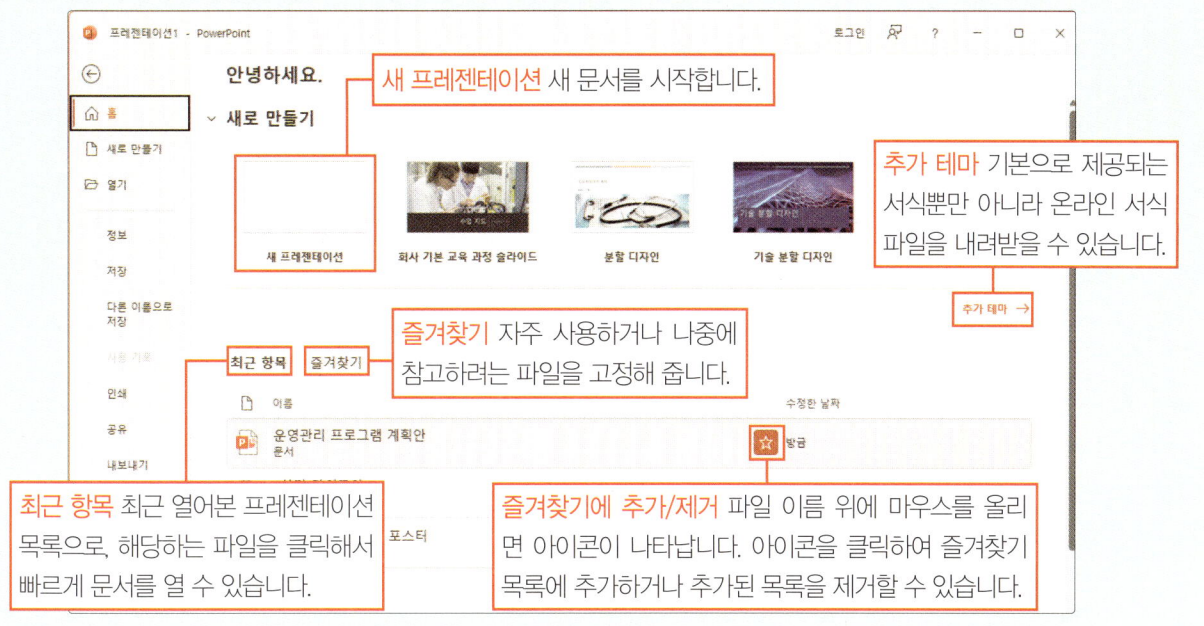

새 프레젠테이션 새 문서를 시작합니다.

추가 테마 기본으로 제공되는 서식뿐만 아니라 온라인 서식 파일을 내려받을 수 있습니다.

즐겨찾기 자주 사용하거나 나중에 참고하려는 파일을 고정해 줍니다.

최근 항목 최근 열어본 프레젠테이션 목록으로, 해당하는 파일을 클릭해서 빠르게 문서를 열 수 있습니다.

즐겨찾기에 추가/제거 파일 이름 위에 마우스를 올리면 아이콘이 나타납니다. 아이콘을 클릭하여 즐겨찾기 목록에 추가하거나 추가된 목록을 제거할 수 있습니다.

빠른 실행 도구 모음 사용자 지정하기

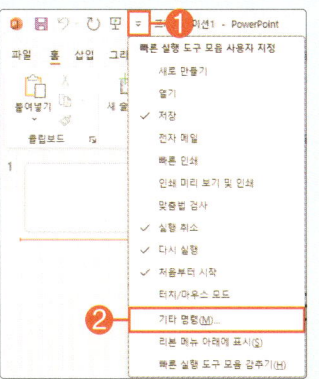

빠른 실행 도구 모음 사용자 지정

자주 사용하는 메뉴를 추가하여 편리하게 사용하는 도구 모음입니다. [빠른 실행 도구 모음] 메뉴의 ❶ 목록 단추를 클릭하여 추가하려는 명령을 선택합니다. 목록에 없는 메뉴를 추가할 때는 ❷ [기타 명령]을 선택합니다. [기타 명령]을 선택하면 [Powerpoint 옵션] 대화상자가 나타납니다.

[Powerpoint 옵션] – 명령 추가하기

[명령 선택]에서 ❸ '삽입 탭'을 선택한 후 ❹ 명령을 클릭하여 ❺ [추가]를 누릅니다. 왼쪽에 있던 명령이 오른쪽으로 추가됩니다.

[Powerpoint 옵션] – 명령 제거하기

오른쪽 목록에서 명령을 선택한 후 ❻ [제거]를 누릅니다.

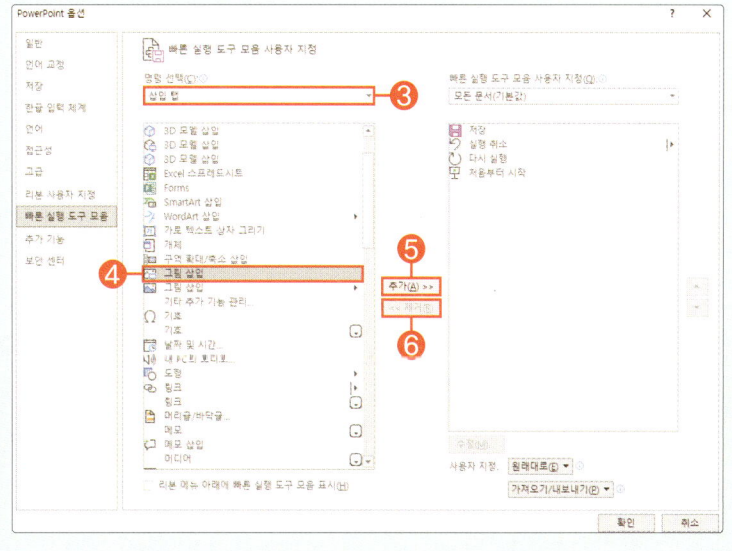

실습3 슬라이드 삽입/삭제와 저장하기

1 제목 슬라이드 다음에 '빈 화면' 슬라이드를 삽입하기 위해 ❶ 1번 슬라이드를 선택한 다음, ❷ [홈] 탭의 [슬라이드] 그룹에서 ❸ [새 슬라이드] 목록을 클릭합니다. 슬라이드 레이아웃 중에서 ❹ [빈 화면]을 선택합니다.

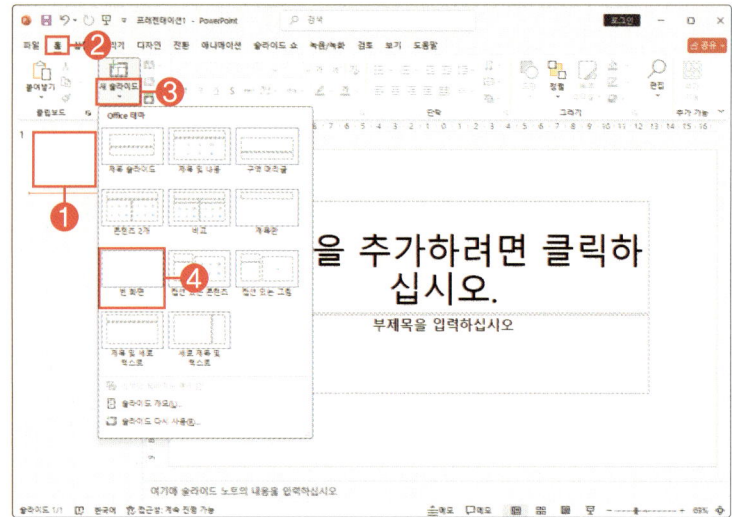

> TIP ⬚를 클릭하면 '제목 및 내용' 슬라이드가 바로 삽입됩니다. [새 슬라이드]를 클릭하면 슬라이드 레이아웃 중에서 선택하여 삽입할 수 있습니다.

2 선택한 슬라이드를 삭제하기 위해 ❶ 2번 슬라이드를 선택한 후 마우스 오른쪽 버튼을 눌러 [빠른 메뉴]에서 ❷ [슬라이드 삭제]를 클릭합니다.

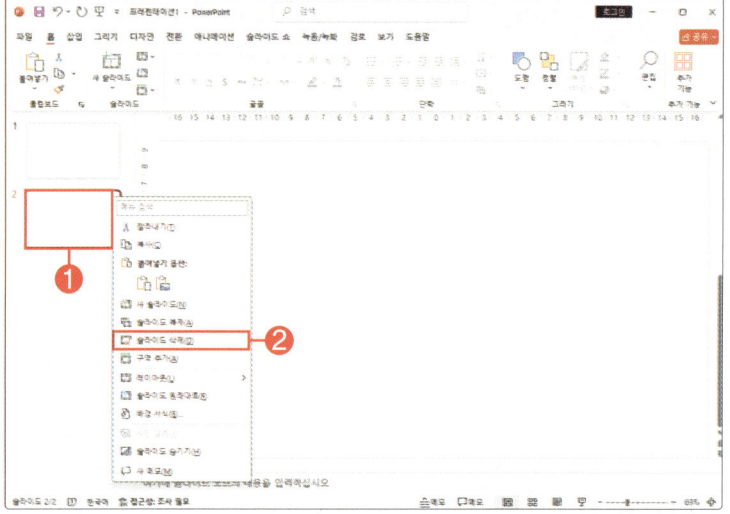

> TIP Delete 키를 눌러도 삭제할 수 있으며, Ctrl 또는 Shift 키를 이용하면 여러 개의 슬라이드를 한꺼번에 선택하여 삭제할 수 있습니다.

3 슬라이드를 저장하기 위해 [파일] 탭의 ❶ [다른 이름으로 저장]을 선택한 후 ❷ [이 PC]를 더블클릭합니다. [다른 이름으로 저장] 대화상자에서 파일 이름을 ❸ "파워포인트 실습"으로 입력한 후 ❹ [저장]을 클릭합니다.

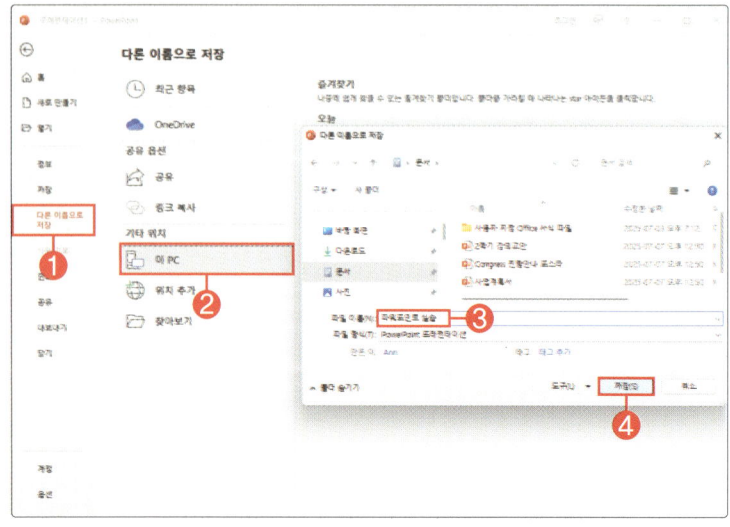

LEARN MORE

슬라이드 삽입하기

❶ 슬라이드를 선택한 상태에서 Enter 또는 Ctrl + M 을 누릅니다. ❷ 새 슬라이드가 삽입됩니 다.

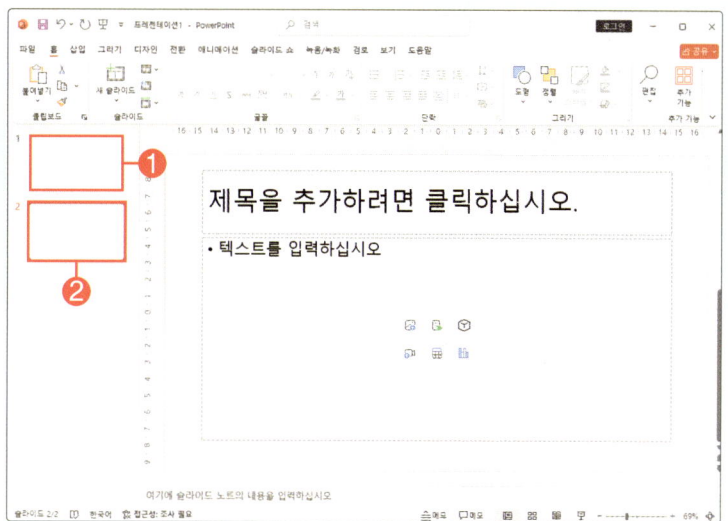

슬라이드 레이아웃 변경하기

해당 슬라이드를 선택한 상태에서 ❶ [홈] 탭의 [슬라이드] 그룹에서 ❷ [슬라이드 레이아웃]을 클릭한 후 ❸ 원하는 레이아웃을 선택합니다.

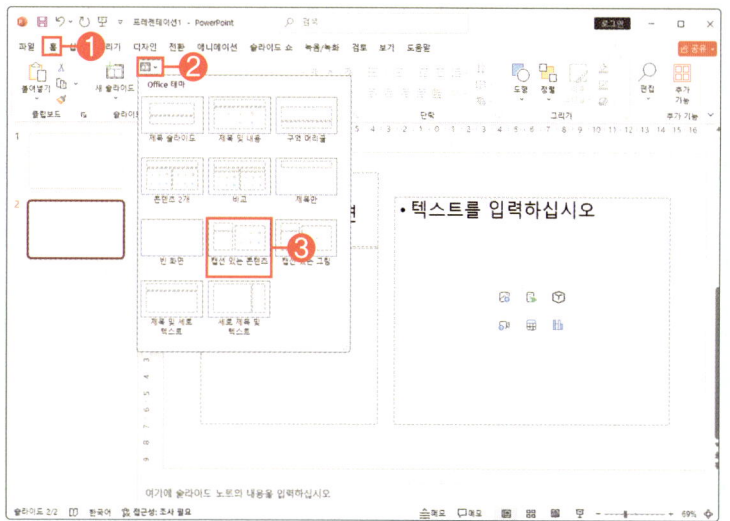

슬라이드 구역 나누기

슬라이드를 그룹화하여 관리할 수 있습니다. ❶ 1번 슬라이드와 2번 슬라이드 사이를 클릭한 후 마우스 오른쪽 버튼을 눌러 [빠른 메뉴]에서 ❷ [구역 추가]를 클릭합니다

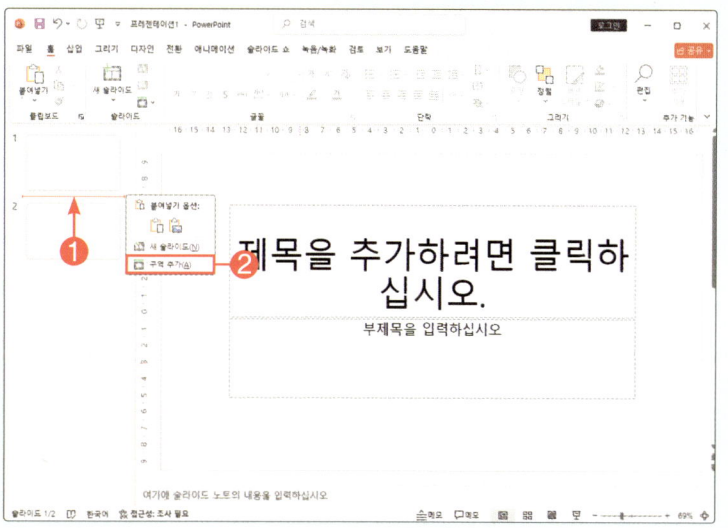

템플릿 활용하기

1 '파워포인트 빠르게 시작하기' 화면에서 ❶ [새로 만들기]를 선택하면 '테마'와 '서식 파일'이 표시됩니다. '추천 검색어'에서 ❷ '비즈니스'를 클릭합니다.

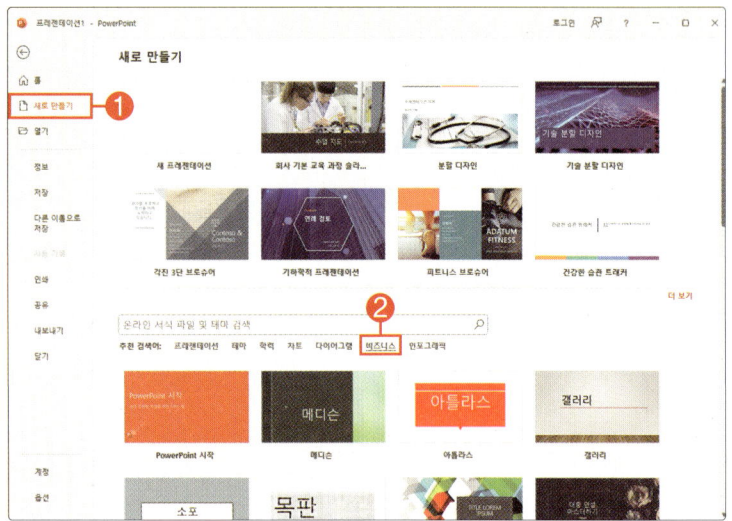

2 표시된 테마 중 ❶ '소매업 디자인'을 선택합니다.

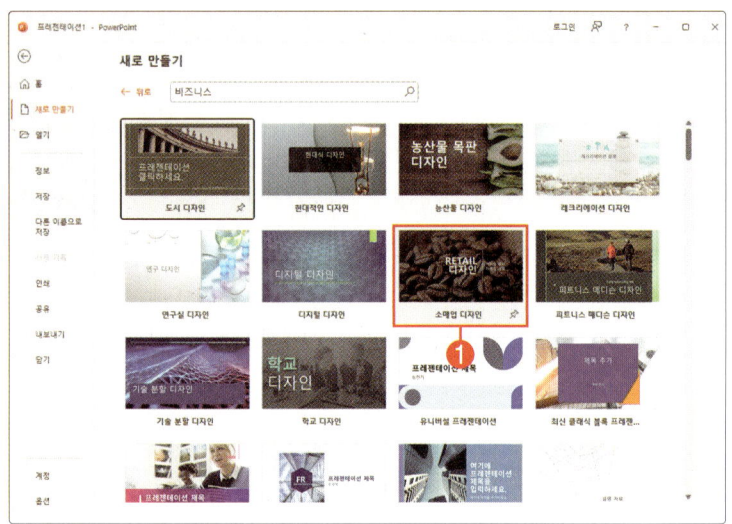

> **TIP** 원하는 테마를 더블클릭하면 3번 과정이 생략되고 바로 4번 과정으로 넘어가서 해당 슬라이드가 생성됩니다.

LEARN MORE

온라인 서식 및 테마 검색

'온라인 서식 및 테마 검색'란에 원하는 검색어를 입력하면 좀 더 빠르게 테마를 찾을 수 있습니다. 예를 들어 '온라인 서식 및 테마 검색'란에 ❶ "일정표"를 입력하면 일정표와 관련된 다양한 테마를 찾을 수 있습니다.

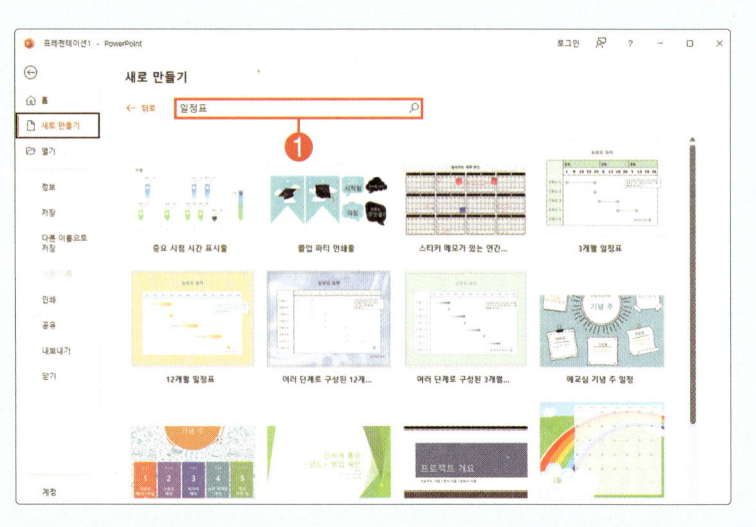

3 '소매업 디자인' 테마가 열리면 ❶ [만들기]를 클릭합니다.

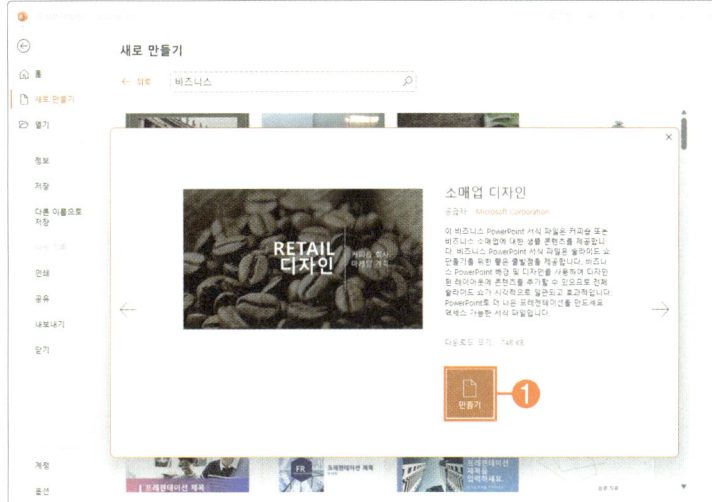

테마는 색, 글꼴, 효과, 배경 스타일 등이 미리 설정되어 있습니다.

4 테마에 따라 제목, 부제목의 글 꼴, 배경이 설정된 슬라이드가 생성됩니다. [화면 보기]에서 ❶ [여러 슬라이드] 버튼을 클릭하여 슬라이드 의 전체 구성을 확인합니다.

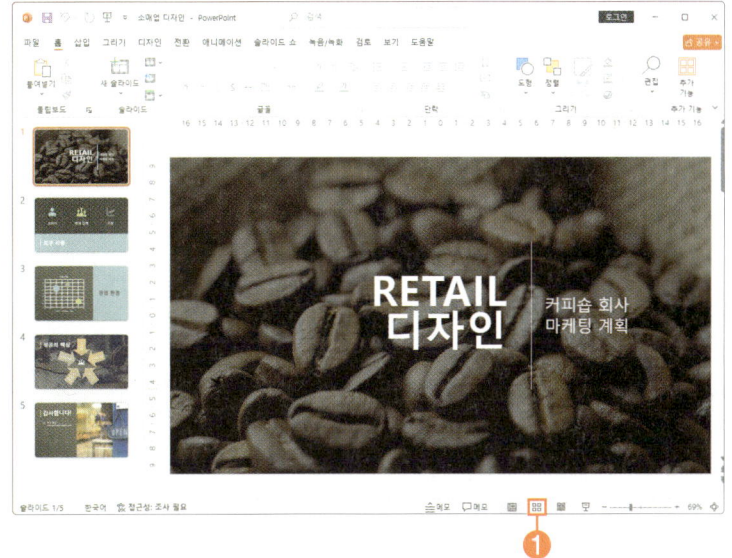

5 5번 슬라이드를 숨기기 위해 ❶ 슬라이드를 선택한 후 마우 스 오른쪽 버튼을 클릭하여 ❷ [슬라 이드 숨기기]를 선택합니다.

숨긴 슬라이드는 슬라이드 번호에 '＼'가 표시됩니다.

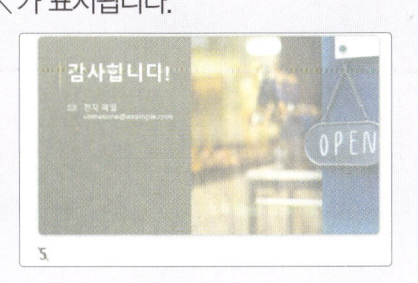

1 [새 프레젠테이션]을 실행하여 다음 조건대로 작성해 보세요.

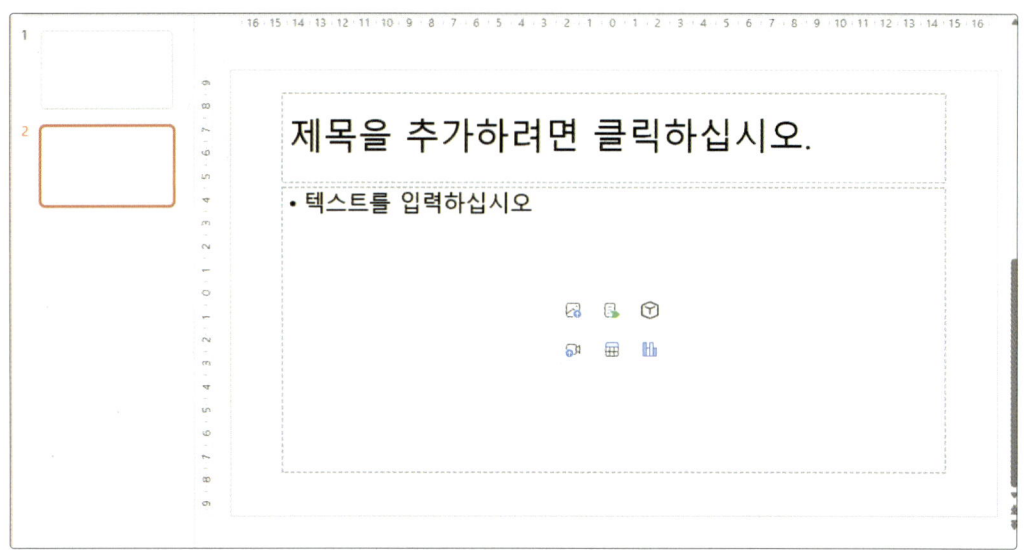

조건 • 2번 슬라이드에 '제목 및 내용' 슬라이드를 추가하세요.

2 1번 문제에 이어서 다음 조건대로 작성해 보세요.

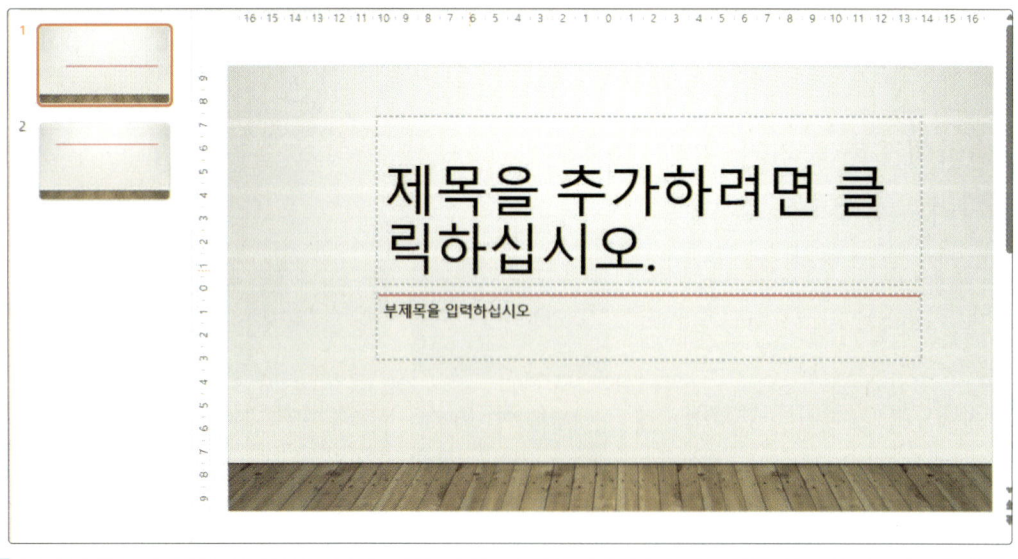

조건 • 테마 중 '갤러리'를 적용하세요.

1 다음 조건대로 테마를 적용하여 새 프레젠테이션을 시작해 보세요.

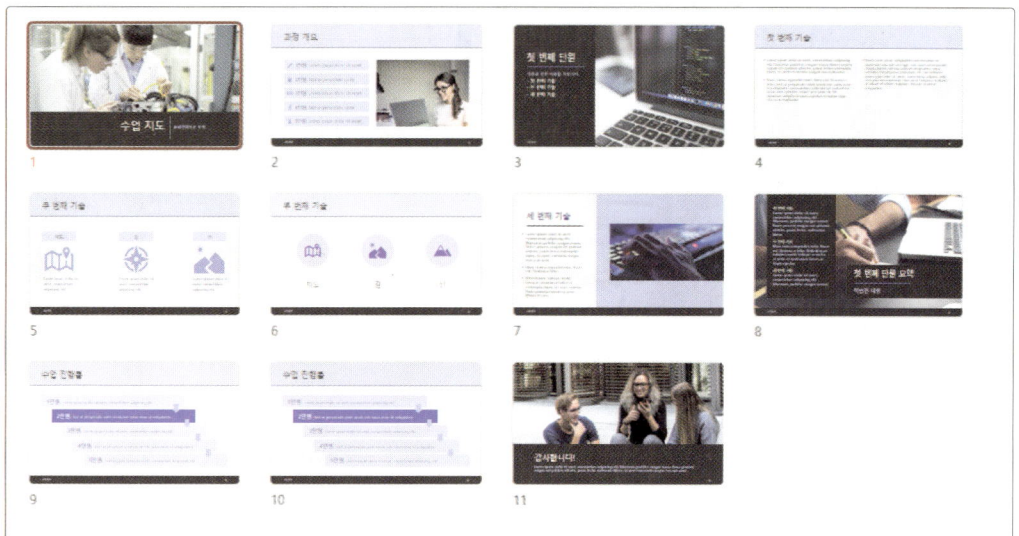

조건

❶ 온라인 서식 파일 및 테마 검색란에 "교육 과정"을 입력하여 나온 결과 중 '회사 기본 교육 과정 슬라이드'를 선택하세요.

❷ [여러 슬라이드] 보기로 전환하세요.

2 1번 문제에 이어서 다음 조건대로 슬라이드를 변경해 보세요.

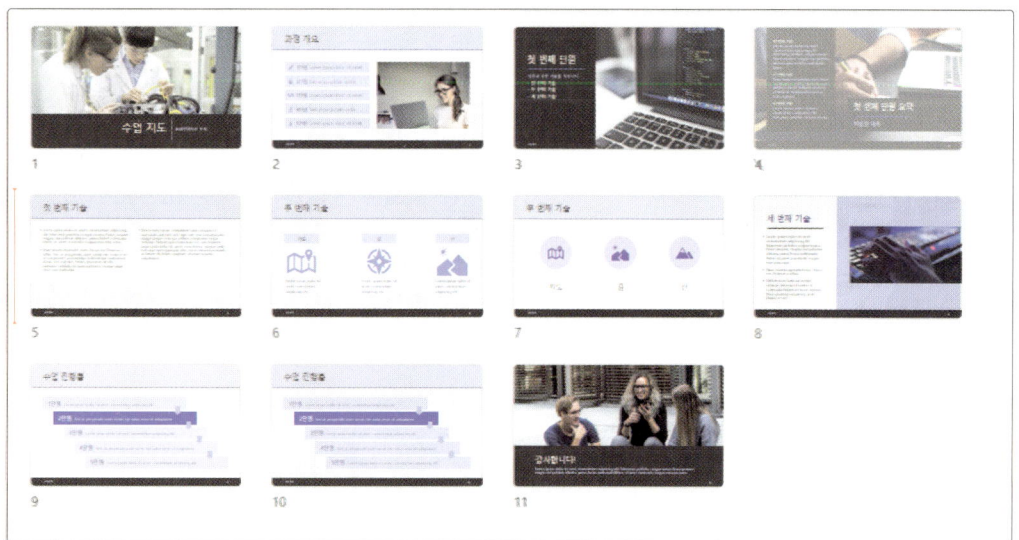

조건

❶ 8번 '첫 번째 단원 요약' 슬라이드를 숨기세요.

❷ 숨긴 슬라이드를 3번 슬라이드 뒤 로 배치하세요.

02 SECTION

텍스트 슬라이드 작성하기

텍스트 슬라이드는 간단한 설명이나 주요 내용을 전달할 때 많이 사용합니다. 핵심 문장 위주로 정리하되, 제목과 본문을 구분하고 글꼴과 문단 서식을 조절하면 이해하기 쉬운 텍스트 슬라이드를 작성할 수 있습니다. 디자인 서식을 사용하면 디자인의 일관성을 유지하기 편리합니다.

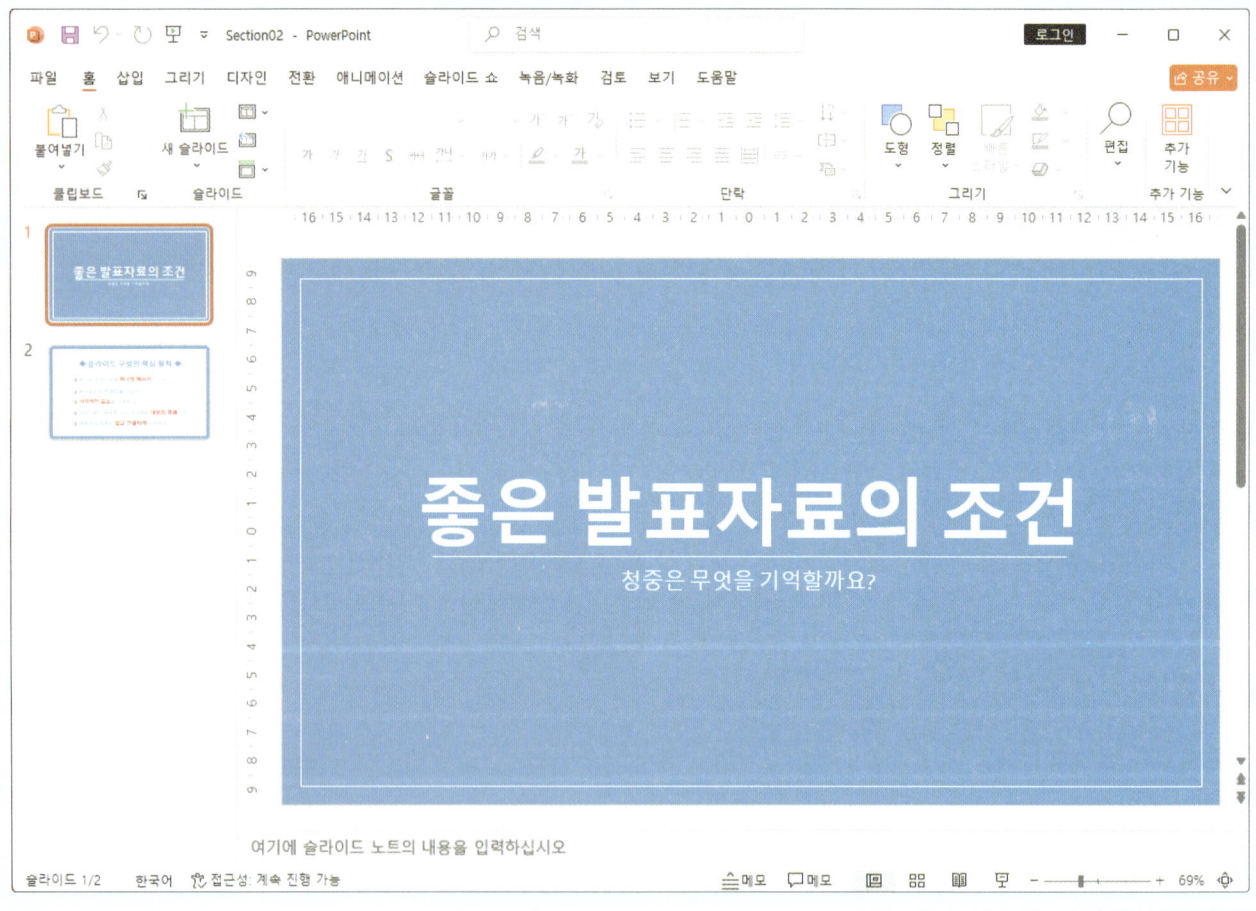

파일명 Section02.pptx

MISSION

실습 1 테마 적용하기

실습 2 글머리 기호/특수문자 입력하기

실습 3 문단 편집하기

CHECK POINT

포인트 1 테마를 적용하여 제목 슬라이드를 작성해 봅니다.

포인트 2 슬라이드에 텍스트, 특수문자, 글머리 기호를 입력하고 서식을 적용해 봅니다.

포인트 3 문단 편집 기능을 사용해 봅니다.

실습 1 테마 적용하기

1 [새 프레젠테이션]을 실행하고 배경 디자인 서식을 적용하기 위해 ❶ [디자인] 탭의 [테마] 그룹에서 ❷ [테마] 목록을 클릭합니다.

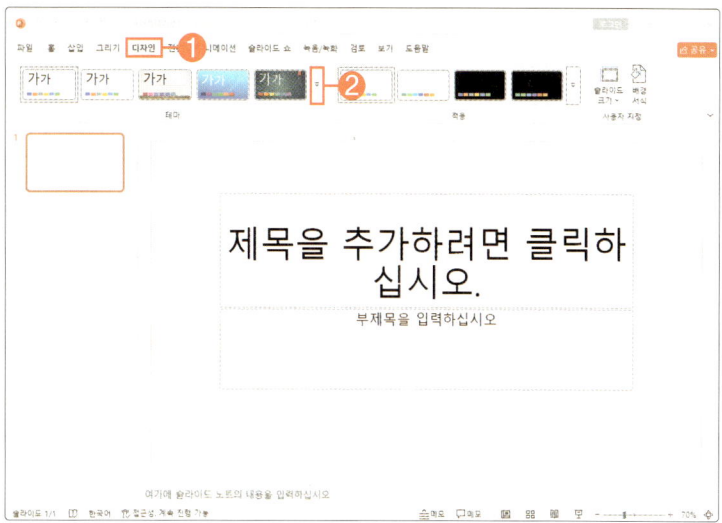

2 테마 목록에서 ❶ '기본'을 선택합니다.

슬라이드의 크기와 방향 변경
[디자인] – [사용자 지정] 그룹 – [슬라이드 크기] – [사용자 지정 슬라이드 크기]

3 테마에 적용된 색상을 변경하기 위해 [디자인] 탭의 [적용] 그룹에서 ❶ [적용] 목록을 클릭합니다. ❷ [색]에서 [청록색]을 선택합니다. 색상 위에 마우스를 올리면 슬라이드에 적용된 보습을 미리 확인할 수 있습니다.

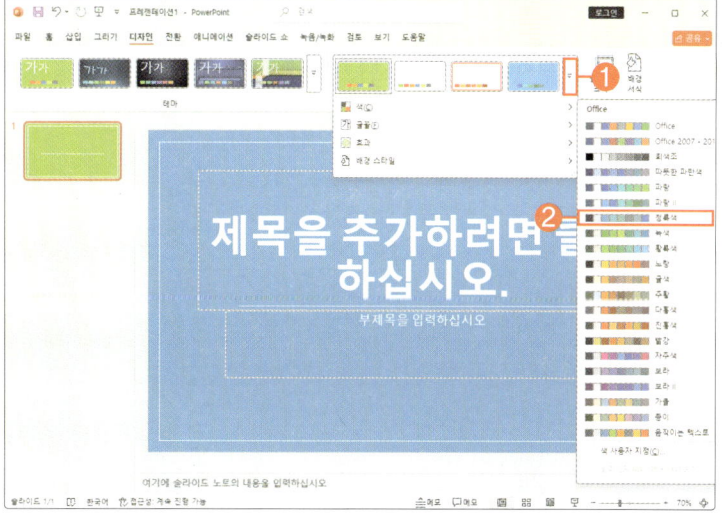

4 왼쪽의 슬라이드 축소창에서 ❶ 1번 슬라이드를 클릭한 후 Enter 키를 눌러 슬라이드를 삽입합니다.

특정 슬라이드만 테마의 배경 이미지를 제거하려면 [디자인] 탭의 [사용자 지정] 그룹에서 [배경 서식]을 선택한 후 '채우기'의 '배경 그래픽 숨기기'를 클릭합니다.

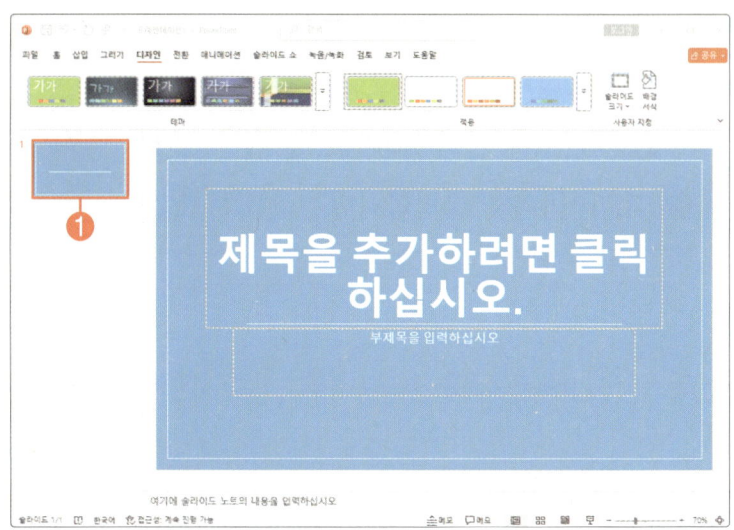

5 1번 제목 슬라이드의 '제목' 입력 틀을 클릭하여 ❶ "좋은 발표자료의 조건"을 입력한 후 Esc 키를 한 번 누릅니다.

도형이나 텍스트 상자에 텍스트를 입력한 후 Esc 키를 한 번 누르면 개체가 선택되고 Esc 키를 두 번 누르면 선택이 해제됩니다.

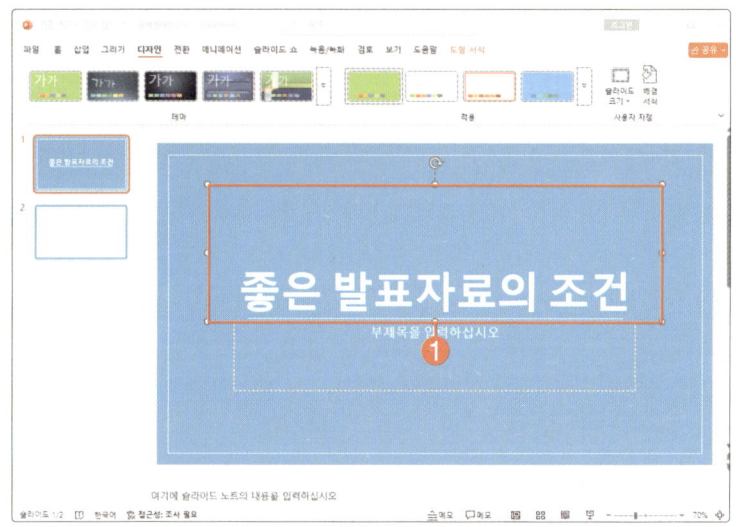

6 ❶ '부제목' 틀을 클릭하고 "청중은 무엇을 기억할까요?"을 입력한 후 Esc 키를 두 번 누릅니다.

디자인 서식에 적용된 글꼴을 전체적으로 변경하려면 [디자인] 탭의 [적용] 그룹에서 적용(▽) 목록의 글꼴(가)에서 원하는 글꼴을 선택할 수 있습니다.

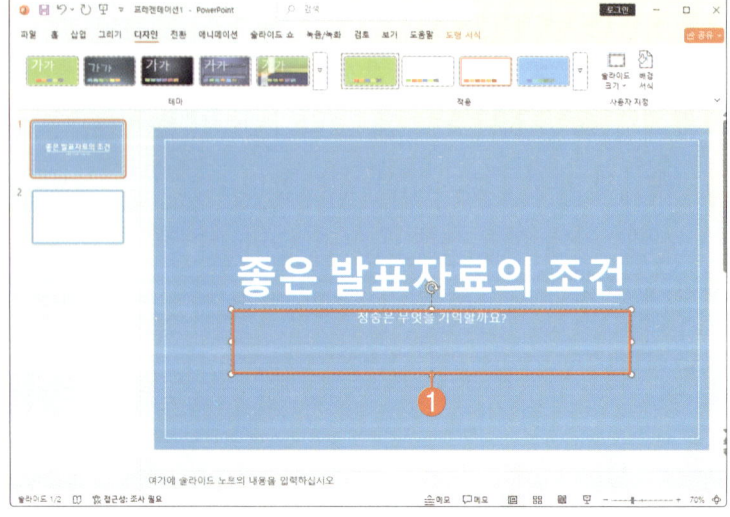

글머리 기호/특수문자 입력하기

1 2번 슬라이드에 ❶ 제목을 입력하고 **Esc** 키를 한 번 누른 후 ❷ [홈] 탭의 [글꼴] 그룹에서 ❸ '굵게'를 선택합니다.

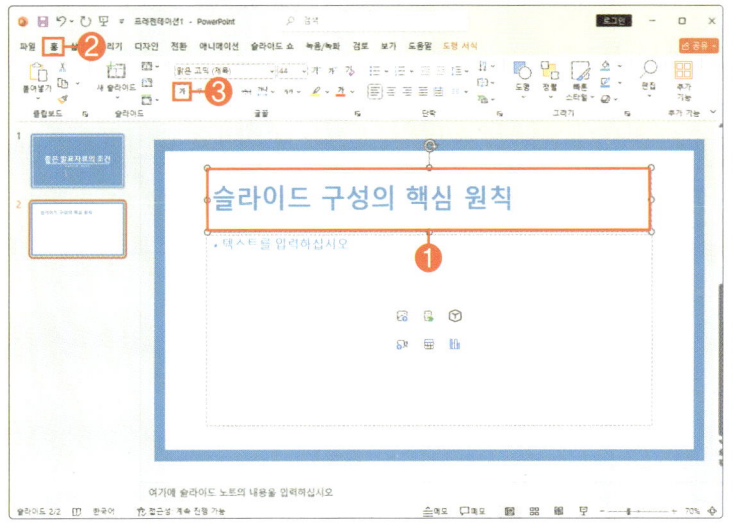

2 ❶ 내용 틀에 다음과 같이 입력하고 **Esc** 키를 한 번 누른 후 ❷ [홈] 탭의 [글꼴] 그룹에서 ❸ 글꼴 크기를 '28pt'로 지정합니다.

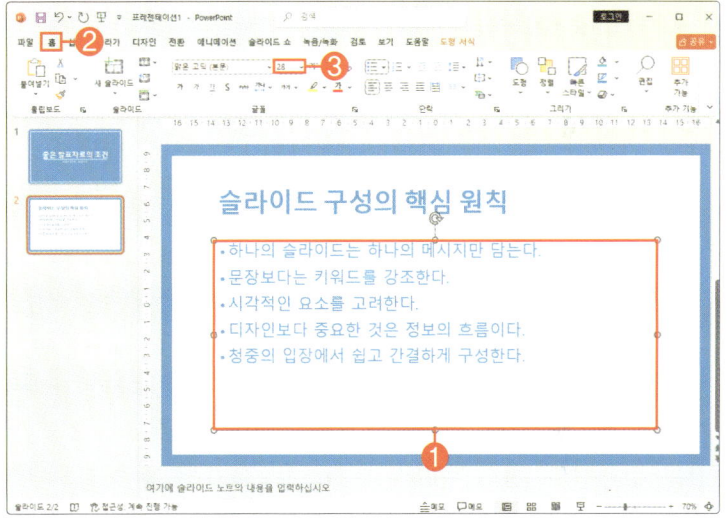

3 ❶ 내용 틀이 선택된 상태에서 글머리 기호를 변경하기 위해 ❷ [홈] 탭의 [단락] 그룹에서 ❸ [글머리 기호]의 목록을 클릭한 후 ❹ [대조표 글머리 기호]를 선택합니다.

> 글머리 기호가 삽입된 상태에서 줄 바꿈을 하기 위해 **Enter** 키를 누르면 자동으로 글머리 기호가 생성됩니다. 글머리 기호를 삽입하지 않고 줄 바꿈을 하려면 **Shift** + **Enter** 키를 누르면 됩니다.

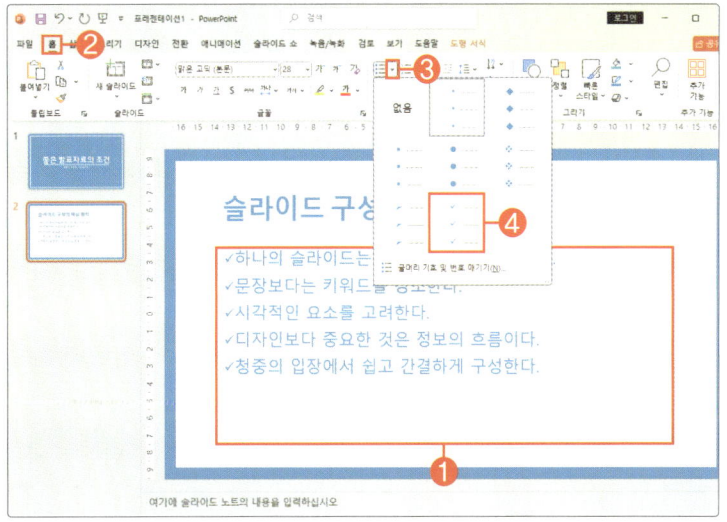

4 글머리 기호를 번호순으로 입력할 수 있습니다. ❶ 내용 틀을 선택하고 ❷ [홈] 탭의 [단락] 그룹에서 ❸ [글머리 기호]의 목록을 클릭한 후 ❹ [글머리 기호 및 번호 매기기]를 선택합니다.

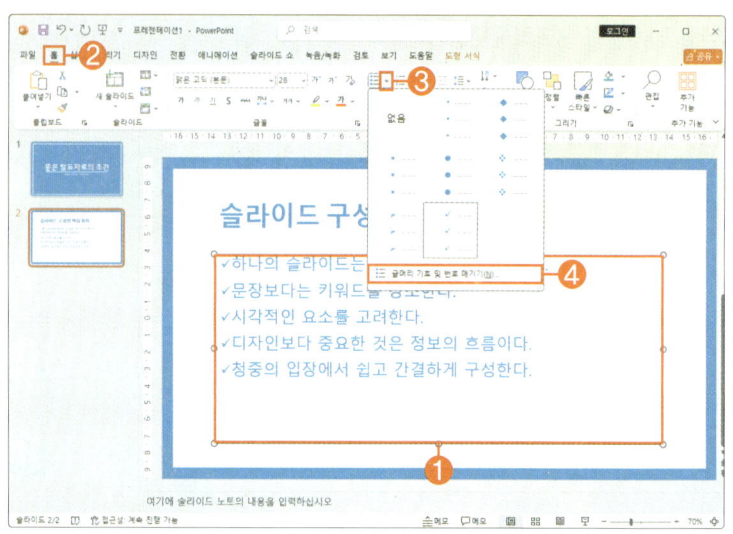

5 [글머리 기호 및 번호 매기기] 대화상자가 열리면 ❶ [번호 매기기] 탭에서 ❷ '원 숫자'를 클릭하고 색상은 ❸ '진한 파랑'을 선택한 후 ❹ [확인]을 누릅니다.

그림으로 글머리 기호를 넣으려면 [글머리 기호] 탭에서 [그림]을 클릭합니다.

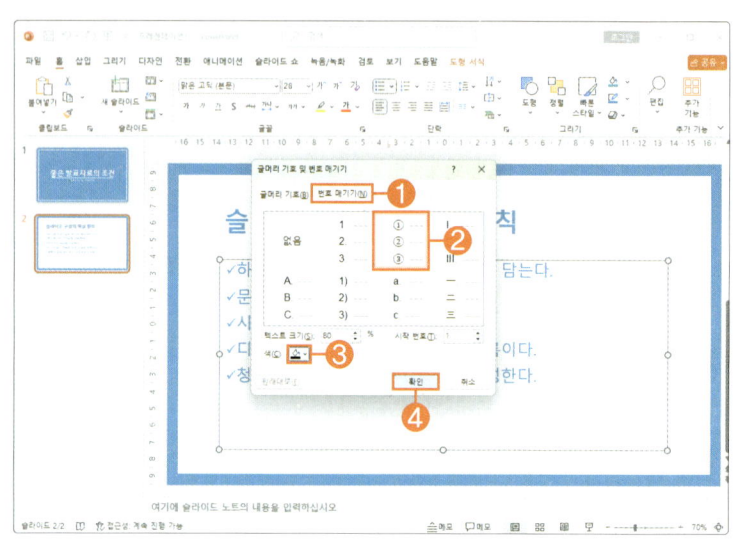

6 글머리 기호와 텍스트의 간격을 조절하기 위해 ❶ 텍스트를 드래그하여 블록 지정합니다. ❷ 상단의 눈금자에 있는 삼각형을 오른쪽으로 드래그합니다.

눈금자가 보이지 않으면 [보기] 탭의 [눈금자]를 클릭하세요.

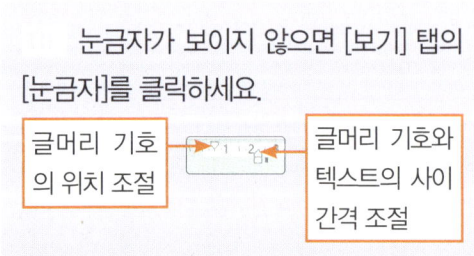

글머리 기호의 위치 조절

글머리 기호와 텍스트의 사이 간격 조절

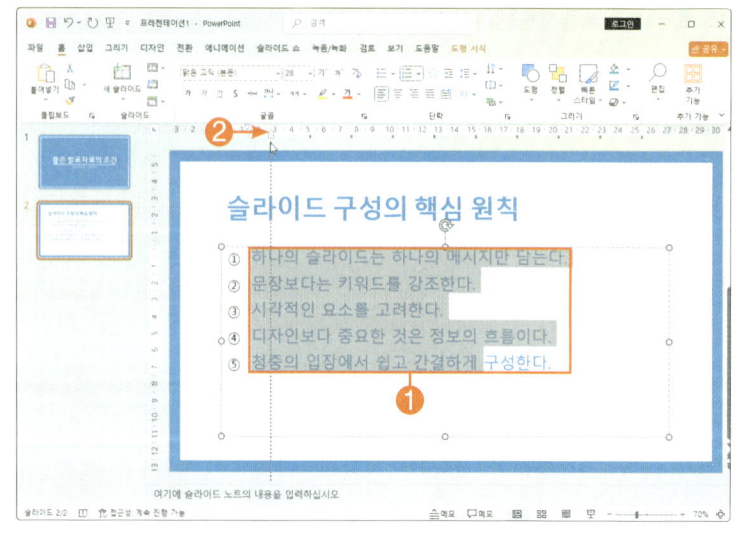

7 특수문자를 삽입하기 위해 ❶ 제목 앞을 클릭한 후 ❷ [삽입] 탭의 [기호] 그룹에서 ❸ [기호]를 클릭합니다.

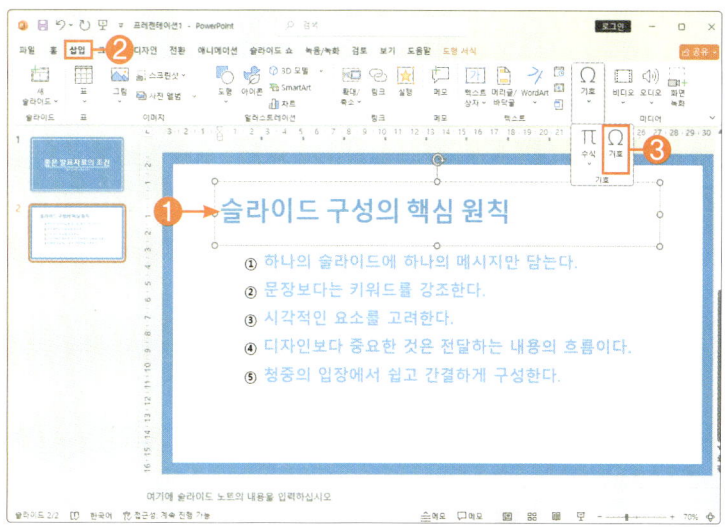

8 [기호] 대화상자가 열리면 ❶ 글꼴을 'Wingdings'로 지정하고 ❷ '◆'를 선택한 다음, ❸ [삽입]과 [닫기]를 차례대로 클릭합니다.

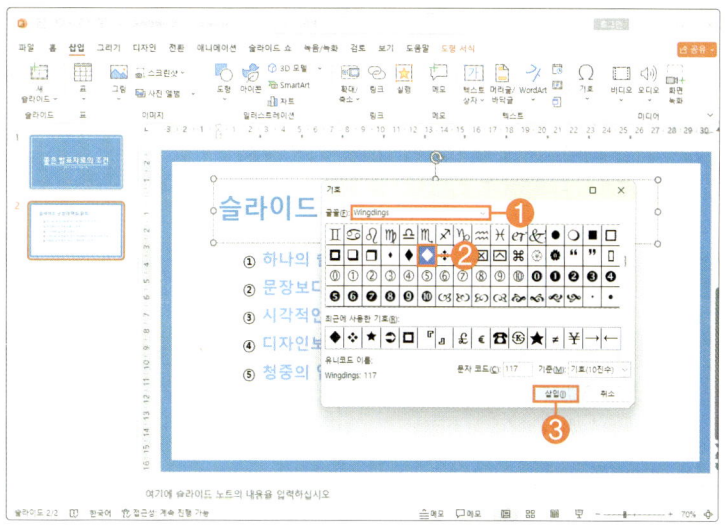

9 ❶ 삽입된 기호를 블록 지정한 후 마우스 오른쪽 버튼을 클릭하여 [빠른 메뉴]에서 ❷ '복사'한 다음, 제목 끝에 붙여넣습니다.

복사하여 붙여넣을 때는 단축키를 사용하면 작업 속도가 빠릅니다.
복사하기 `Ctrl` + `C`
붙여넣기 `Ctrl` + `V`

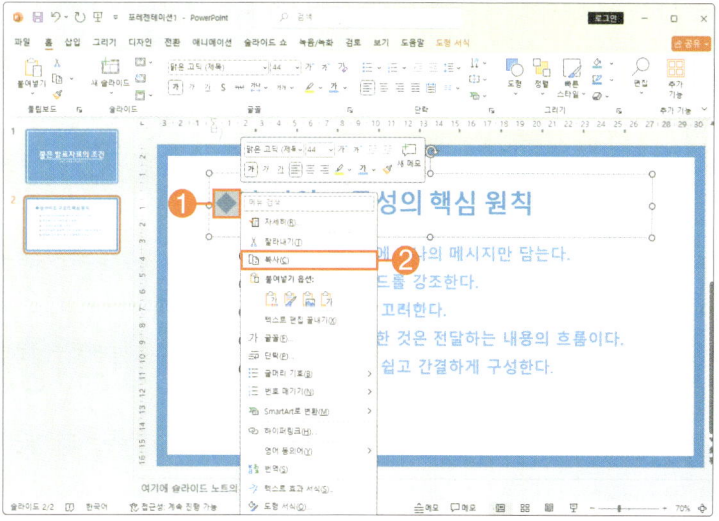

1 ❶ 제목 틀을 선택한 후 ❷ [홈] 탭의 [단락] 그룹에서 ❸ '가운데 맞춤'을 클릭합니다.

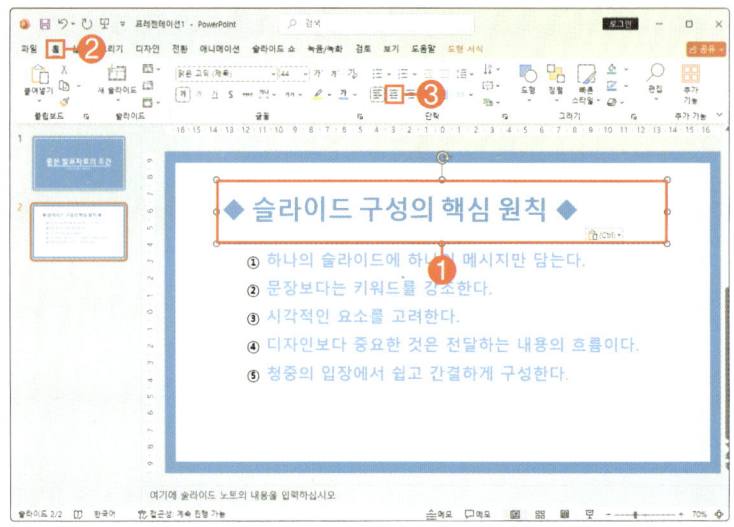

2 줄 간격을 조절하기 위해 ❶ 내용 틀을 선택합니다. ❷ [홈] 탭의 [단락] 그룹에서 ❸ [줄 간격]을 클릭한 후 ❹ '줄 간격 옵션'을 선택합니다.

[홈] 탭의 [단락] 그룹에서 단락(□)을 클릭해도 됩니다.

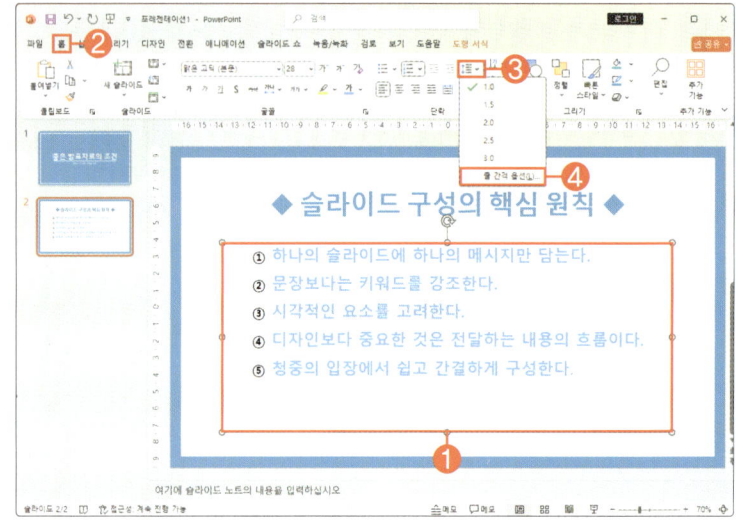

3 [단락] 대화상자가 열리면 ❶ [들여쓰기 및 간격] 탭에서 ❷ '간격'의 '줄 간격'을 '배수'로 선택하고, '값'은 '1.4'로 설정한 다음, ❸ [확인]을 클릭합니다.

'줄 간격'은 1줄, 1.5줄, 2줄, 고정, 배수로 설정할 수 있는데 고정은 포인트(pt) 단위로 조절하며 배수는 소수점 단위로 조절할 수 있습니다.

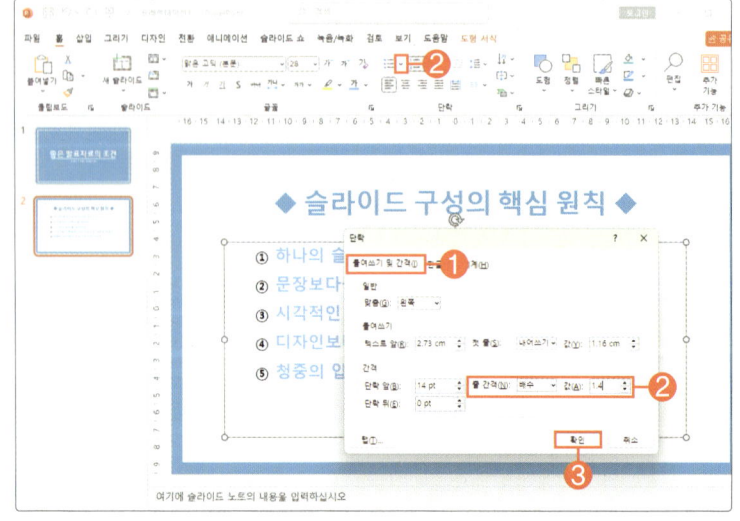

4 강조하고자 하는 부분을 ❶ 마우스로 드래그하여 블록 설정한 후 ❷ [홈] 탭의 [글꼴] 그룹에서 ❸ 글꼴 크기 '30pt', ❹ 색상 '진한 빨강', ❺ '굵게'를 선택합니다.

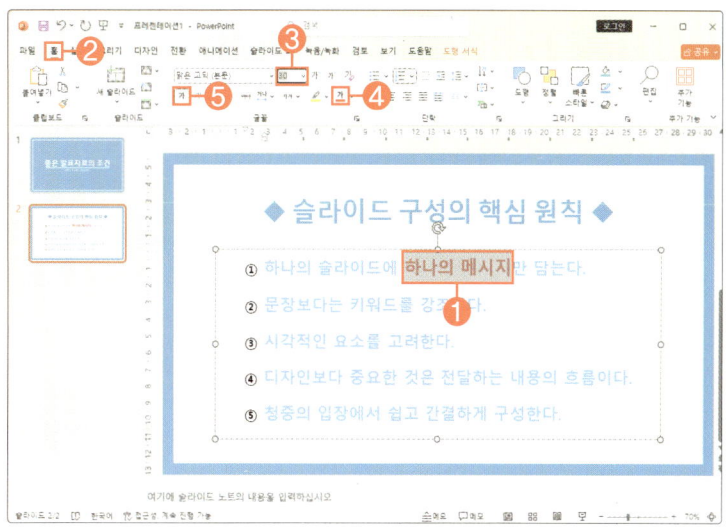

5 같은 방식으로 다음의 키워드를 블록 설정하여 강조해 줍니다.

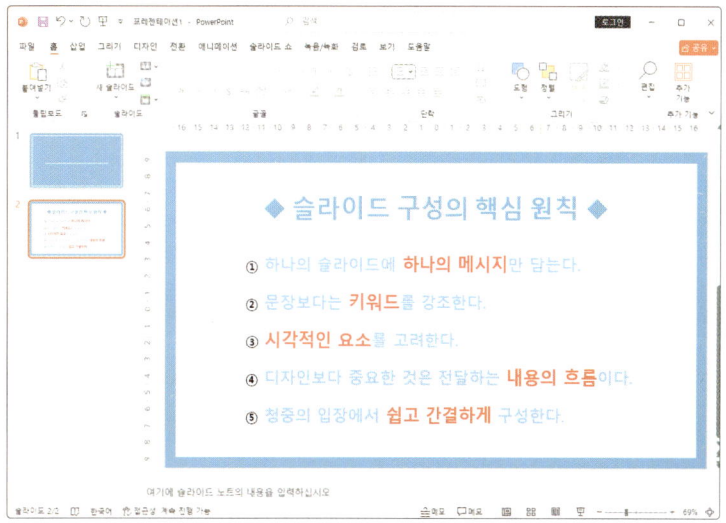

키워드를 블록으로 설정하고 F4 키를 누르면 바로 이전에 한 작업을 반복해서 적용할 수 있습니다.

[홈] 탭의 [단락] 그룹 살펴보기

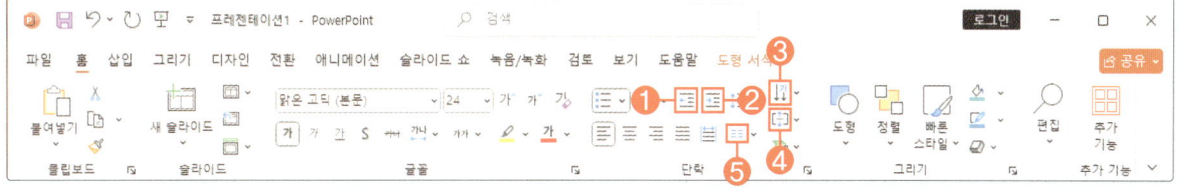

❶ **목록 수준 늘림** 단락의 들여쓰기 수준을 높입니다.

❷ **목록 수준 줄임** 단락의 들여쓰기 수준을 낮춥니다.

❸ **텍스트 방향** 텍스트를 세로 또는 90도 회전 등 원하는 방향으로 회전합니다.

❹ **텍스트 맞춤** 텍스트 상자 내에서 텍스트가 정렬되는 방향을 위쪽, 중간, 아래쪽 등으로 변경합니다.

❺ **단 추가 또는 제거** 슬라이드를 여러 단으로 나누어 텍스트를 배치할 수 있습니다.

1 [새 프레젠테이션]을 실행하여 다음 조건대로 제목 슬라이드를 작성해 보세요.

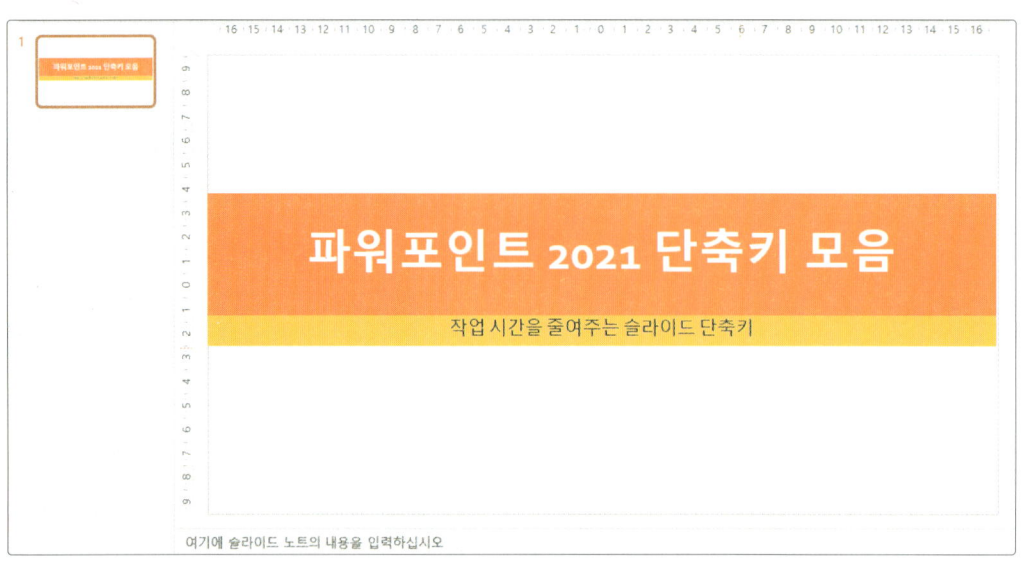

조건
- 테마 줄무늬
- 디자인 적용 (색) 주황 계열
- 제목 글꼴 크기 55pt, 진하게
- 부제목 글꼴 크기 22pt, 글꼴 색 검정

2 2번 슬라이드에 '제목 및 내용' 슬라이드를 삽입한 후 다음 조건대로 슬라이드를 작성해 보세요.

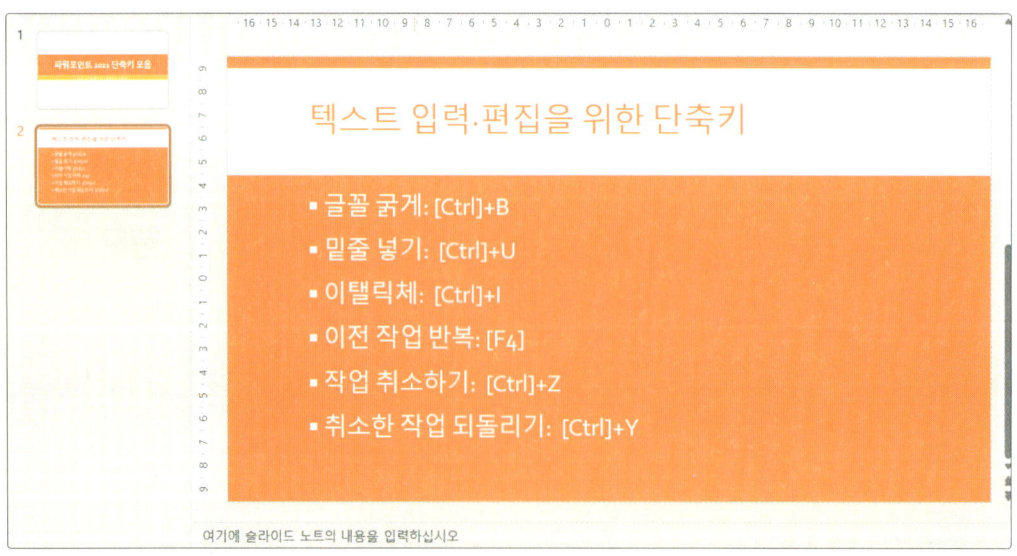

조건
- 제목 글꼴 크기 40pt
- 글머리 기호 속이 찬 정사각형 글머리
- 줄 간격 (배수) 1.1

1 [새 프레젠테이션]을 실행하여 다음 조건대로 슬라이드를 작성해 보세요.

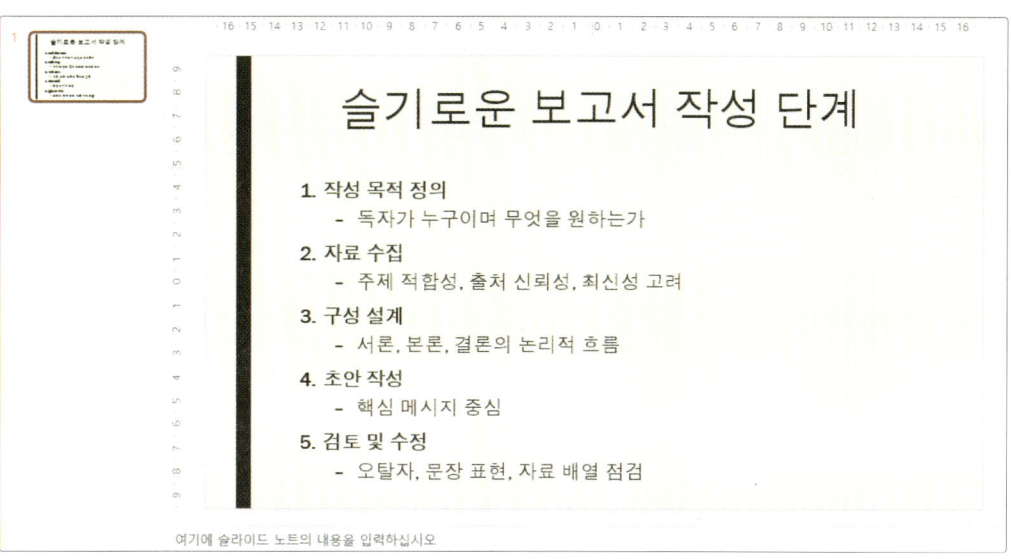

조건
- **테마** 자르기
- **레이아웃** 제목 및 내용 슬라이드
- **제목** 글꼴 크기 55pt, 가운데 정렬
- **내용** 글꼴 크기 24pt
- **글머리 기호** 숫자, 진하게, 단락 앞 간격 12pt
- **단락 들여쓰기** Tab 키

2 2번 슬라이드에 '비교' 슬라이드를 삽입한 후 다음 조건대로 슬라이드를 작성해 보세요.

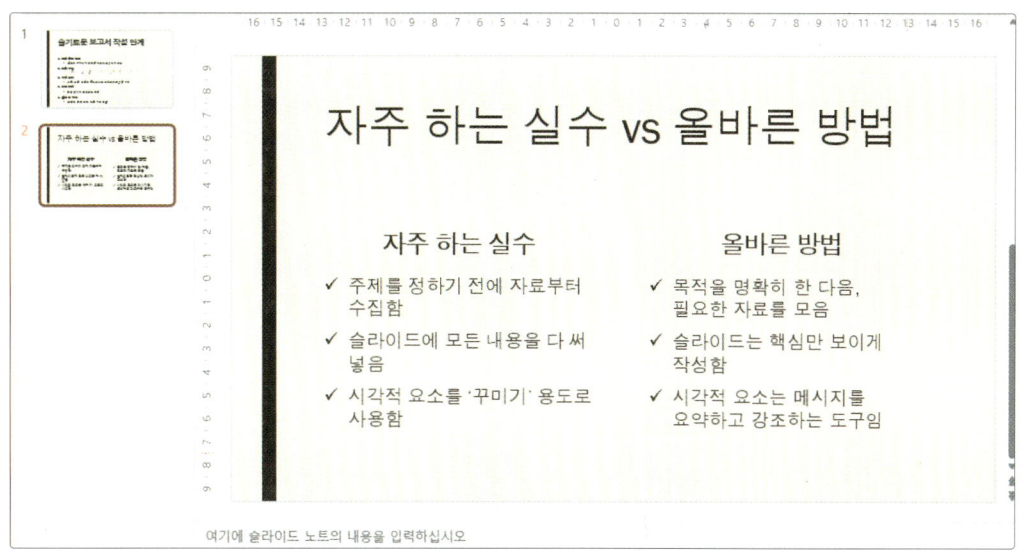

조건
- **제목** 글꼴 크기 55pt, 가운데 정렬
- **소제목** 글꼴 크기 30pt, 진하게, 가운데 정렬
- **내용** 글꼴 크기 24pt, 한글 단어 잘리지 않게
- **글머리 기호** 대조표
- **줄 간격** 1줄

03

SECTION

이미지 슬라이드 작성하기

이미지는 텍스트보다 빠르고 직관적으로 내용을 전달할 수 있습니다. 주제를 강조하거나 설명을 보완할 때 이미지를 사용하면 효과적입니다. 파워포인트 2021에서는 삽입한 이미지에 다양한 스타일의 효과를 적용할 수 있을 뿐만 아니라 이미지를 압축해 파일 용량을 줄일 수도 있습니다.

파일명 Section03-완성.pptx

MISSION

실습 1 이미지 삽입과 자르기

실습 2 배경이 투명한 이미지 만들기

실습 3 효과 적용하기

CHECK POINT

포인트 1 이미지를 삽입하여 다양한 효과를 적용해 봅니다.

포인트 2 이미지를 여러 가지 모양으로 변경해 봅니다.

포인트 3 이미지의 불필요한 부분을 제거해 봅니다.

실습 1 이미지 삽입과 자르기

1 'Section03.pptx' 파일을 열고 1번 슬라이드에 이미지를 삽입하기 위해 ❶ [삽입] 탭의 [이미지] 그룹에서 ❷ [그림]의 [이 디바이스]를 클릭합니다.

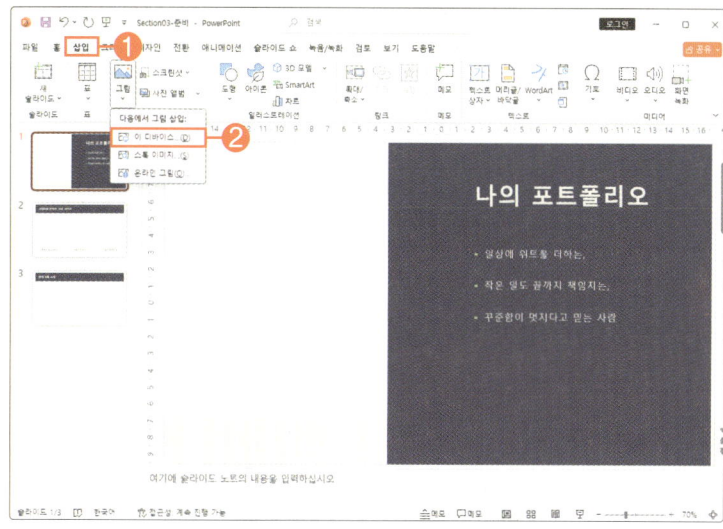

2 [그림 삽입] 대화상자가 열리면 ❶ '프로필 표지.jpg'를 선택한 후 ❷ [삽입]을 클릭합니다.

TIP 이미지 파일을 슬라이드 위로 드래 그해도 됩니다.

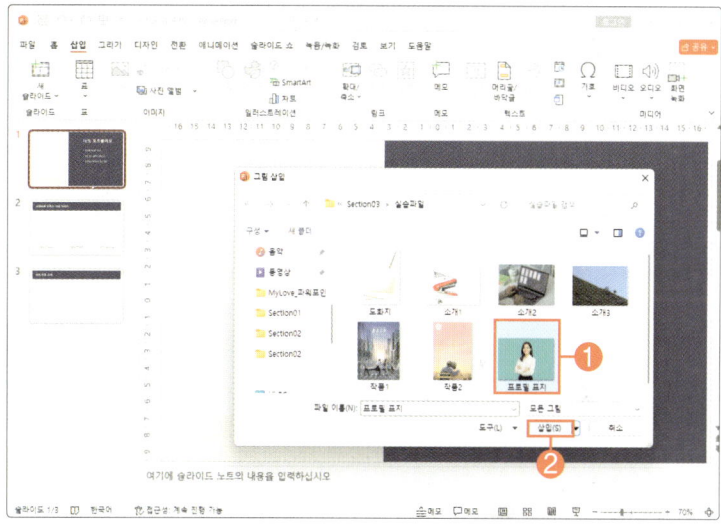

3 ❶ 그림을 선택한 후 ❷ [그림 서식] 탭의 [크기] 그룹에서 ❸ '자르기'를 클릭합니다.

TIP **그림 크기를 세밀하게 조정**
[그림 서식] – [크기] 그룹의 [크기 및 위치] – '높이 조절, 너비 조절'
'가로세로 비율 고정' 체크 해제
원하는 크기로 조절 가능

4 ❶ 왼쪽 아래 모서리의 'ㄴ' 모양 위에 마우스를 올려놓고 커서가 같은 모양이 되도록 한 뒤, 오른쪽으로 드래그합니다. 마찬가지로 ❷ 오른쪽 아래 모서리의 'ㅢ' 위에 마우스를 올려놓고 커서 모양이 바뀌면 왼쪽으로 드래그하여 이미지를 자릅니다.

TIP Shift 키를 누르고 모서리 조절점을 대각선으로 드래그하면 가로와 세로의 비율을 유지하면서 이미지 크기를 조절할 수 있습니다.

5 Esc 키를 누르거나 슬라이드의 빈 여백을 클릭하여 자르기 상태를 해제합니다. ❶ 마우스로 이미지를 드래그하여 슬라이드 왼쪽에 배치합니다.

6 잘린 이미지를 도형 모양으로 변경하기 위해 이미지를 선택한 상태에서 ❶ [그림 서식] 탭의 [크기] 그룹에서 ❷ [자르기]의 '도형에 맞춰 자르기'를 클릭한 후 ❸ '사각형 – 사각형: 잘린 대각선 방향 모서리'를 선택합니다.

실습 2 배경이 투명한 이미지 만들기

1 ❶ 이미지를 선택한 후 ❷ [그림 서식] 탭의 [정렬] 그룹에서 ❸ [개체 회전]의 '좌우 대칭'을 클릭합니다.

2 배경을 투명하게 만들기 위해 이미지가 선택된 상태에서 ❶ [그림 서식] 탭의 [조정] 그룹에서 ❷ [배경 제거]를 클릭합니다.

3 제거될 영역이 보라색으로 표시됩니다. 머리카락과 옷의 일부가 제거될 영역에 포함되어 보라색으로 표시되었습니다. ❶ [배경 제거] 탭의 [미세 조정] 그룹에서 ❷ '보관할 영역 표시'를 클릭합니다. ❸ 마우스 포인터가 🖉 로 바뀌면 보라색으로 표시된 머리카락과 옷의 일부를 클릭합니다.

4 보관할 영역이 정리가 되면 '변경 내용 유지'를 클릭합니다.

5 배경이 투명해졌습니다.

배경이 단색인 경우에는 [그림 서식] 탭의 [조정] 그룹에서 [색]의 [투명한 색 설정] 기능을 사용하면 간단하게 투명 배경 이미지를 얻을 수 있습니다.

잘린 그림 삭제하여 이미지 압축하기

이미지의 잘린 영역을 제거하여 파일 크기를 줄일 수 있습니다.

압축할 이미지를 선택한 후 [그림 서식] 탭에 있는 [조정] 그룹에서 ❶ 그림 압축을 클릭합니다.

[그림 압축] 대화상자가 열리면 ❷ '압축 옵션'을 선택하고 ❸ 해상도를 조절한 뒤 ❹ [확인]을 클릭합니다.

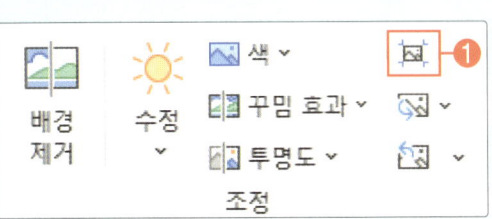

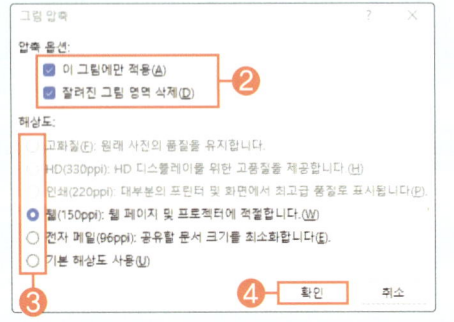

실습 3   효과 적용하기

1 2번 슬라이드에 이미지를 삽입하기 위해 왼쪽 슬라이드 축소창에서 ❶ 2번 슬라이드를 클릭합니다. 이번에는 내용 틀 안의 ❷ '그림' 아이콘을 클릭한 후 ❸ '시작 장치'를 선택합니다. [그림 삽입] 대화상자가 열리면 ❹ '소개1.jpg'를 선택하고 ❺ [삽입]을 클릭합니다.

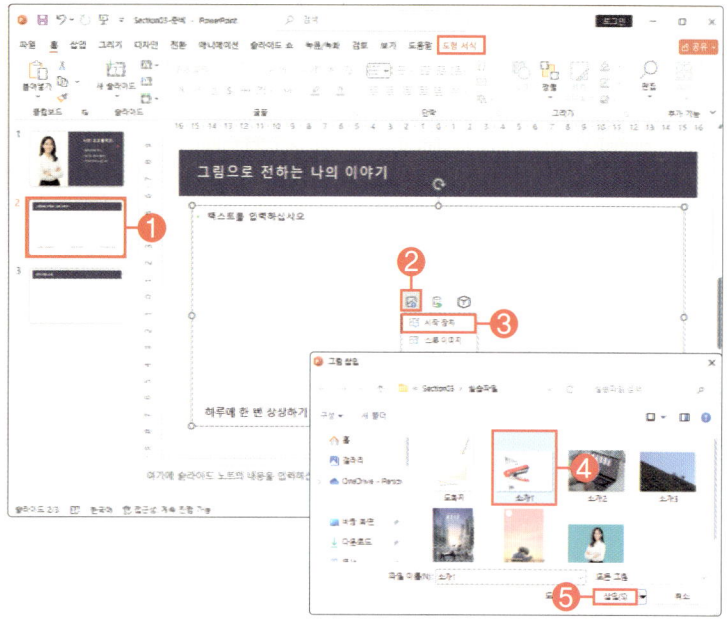

2 삽입된 이미지를 드래그하여 왼쪽에 배치한 후 ❶ [그림 서식] 탭의 [그림 스타일] 그룹에서 ❷ [그림 효과]의 [그림자]를 클릭하고 '바깥쪽 – 오프셋: 왼쪽 아래'를 선택합니다.

> TIP [그림 테두리]를 클릭하여 '그림 윤곽선 색, 두께, 선 스타일' 등을 변경할 수 있습니다.

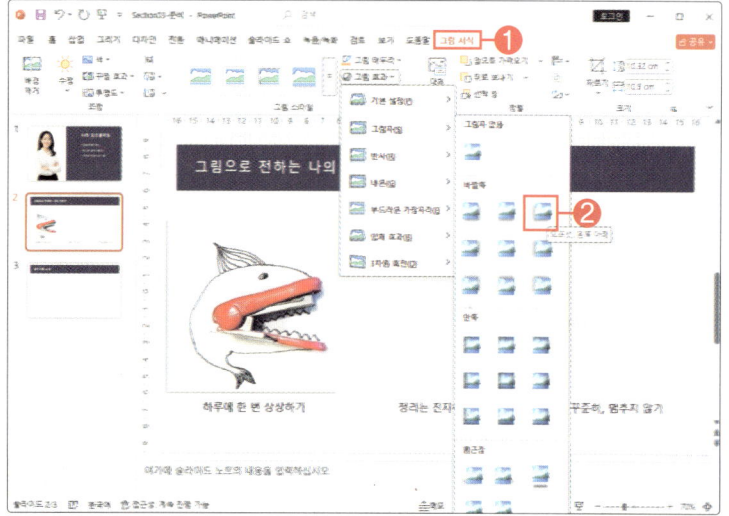

3 ❶ Ctrl 키를 누른 채 그림을 드래그하여 수평으로 복사하여 배치합니다. 이미지나 도형을 드래그하면 스마트 가이드(안내선)가 표시됩니다. 스마트 가이드를 확인하면서 위치를 맞춥니다. 같은 방법으로 그림을 하나 더 수평으로 복사하여 배치합니다.

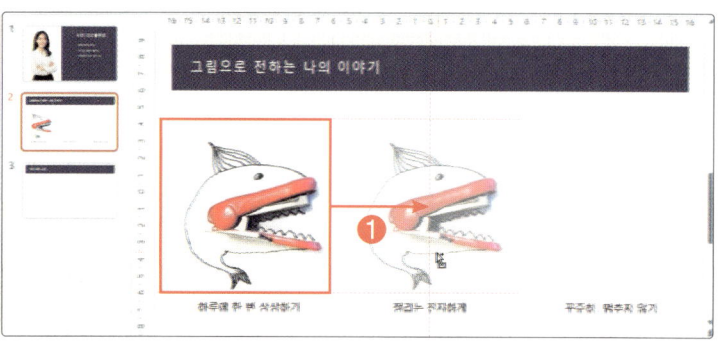

> TIP 복사 Ctrl +드래그
> 수평 · 수직 복사 Ctrl + Shift +드래그
> 복제 Ctrl + D

4 이미지의 간격을 일정하게 맞추기 위해 슬라이드에서 ❶ 대각선 방향으로 넓게 드래그하여 이미지를 모두 선택합니다. ❷ [그림 서식] 탭의 [정렬] 그룹에서 ❸ [개체 맞춤]의 ❹ '가로 간격을 동일하게'를 선택합니다.

> Ctrl 또는 Shift 키를 누른 채 이미지를 클릭하여 선택해도 됩니다.

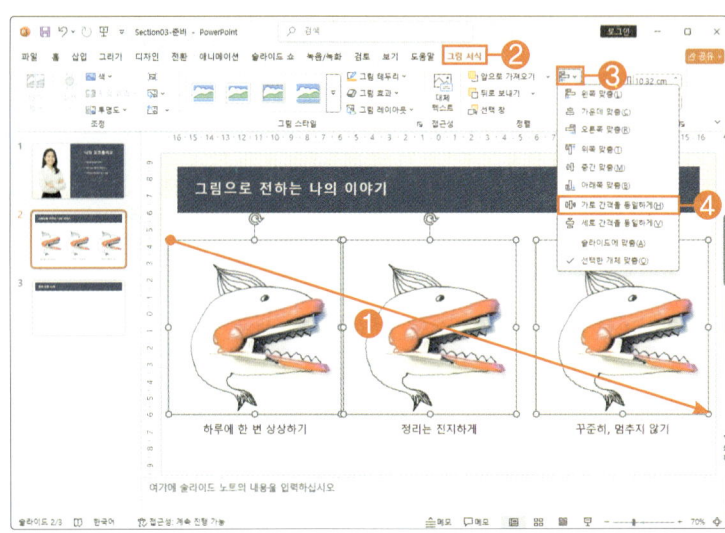

5 두 번째 그림을 다른 그림으로 변경하기 위해 ❶ 두 번째 그림을 선택하고 ❷ [그림 서식] 탭의 [조정] 그룹에서 ❸ '그림 바꾸기'의 ❹ '이 디바이스'를 클릭합니다. [그림 삽입] 대화상자가 열리면 ❺ '소개2.jpg'를 선택한 후 ❻ [삽입]을 클릭합니다.

> 그림을 선택한 상태에서 마우스 오른쪽 버튼을 클릭한 후 [빠른 메뉴]에서 '그림 바꾸기'를 선택해도 됩니다.

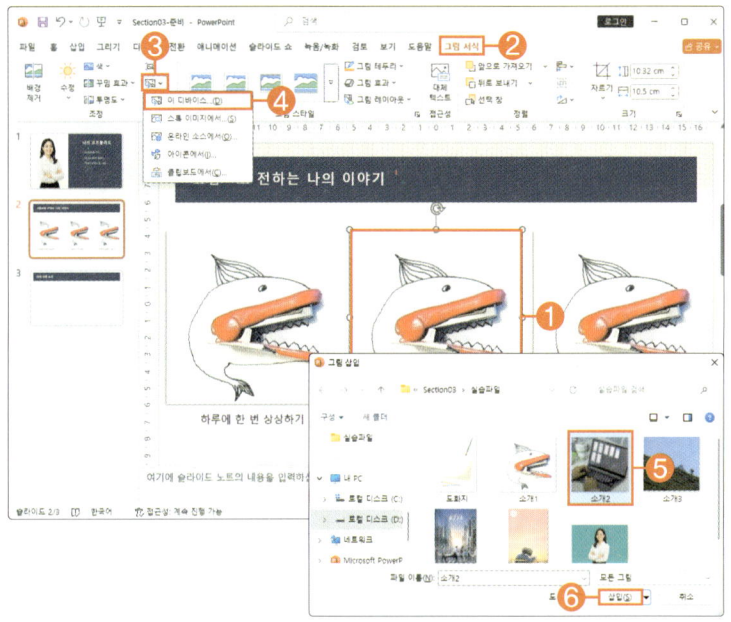

6 서식은 그대로 유지하면서 이미지만 변경됩니다. ❶ 같은 방법으로 세 번째 이미지를 '소개3.jpg'로 변경해 봅니다.

> [그림 삽입] 대화상자에서 이미지 파일을 더블클릭하면 빠르게 삽입할 수 있습니다.

7 3번 슬라이드에 ① '작품1.jpg', '작품2.jpg' 이미지를 삽입하고 마우스로 드래그하여 슬라이드에 나란히 배치합니다.

8 이미지가 모두 선택된 상태에서 ① [그림 서식] 탭의 [그림 스타일] 그룹에서 ② [빠른 스타일] 목록을 클릭하고 ③ '입체 무광택, 흰색'을 선택합니다.

[빠른 스타일]을 이용하면 다양한 이미지 스타일을 한 번에 지정할 수 있습니다.

9 ① 두 번째 이미지를 선택한 후 ② [그림 서식] 탭의 [조정] 그룹에서 ③ [꾸밈 효과]를 클릭한 후 ④ '선 그리기'를 선택합니다.

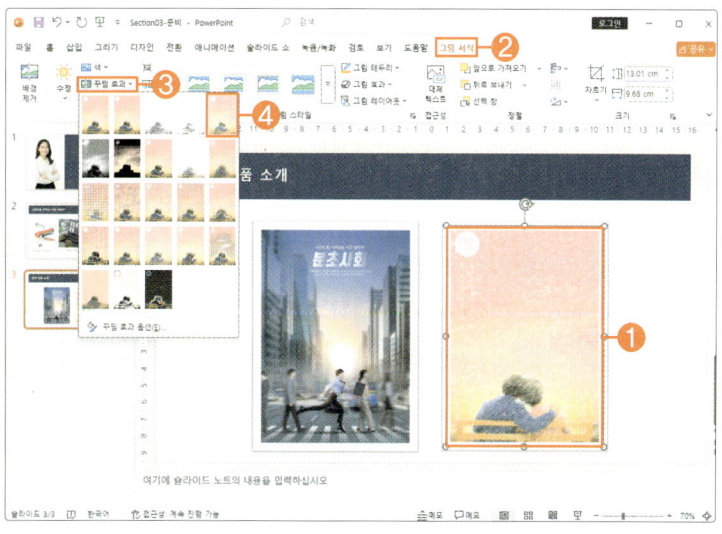

1 'Section3-기초-준비.pptx' 파일을 열고 다음 조건대로 이미지를 삽입해 보세요.

조건

❶ 이미지 파일 식품1.jpg, 식품2.jpg, 식품3.jpg

❷ 식품2.jpg 이미지를 식품1.jpg의 크기에 맞게 자르세요.

❸ 이미지를 슬라이드에 맞추어 가로 간격을 동일하게 정렬하세요.

2 1번 문제에 이어 다음 조건대로 작성해 보세요.

조건

❶ 첫 번째, 두 번째 이미지의 크기는 줄이고, 투명도를 50%로 조절하세요.

❷ 세 번째 이미지의 크기를 키워 보세요.

1 [빈 화면]의 새 슬라이드를 시작한 후 다음 조건대로 이미지를 삽입해 보세요.

조건
1. 이미지 파일 '지도.jpg', '제주1.jpg', '제주2.jpg', '제주3.jpg'
2. 이미지를 모두 삽입하고 '지도.jpg' 이미지가 맨 뒤로 가게 정렬하세요.
3. 제주1~3 이미지의 크기를 줄이고 둥근 모서리 사각형 모양으로 자르세요.
4. 각각의 말풍선 안에 들어가게 배치하세요.
5. '제주1.jpg'는 배경을 투명하게 설정하세요.

2 1번 문제에 이어 다음 조건대로 작성해 보세요.

조건
1. 제주1~3 이미지에 '부드러운 가장자리 5 포인트' 효과를 적용하세요.
2. '제주1.jpg' 이미지의 투명도를 '15%'로 설정하세요.

04
SECTION
파일 공유와 협업하기

파워포인트에서 작성한 문서는 다양한 파일 형식으로 저장할 수 있습니다. 또한 파일 공유와 협업 기능이 강화되어 팀 프로젝트나 비대면 회의 등에 효과적입니다. One Drive와 같은 클라우드 저장소를 이용하여 문서를 쉽게 전달할 수 있고 실시간 편집이 가능합니다.

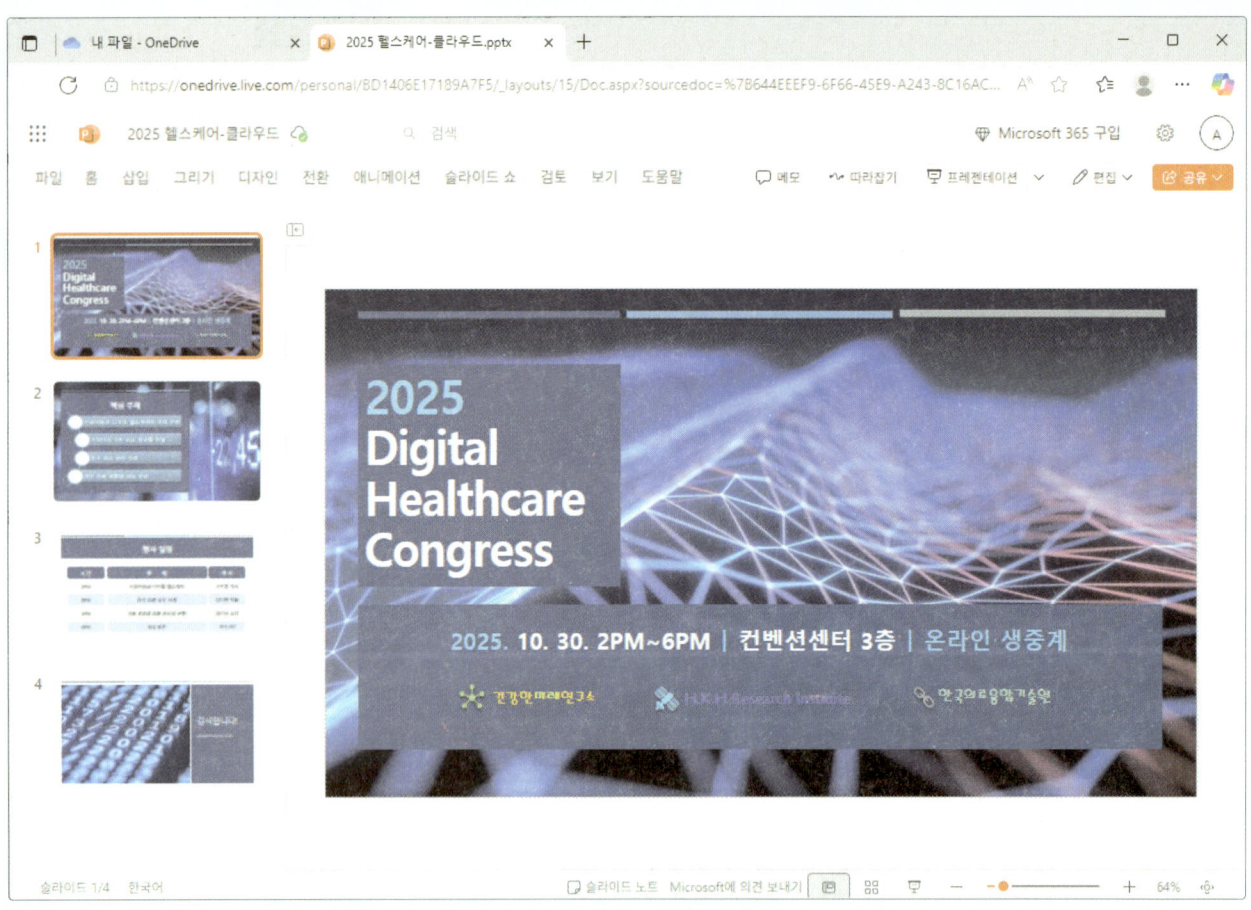

파일명 2025 헬스케어.pdf

MISSION

실습 1 PDF 문서로 저장하기

실습 2 이미지 파일로 저장하기

실습 3 클라우드 저장 장치에 공유하기

CHECK POINT

포인트 1 슬라이드를 PDF 문서로 저장해 봅니다.

포인트 2 각각의 슬라이드를 이미지로 변환해 저장해 봅니다.

포인트 3 OneDrive로 문서를 공유하고 편집하는 기능을 알아봅니다.

PDF 문서로 저장하기

실습 1

1 'Section04.pptx' 파일을 엽니다. [파일] 탭의 ❶ [내보내기]에서 ❷ [PDF/XPS 문서 만들기]를 선택한 후 ❸ [PDF/XPS 만들기]를 클릭합니다.

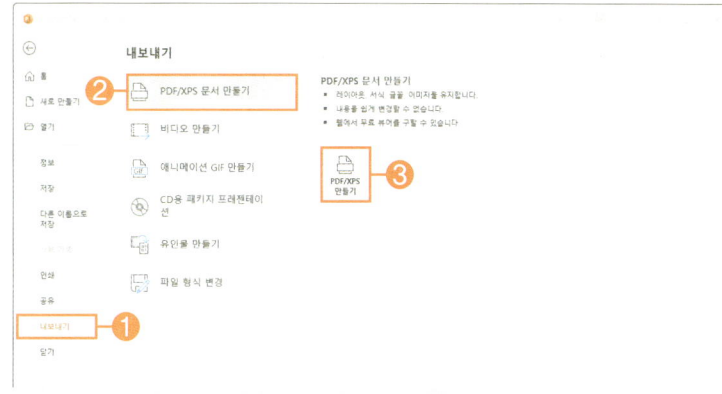

PDF/XPS 형식은 원본의 레이아웃을 그대로 유지할 수 있고 내용을 쉽게 수정할 수 없습니다. XPN(XML Paper Specification)보다는 PDF 형식이 좀 더 널리 사용됩니다.

2 [PDF 또는 XPS로 게시] 대화 상자가 열리면 ❶ 저장할 위치를 선택하고, 파일 이름을 ❷ "2025 헬스케어"로 입력한 후 ❸ [게시]를 클릭합니다. 파일 형식은 PDF(*.pdf)로 저장이 됩니다.

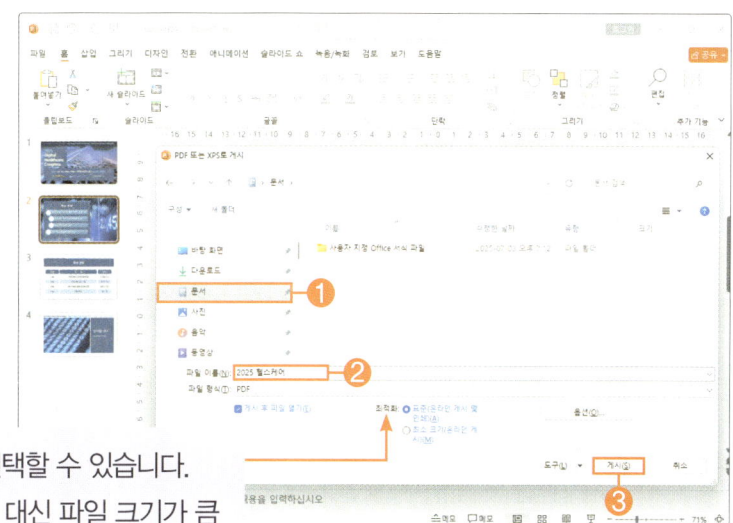

'최적화' 항목에서 파일 품질과 용량을 선택할 수 있습니다.
표준(온라인 게시 및 인쇄) 해상도를 유지하는 대신 파일 크기가 큼
최소 크기(온라인 게시) 파일 크기가 작고 품질은 낮음

3 PDF 문서로 저장된 후 문서가 열립니다. 한 페이지에 한 장의 슬라이드가 표시됩니다.

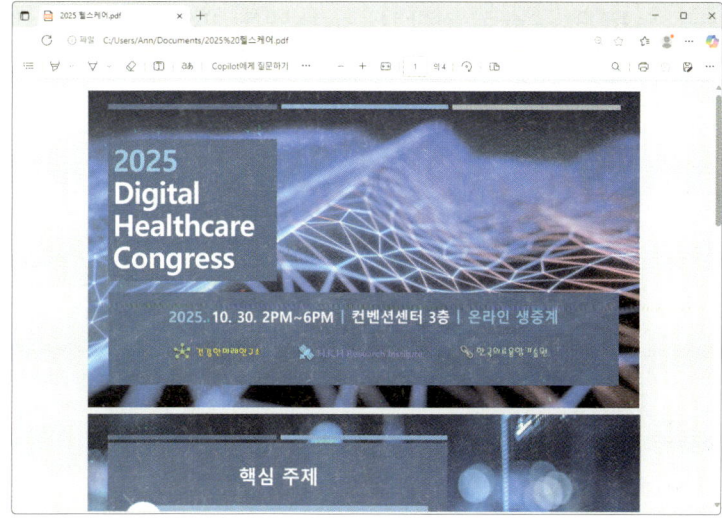

별도 프로그램이 없어도 엣지나 크롬 같은 웹브라우저에서 PDF 문서를 바로 확인할 수 있습니다.

4 한 페이지에 여러 장의 슬라이드가 배치되도록 PDF 문서를 저장하려면 [파일] 탭의 ❶ [내보내기]에서 ❷ [PDF/XPS 문서 만들기]를 선택한 후 ❸ [PDF/XPS 만들기]를 클릭합니다.

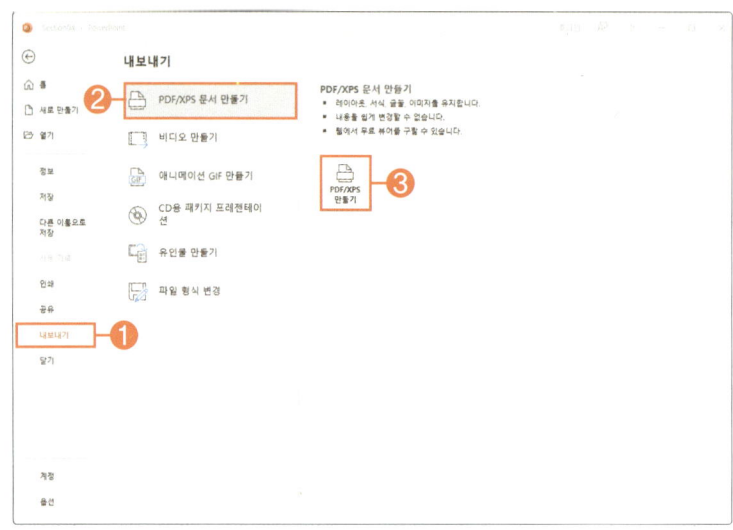

5 [PDF 또는 XPS로 게시] 대화상자에서 ❶ 저장할 위치를 선택한 후 파일 이름을 ❷ "2025 헬스케어2"로 입력한 후 ❸ [옵션]을 클릭합니다. [옵션] 대화상자에서 '게시 대상'을 ❹ '유인물'로 선택하고 ❺ '슬라이드 테두리'에 체크합니다. ❻ '한 페이지에 넣을 슬라이드 수'는 '2'를 선택하고 ❼ [확인]을 누른 후 [PDF 또는 XPS로 게시] 대화상자로 돌아오면 ❽ [게시]를 클릭합니다.

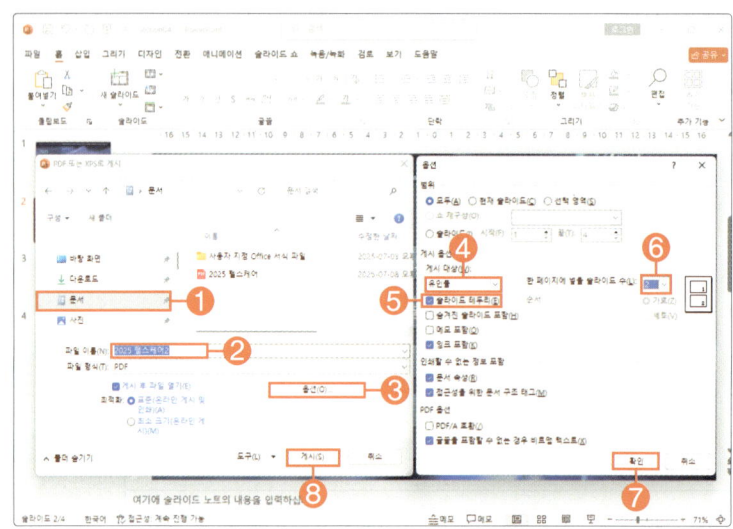

6 PDF 문서로 저장된 후 문서가 열립니다. 한 페이지에 두 장씩 슬라이드가 표시됩니다.

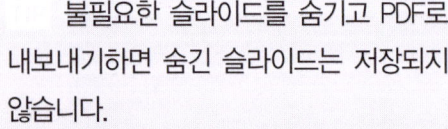
불필요한 슬라이드를 숨기고 PDF로 내보내기하면 숨긴 슬라이드는 저장되지 않습니다.

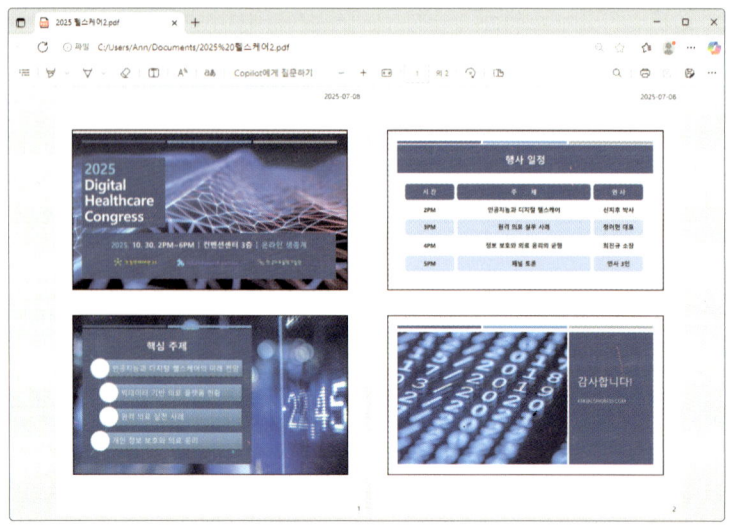

암호 설정/글꼴 포함 저장하기

문서를 저장하면서 암호 설정하기

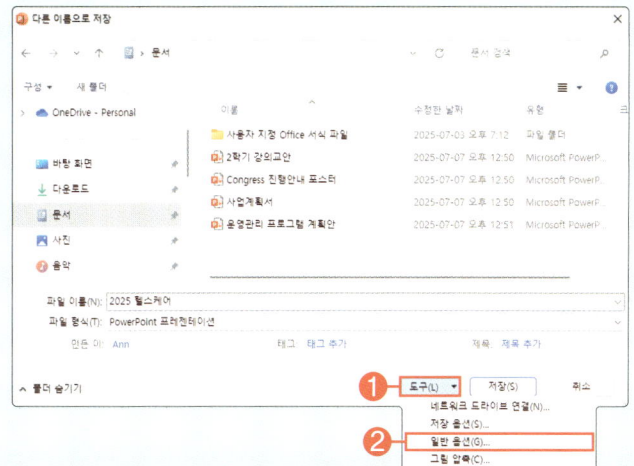

[파일] 탭의 [다른 이름으로 저장] 대화상자에서 ❶ [도구] 목록을 클릭한 후 ❷ [일반 옵션]을 선택합니다. [일반 옵션] 대화상자에서 ❸ 열기 암호와 쓰기 암호를 설정할 수 있습니다. 암호를 잊어버리면 복구가 매우 어려우므로 주의합니다.

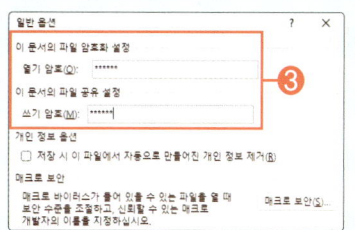

[프레젠테이션 보호]에서 암호 설정하기

[파일] 탭의 ❶ [정보]를 클릭하고 ❷ [프레젠테이션 보호]의 ❸ [암호 설정]을 이용해 암호를 입력합니다.

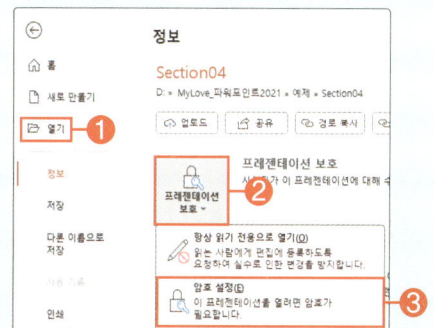

문서에 포함된 글꼴 저장

문서를 작성하면서 사용한 글꼴을 포함하여 저장하면 다른 사용자의 컴퓨터에 해당 글꼴이 설치되어 있지 않아도 문서가 정확하게 표시됩니다.

[다른 이름으로 저장] 대화상자에서 ❶ [도구]의 ❷ [저장 옵션]을 클릭합니다. [PowerPoint 옵션]의 ❸ [저장] 탭에서 ❹ '파일의 글꼴 포함'의 '프레젠테이션에 사용되는 문자만 포함(파일 크기를 줄여줌)'을 선택하여 저장합니다.

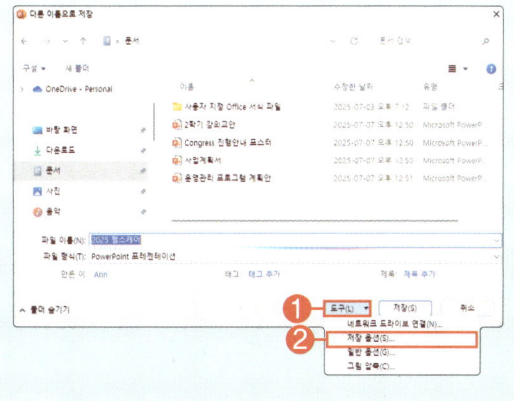

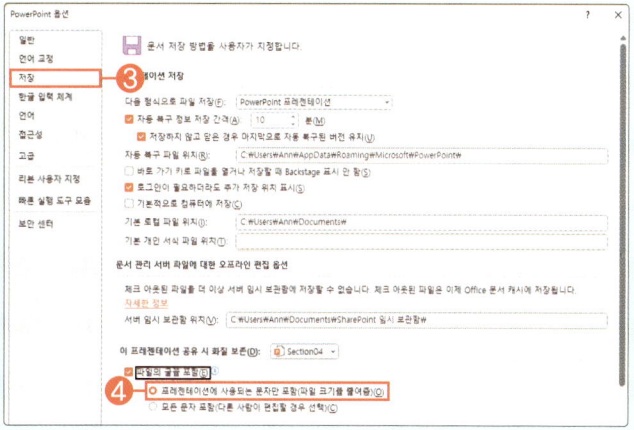

이미지 파일로 저장하기

1 'Section04.pptx' 파일을 열고 [파일] 탭의 ❶ [내보내기]에서 ❷ [파일 형식 변경]을 선택한 후 ❸ 'PowerPoint 그림 프레젠테이션'을 더블클릭합니다.

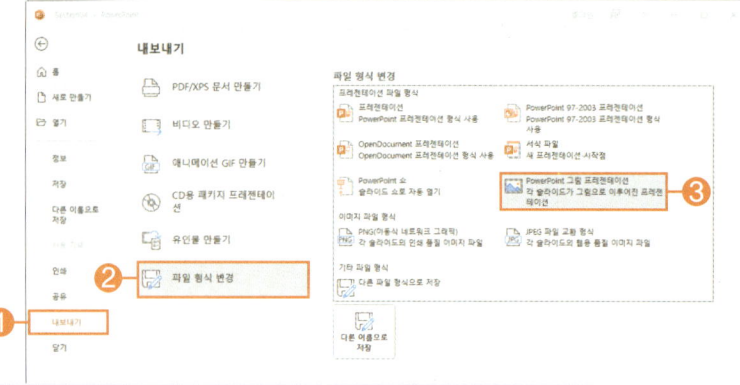

'PowerPoint 그림 프레젠테이션'은 각 슬라이드가 이미지로 이루어진 프레젠테이션 문서입니다. 슬라이드를 개별 이미지 파일로 변환한 후 해당 이미지로 새로운 슬라이드를 구성합니다.

2 [다른 이름으로 저장] 대화상자가 열리면 ❶ 저장할 위치를 선택한 후 ❷ 파일 이름을 "2025 헬스케어-그림"으로 입력하고 ❸ [저장]을 클릭합니다. [이 프레젠테이션 복사본이 2025 헬스케어-그림.pptx로 저장되었습니다.] 대화상자가 나타나면 ❹ [확인]을 클릭합니다.

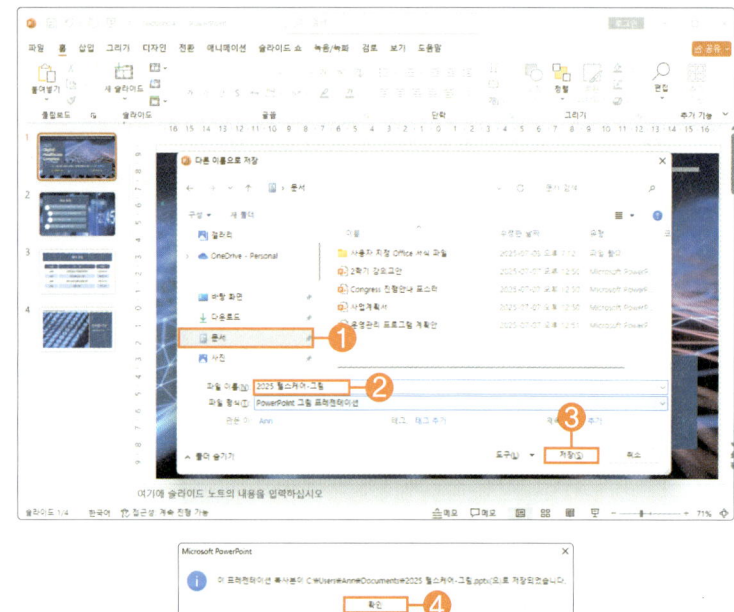

3 저장된 파일을 열면 기존의 슬라이드가 이미지로 변환되어 슬라이드에 삽입된 것을 확인할 수 있습니다.

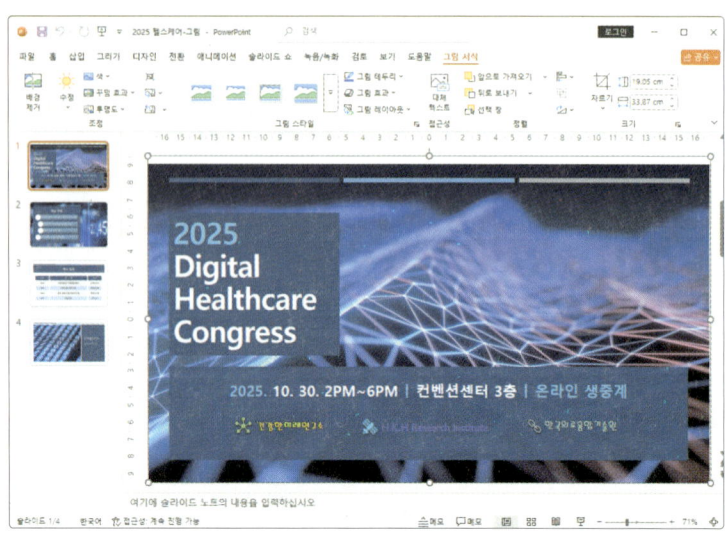

4 이번에는 'Section04.pptx'의 각 슬라이드를 이미지로 저장해 봅니다. [파일] 탭의 ❶ [내보내기]에서 ❷ [파일 형식 변경]을 선택한 후 ❸ 'JPEG 파일 교환 형식'을 더블클릭합니다.

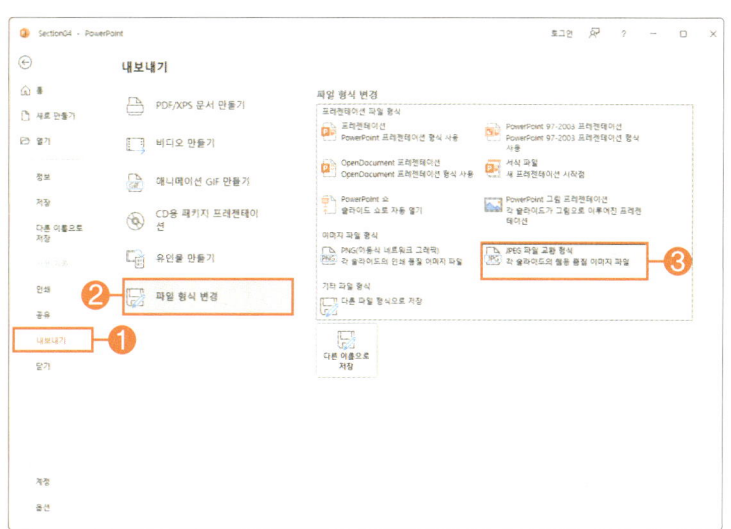

5 [다른 이름으로 저장] 대화상자에서 ❶ 저장할 위치를 선택한 후 ❷ 파일 이름을 "2025 헬스케어-jpg"로 입력하고 ❸ [저장]을 클릭합니다. 내보낼 슬라이드를 선택하는 창이 나타납니다. ❹ [모든 슬라이드]를 선택합니다.

> 현재 표시된 슬라이드만 이미지로 내보내기하려면 [현재 슬라이드]를 선택합니다.

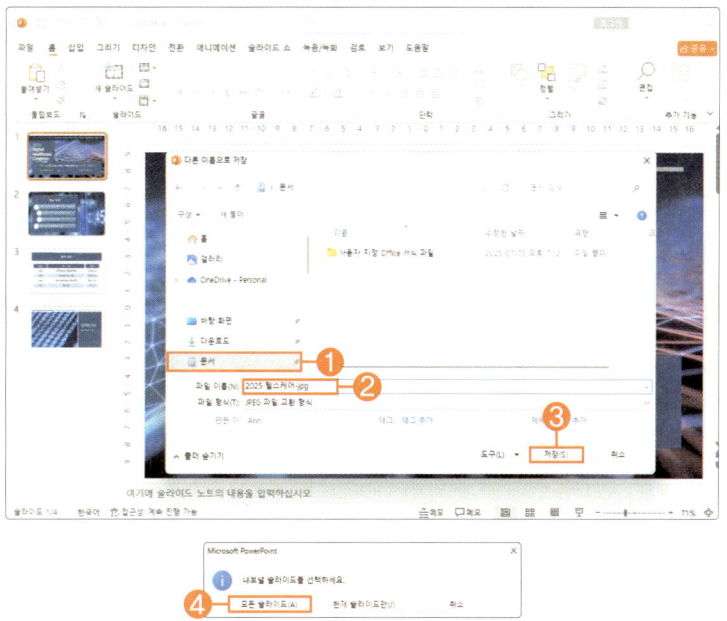

6 [프레젠테이션의 각 슬라이드가 폴더에 별개의 파일로 저장되어 있습니다.]라는 창이 나타납니다. ❶ [확인]을 누르면 ❷ '2025 헬스케어-jpg' 폴더가 생성되고 폴더 안에 각 슬라이드가 이미지 파일로 저상되어 있습니다.

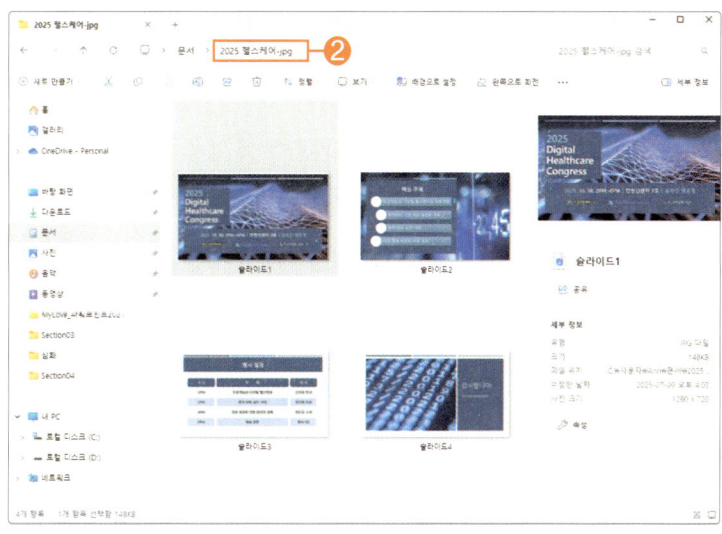

클라우드 저장 장치에서 공유하기

1 파워포인트 문서를 클라우드 저장 공간인 OneDrive와 연동하기 위해서는 먼저 Microsoft 계정에 로그인하여 OneDrive가 활성화되어 있어야 합니다. ❶ [다른 이름으로 저장]을 클릭한 후 ❷ [OneDrive]를 선택합니다. ❸ [로그인]을 클릭한 후 '이메일' 주소와 암호를 입력하여 계정 인증 과정을 진행합니다.

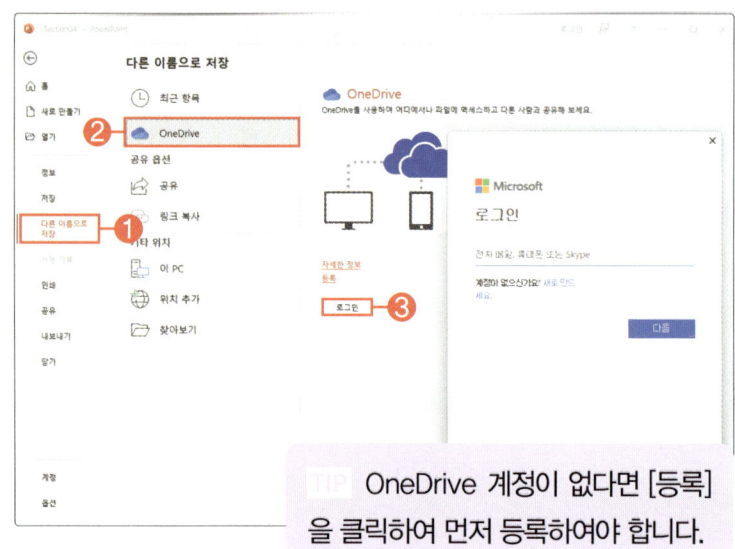

TIP OneDrive 계정이 없다면 [등록]을 클릭하여 먼저 등록하여야 합니다.

2 'Section04.pptx' 파일을 열고 [파일] 탭의 ❶ [다른 이름으로 저장]을 클릭한 후 ❷ 'OneDrive – 개인'을 클릭하면 [다른 이름으로 저장] 대화상자가 열립니다. 저장 위치가 'OneDrive'로 표시됩니다. 파일 이름에 ❸ "2025 헬스케어–클라우드"를 입력한 후 ❹ [저장]을 클릭합니다.

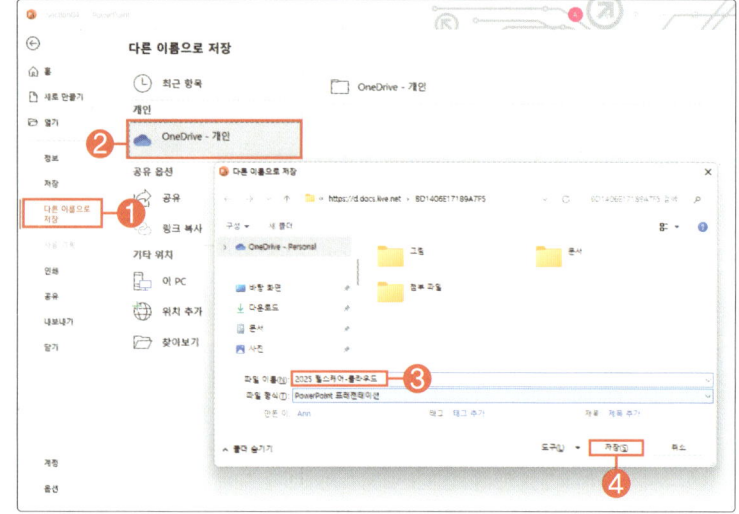

3 파워포인트에서 OneDrive에 저장된 파일을 불러오려면 [파일] 탭의 ❶ [열기]에서 ❷ 'OneDrive – 개인'을 선택합니다. 오른쪽에 저장된 파일 목록에서 ❸ '2025 헬스케어–클라우드' 파일을 클릭합니다.

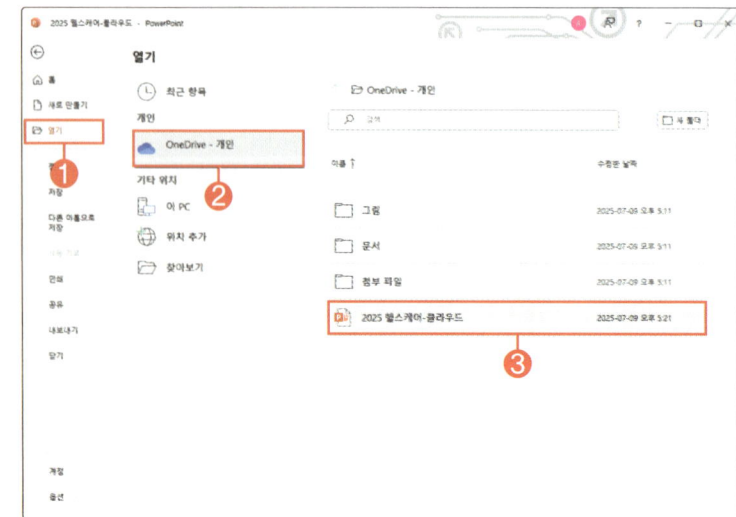

4 웹에서 OneDrive에 저장된 문서를 편집할 수 있습니다. 인터넷 브라우저를 열고 ❶ 'https:// onedrive.live.com'에 접속합니다. OneDrive 저장소가 열리면 [내 파일]에서 ❷ '2025 헬스케어-클라우드' 문서를 클릭합니다.

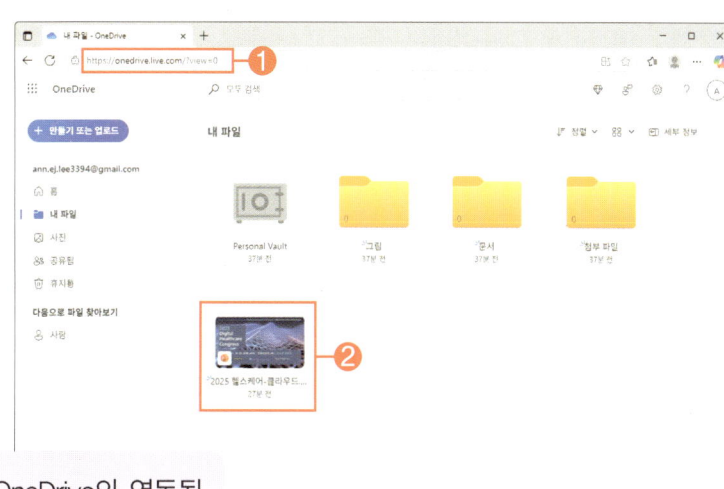

2번 과정에서 로그인을 하면 자동으로 OneDrive와 연동됩니다. 그렇지 않은 경우에는 로그인을 먼저 진행해야 합니다.

5 온라인에서 바로 열어 편집할 수 있습니다. 단, 파워포인트 2021에서 제공하는 모든 기능 대신 가장 많이 사용하는 메뉴 위주로 표시됩니다. 내용을 수정하면 OneDrive에 자동으로 저장됩니다.

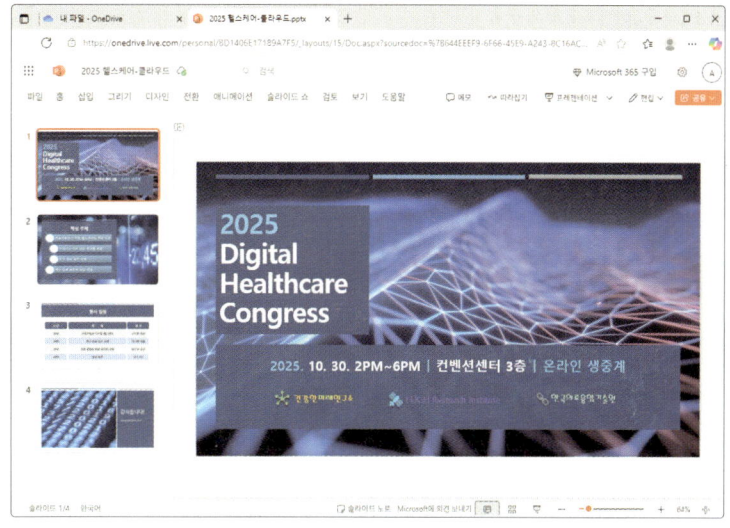

6 ❶ 오른쪽 위에 있는 [공유]를 클릭한 후 '공유'를 선택합니다. ❷ 공유할 대상의 이메일을 입력하고 ❸ '편집 가능'을 클릭한 후 ❹ [보내기]를 누릅니다.

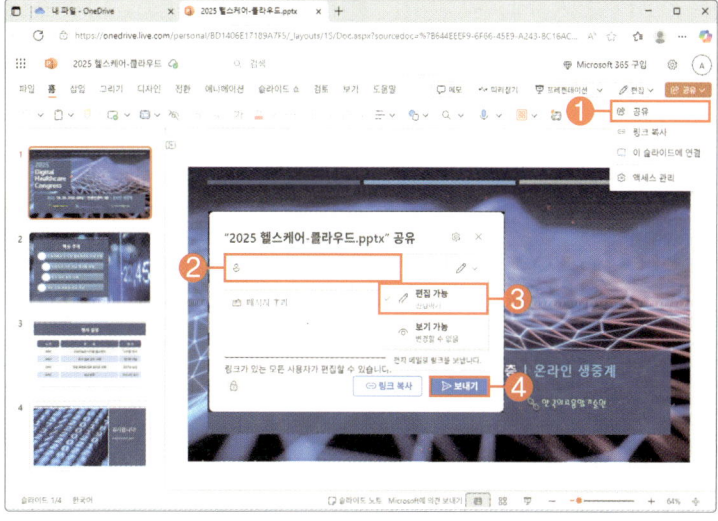

'보기 가능'으로 선택하면 공유 대상자는 내용을 변경할 수 없습니다.

1 'Section04–기초–준비.pptx' 문서를 열고 다음 조건대로 작성해 보세요.

조건
❶ 파일 이름을 "포트폴리오"로 입력하여 PDF 문서로 저장하세요.

2 1번 문제에 이어 다음 조건대로 작성해 보세요.

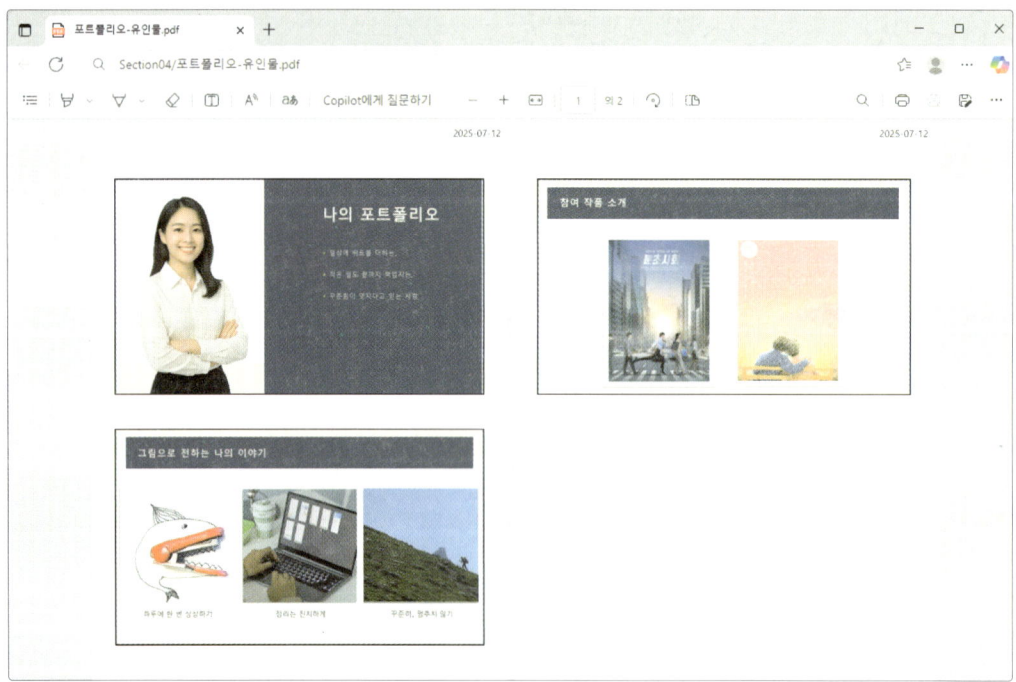

조건
❶ 파일 이름을 "포트폴리오–유인물"로 입력하여 PDF 문서로 저장하세요.
❷ 한 페이지에 슬라이드를 두 장씩 넣고 테두리를 표시하세요.

1 'Section04-심화-준비.pptx' 문서를 열고 다음 조건대로 작성해 보세요.

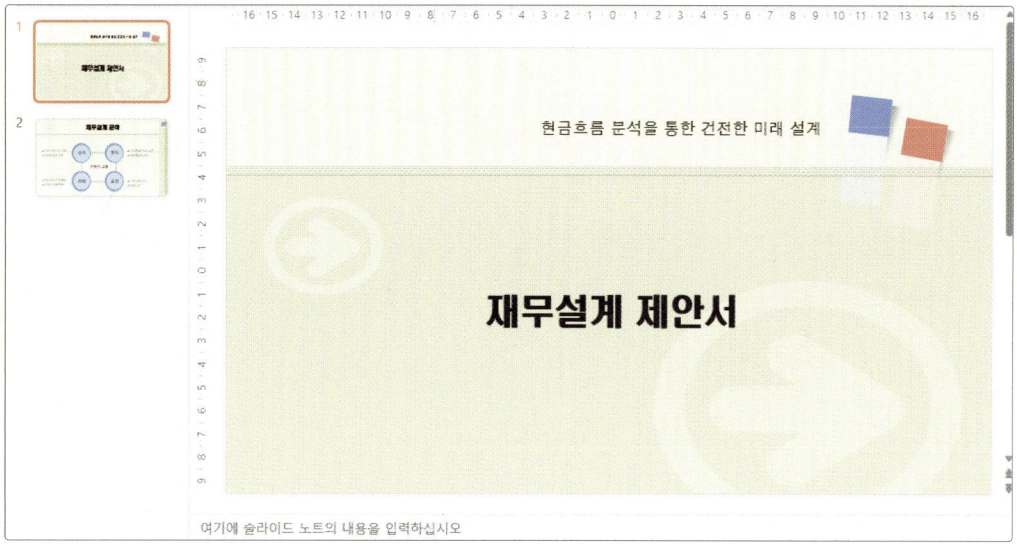

조건
❶ 파일 이름을 "재무설계 제안"으로 입력하고, '열기 암호'와 '쓰기 암호'를 '2526'으로 지정하여 저장하세요.

2 1번 문제에 이어서 다음 조건대로 작성해 보세요.

조건
❶ 현재 문서에 포함된 글꼴을 포함하여 저장하세요.
❷ OneDrive 저장 위치에 파일 이름을 "재무설계 제안"으로 입력하여 저장하세요.

05
SECTION

도형 활용 슬라이드 작성하기

도형은 정보를 구조화하는 데 유용합니다. 핵심 내용을 시각적으로 표현하고 명확하게 전달할 수 있습니다. 도형은 이미지보다 파일 용량 부담이 적고 수정이 쉬우며 색상, 입체 효과 등을 적용할 수 있습니다.

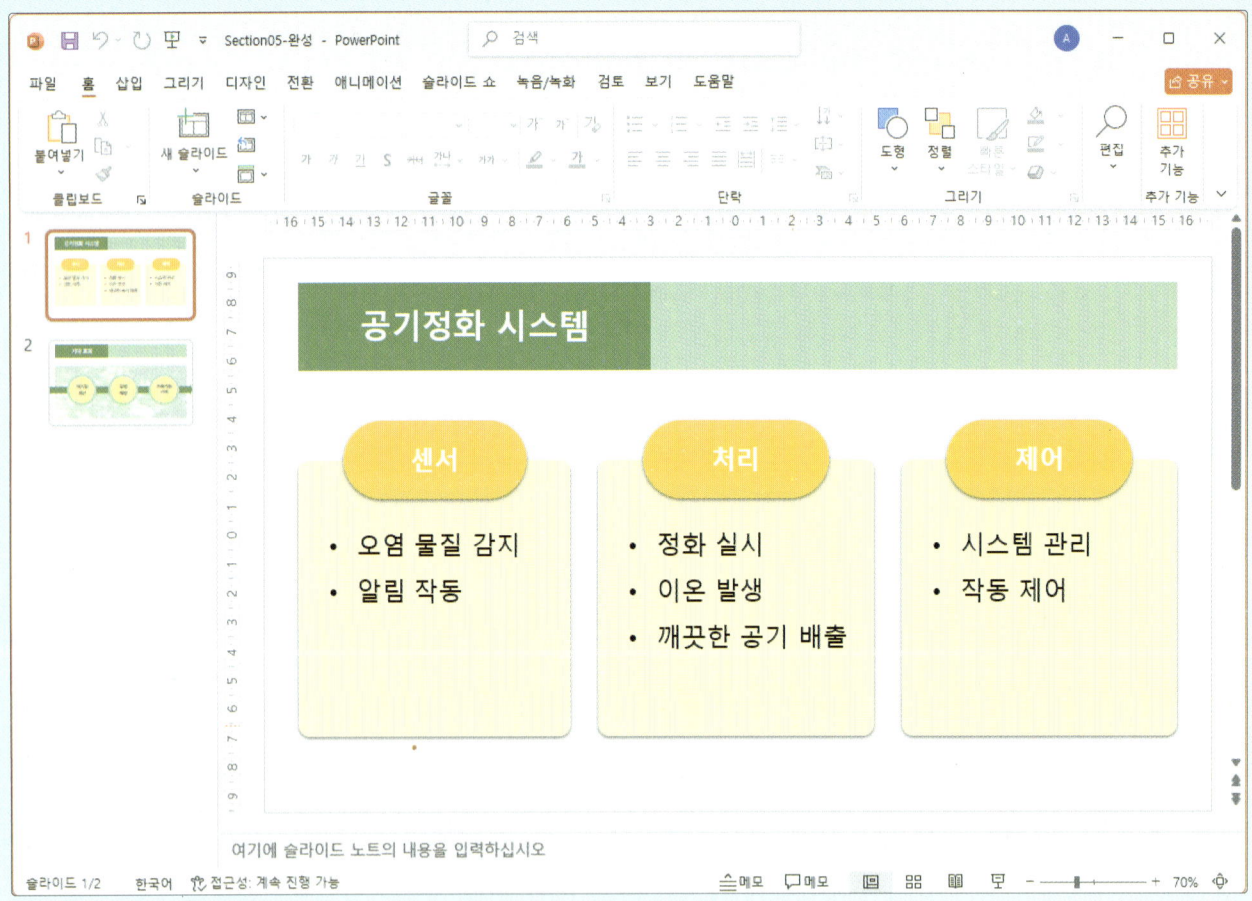

파일명 Section05-완성.pptx

CHECK POINT

포인트 1 도형을 삽입하고 도형 효과를 적용해 봅니다.

포인트 2 정렬과 그룹화 기능을 알아봅니다.

포인트 3 도형의 모양을 다양하게 변형하고 채우기 기능을 활용해 봅니다.

도형 그리기와 스타일 적용하기

1 [빈 화면]의 새 슬라이드를 시작합니다. ❶ [홈] 탭의 [그리기] 그룹에서 ❷ [도형]을 클릭한 후 ❸ '사각형 – 직사각형'을 선택합니다.

> [삽입] 탭의 [일러스트레이션] 그룹에서 [도형]을 클릭하여 삽입할 수도 있습니다.

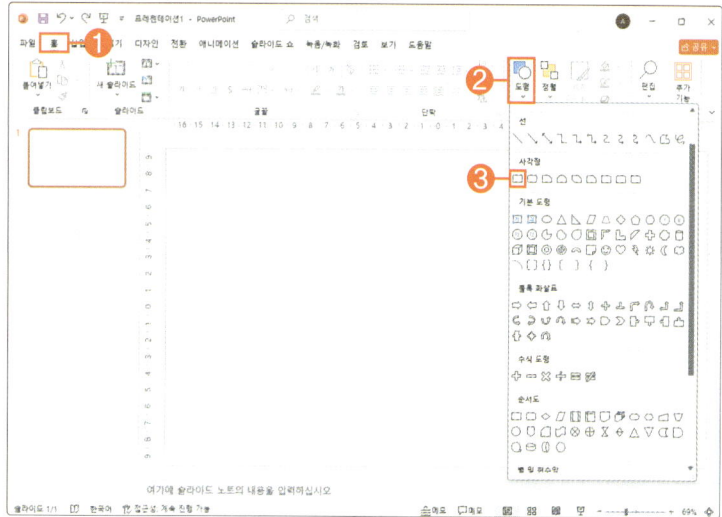

2 슬라이드 위에 ❶ 마우스로 드래그하여 직사각형을 그립니다.

> Shift 키를 누르고 드래그하면 정다각형을 그릴 수 있습니다.

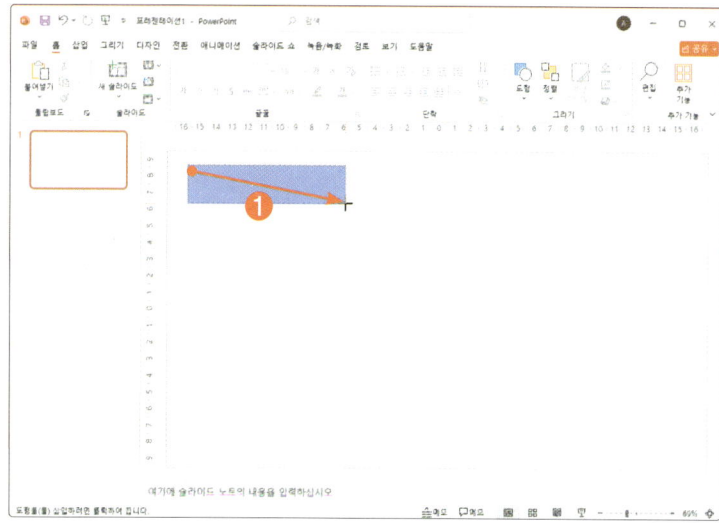

3 채우기 색을 변경하기 위해 직사각형을 선택하고 ❶ [도형 서식] 탭의 [도형 스타일] 그룹에서 ❷ [도형 채우기] 목록을 클릭합니다. ❸ '녹색, 강조 6, 25% 더 어둡게'를 선택합니다.

> [홈] 탭의 [그리기] 그룹에서 [도형 채우기] 목록을 선택해도 됩니다.

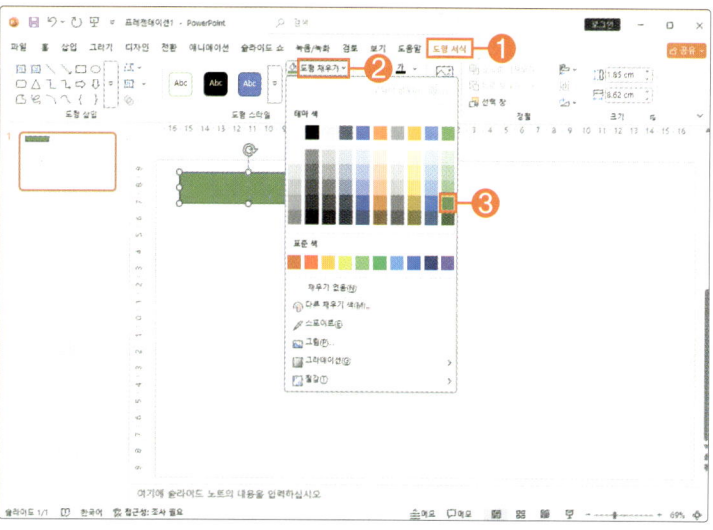

4 도형이 선택된 상태에서 ❶ [도형 서식] 탭의 [도형 스타일] 그룹에서 ❷ [도형 윤곽선]을 클릭한 후 ❸ '윤곽선 없음'을 선택합니다.

TIP [도형 윤곽선]에서는 선의 색, 두께, 대시 스타일 등을 변경할 수 있습니다.

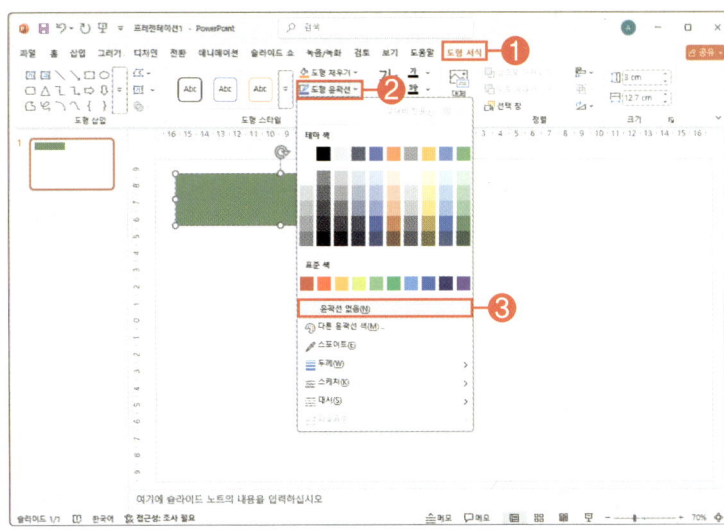

5 도형을 선택한 후 ❶ Ctrl + Shift 키를 누른 채 오른쪽으로 드래그하여 복사합니다.

TIP 복사 Ctrl +드래그
수평 · 수직 복사 Ctrl + Shift +드래그
복제 Ctrl + D

6 복사된 도형의 크기를 조절하기 위해 ❶ 도형의 조절점을 오른쪽으로 드래그합니다. 복사한 도형이 선택된 상태에서 ❷ [도형 서식] 탭의 [도형 스타일] 그룹에서 ❸ [도형 채우기] 목록을 클릭한 후 ❹ '녹색, 강조 6, 60% 더 밝게'를 선택합니다.

TIP 흰색 조절점 도형의 크기 조절
노란색 조절점 도형의 모양 변형
회전 조절점 도형의 회전

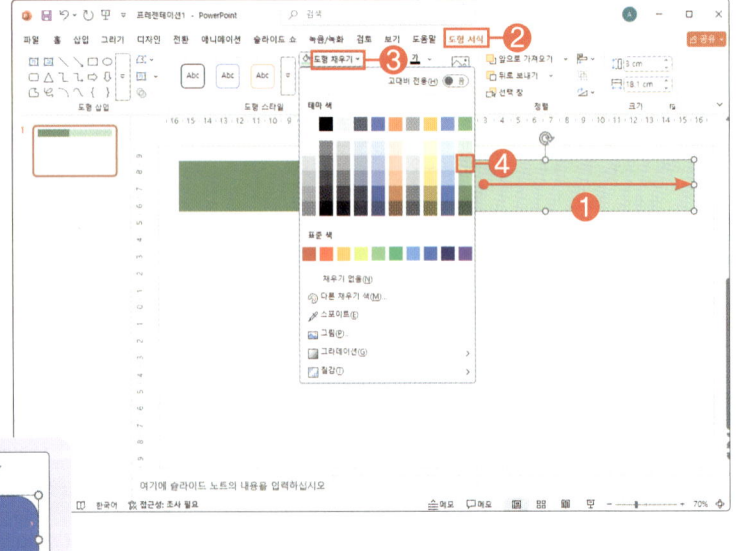

7 도형을 클릭한 후 바로 텍스트를 입력할 수 있습니다. 첫 번째 도형을 클릭하고 ❶ "공기정화 시스템"을 입력한 후 ❷ [홈] 탭의 [글꼴] 그룹에서 글꼴을 ❸ '맑은 고딕, 32pt, 진하게, 흰색'으로 지정합니다.

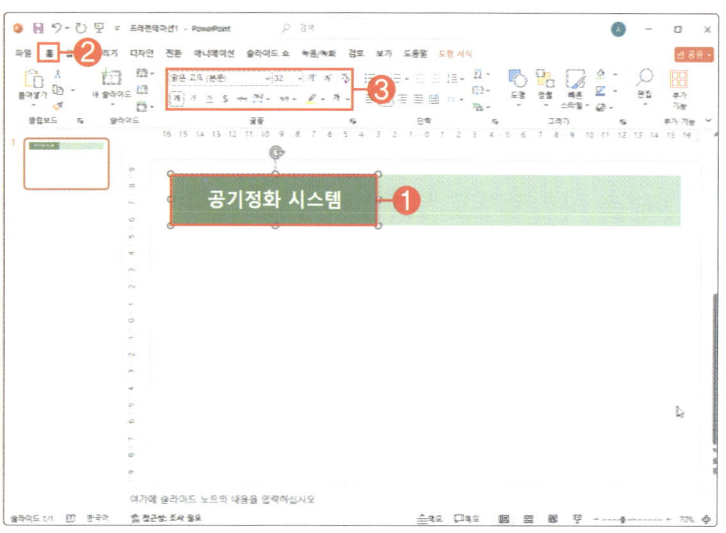

8 이번에는 [홈] 탭의 [그리기] 그룹에서 [도형]을 클릭한 후 ❶ '사각형 – 사각형: 둥근 모서리'를 선택하여 도형을 그린 후 ❷ 노란색 조절점을 안쪽으로 드래그하여 모서리가 반원이 되도록 합니다.

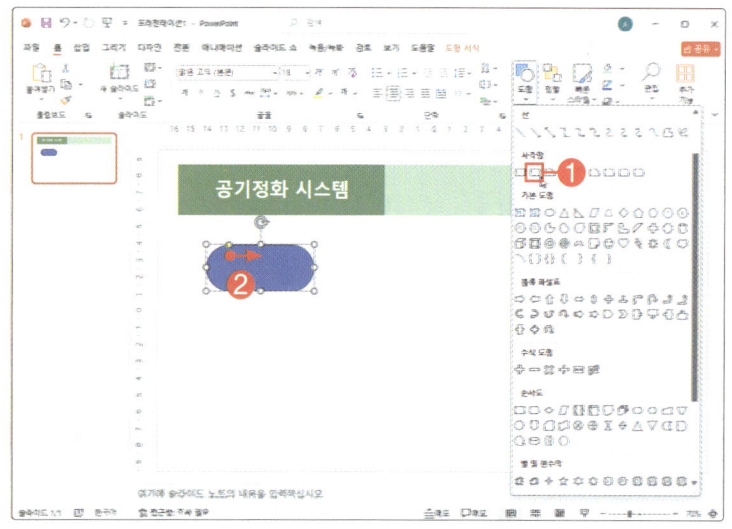

9 도형이 선택된 상태에서 ❶ [도형 서식] 탭의 [도형 스타일] 그룹에서 ❷ [빠른 스타일] 목록을 클릭한 후 ❸ '강한 효과 – 황금색, 강조 4'를 선택합니다.

TIP [빠른 스타일]은 채우기 색, 윤곽선, 그림자 등을 미리 설정해 두고 한 번에 적용할 수 있는 기능입니다.

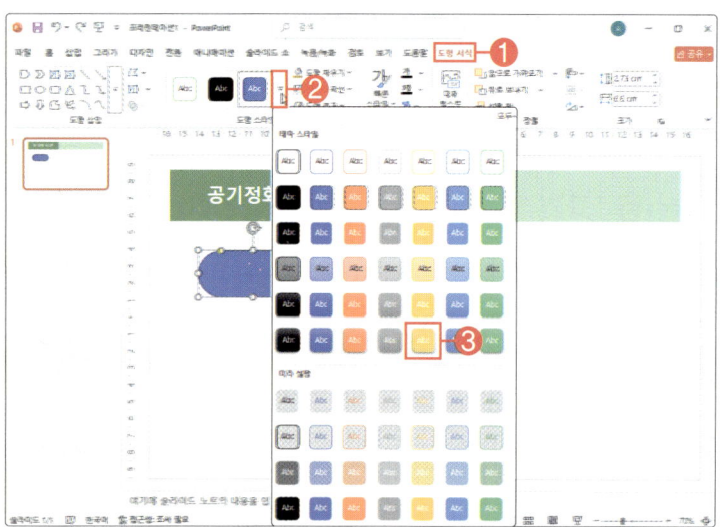

도형 정렬과 그룹화

1 둥근 사각형을 선택한 후 `Ctrl` + `D` 키를 눌러 도형을 복제합니다. 복제한 도형의 ❶ 흰색 조절점을 바깥쪽으로 드래그하여 크기를 키우고, ❷ 노란색 조절점을 바깥쪽으로 드래그하여 둥근 모서리를 펴줍니다.

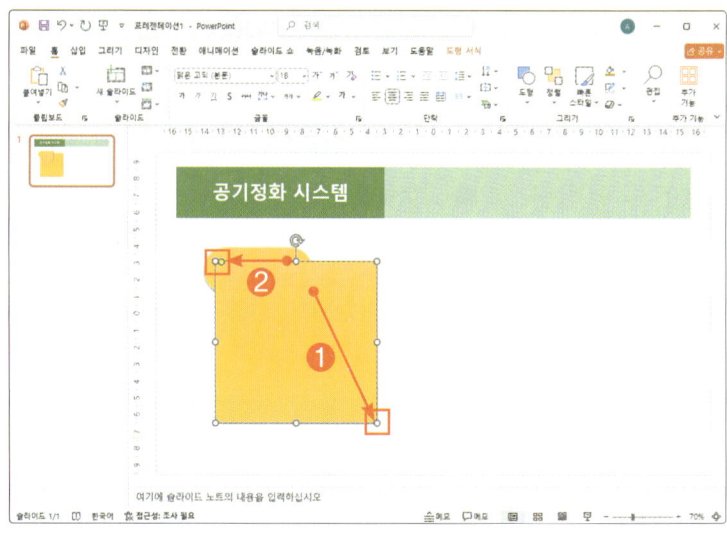

2 변경한 도형의 스타일은 그대로 두고 색만 바꾸려면 도형이 선택된 상태에서 ❶ [도형 서식] 탭의 [스타일] 그룹에서 ❷ [도형 채우기] 목록을 클릭한 후 ❸ '황금색, 강조 4, 80% 더 밝게'를 선택합니다. 앞에 있는 도형을 뒤로 배치하기 위해 [정렬] 그룹에서 ❹ [뒤로 보내기]를 클릭합니다.

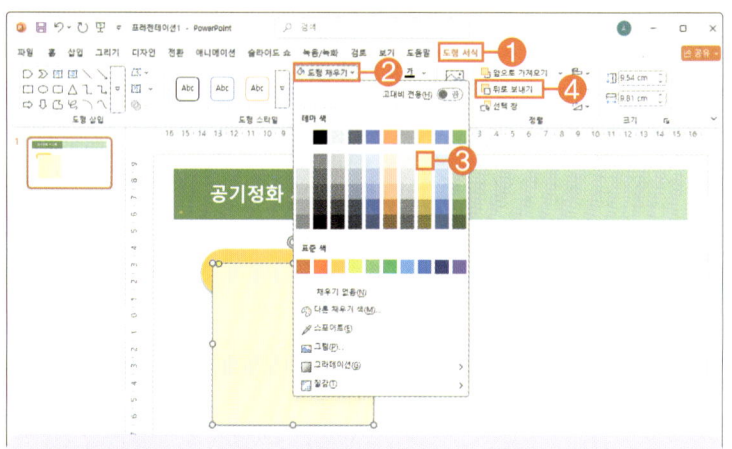

TIP 도형이 여러 개일 경우 [뒤로 보내기]의 목록을 눌러 [맨 뒤로 보내기]를 클릭하면 한 번에 맨 뒤로 배치할 수 있습니다.

3 다음과 같이 도형 안에 텍스트를 입력한 후 왼쪽 맞춤으로 정렬합니다. ❶ 뒤에 있는 도형을 선택한 후 ❷ [도형 서식] 탭의 [크기] 그룹에서 ❸ [크기 및 위치]를 클릭합니다. [도형 서식] 창이 열리면 ❹ [텍스트 옵션]에서 [텍스트 상자]의 세로 맞춤을 ❺ '위쪽'으로 선택하고, 위쪽 여백을 ❻ '2cm'로 조절합니다.

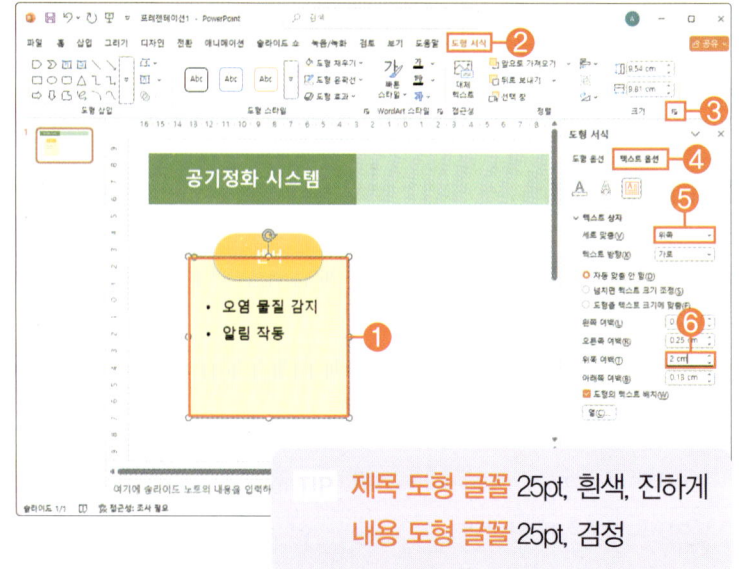

TIP 제목 도형 글꼴 25pt, 흰색, 진하게
내용 도형 글꼴 25pt, 검정

4 ① 마우스를 넓게 드래그하여 두 도형을 선택합니다. 두 도형을 하나의 도형으로 그룹화하기 위해 ② [도형 서식] 탭의 [정렬] 그룹에서 ③ [개체 그룹화]를 클릭한 후 ④ '그룹'을 선택합니다.

TIP Ctrl 또는 Shift 키를 누른 채 도형을 클릭하여 선택할 수도 있습니다.
그룹 묶기 Ctrl + G 또는 [정렬] – [그룹]
그룹 풀기 Ctrl + Shift + G 또는 [정렬] – [그룹 해제]

5 그룹화한 도형을 ① Ctrl + Shift 키를 누르고 드래그하여 수평으로 복사합니다. ② 같은 작업을 반복하여 도형을 하나 더 복사합니다. 스마트 가이드가 표시되면 간격을 조절하며 복사할 수 있습니다.

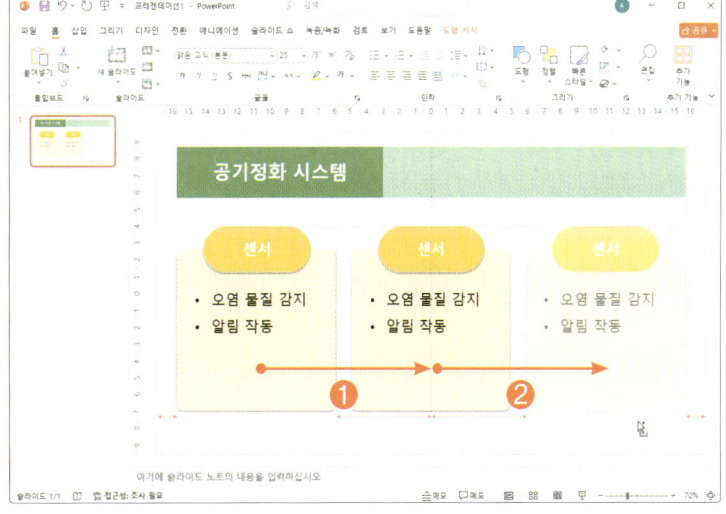

6 복사된 도형의 텍스트를 다음과 같이 수정합니다. 도형 간격을 동일하게 하기 위해 ① 도형을 모두 선택한 후 ② [도형 서식] 탭의 [정렬] 그룹에서 ③ [개체 맞춤]의 ④ '가로 간격을 동일하게'를 클릭합니다.

TIP 도형을 세밀하게 이동할 때는 Ctrl 키와 방향키를 사용합니다.

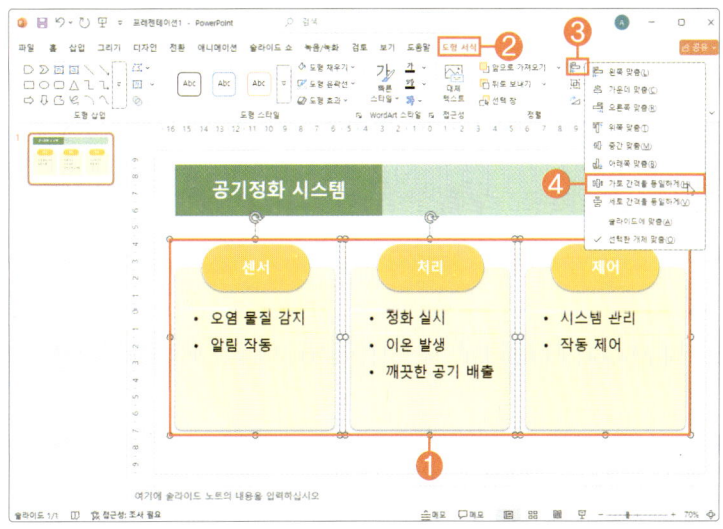

도형 모양 변형과 이미지로 채우기

1 왼쪽의 슬라이드 축소창에서 ❶ 1번 슬라이드를 클릭하고 Enter 키를 눌러 새 슬라이드를 삽입합니다. 1번 슬라이드의 제목 도형을 복사하여 ❷ 2번 슬라이드에 붙여넣은 후 제목을 "기대 효과"로 수정합니다. ❸ [홈] 탭의 [그리기] 그룹에서 ❹ [도형]을 클릭한 후 ❺ '블록 화살표 – 화살표: 오른쪽'을 선택합니다.

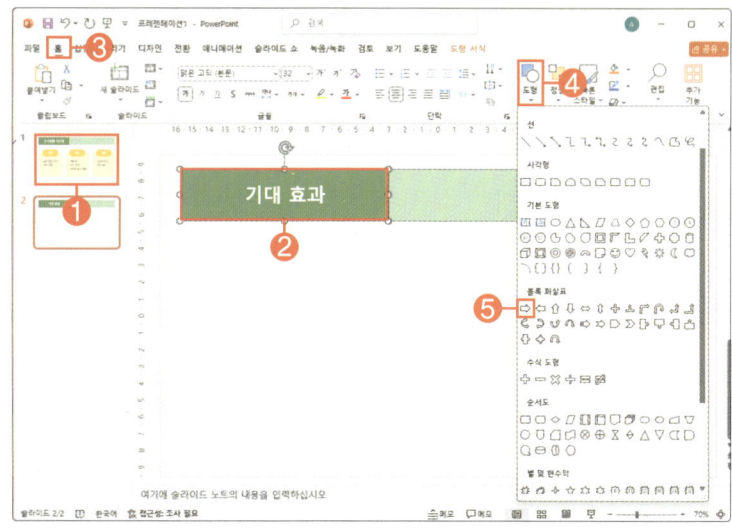

2 ❶ 가로로 길게 드래그하여 화살표를 그린 다음, ❷ 노란색 조절점을 바깥쪽으로 드래그하여 화살표 모양을 조절합니다. ❸ [도형 서식] 탭의 [도형 스타일] 그룹에서 ❹ [도형 채우기] 목록을 클릭하여 ❺ '녹색, 강조 6, 25% 더 어둡게'를 선택하고 [도형 윤곽선]은 '윤곽선 없음'으로 설정합니다.

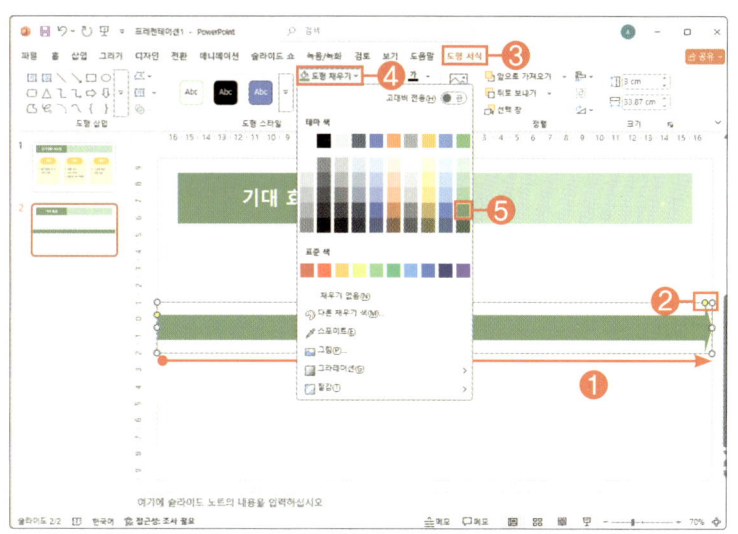

3 이번에는 [홈] 탭의 [그리기] 그룹에서 [도형]을 클릭한 후 ❶ '기본 도형 – 타원'을 선택하고 ❷ Ctrl + Shift 키를 누른 채 드래그하여 원을 그립니다.

Ctrl 키를 누르고 드래그하면 도형의 중심점에서부터 그립니다. Ctrl + Shift 키를 동시에 누르면 정다각형을 중심점에서부터 그릴 수 있습니다.

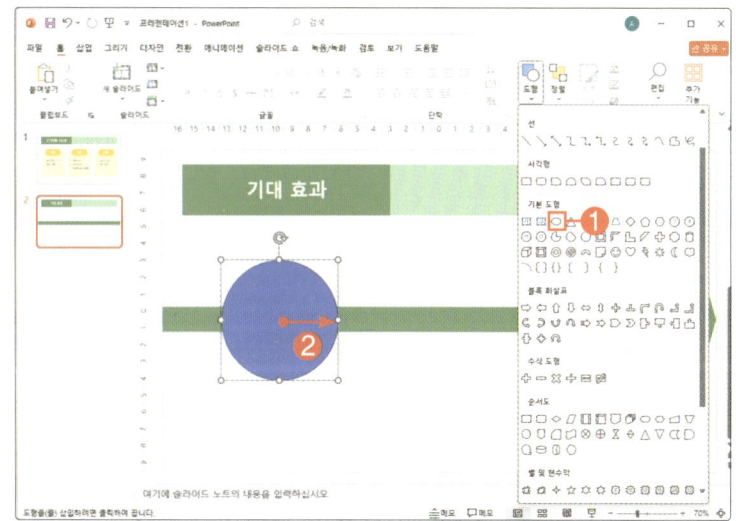

4 원을 복제한 후 두 원을 겹치게 놓습니다. ❶ 복제한 원을 선택한 상태에서 Ctrl + Shift 키를 누른 채 조절점을 안쪽으로 드래그하여 크기를 줄입니다.

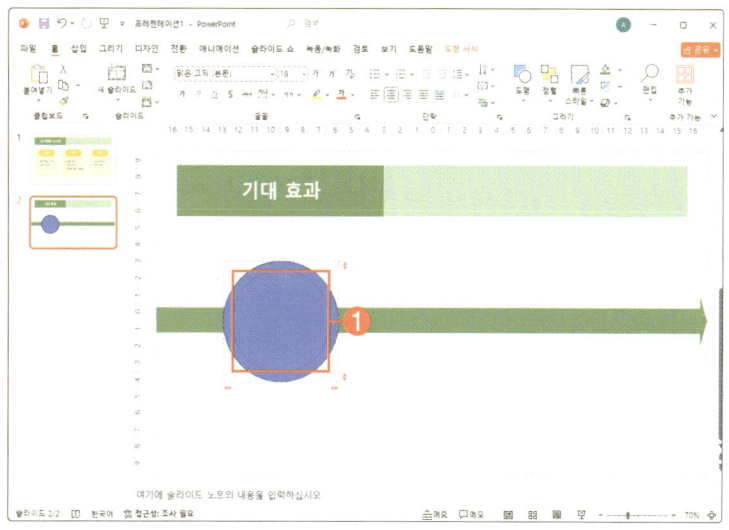

5 큰 원과 작은 원의 색을 채웁니다. ❶ 두 원을 모두 선택한 후 ❷ [도형 서식] 탭의 [정렬] 그룹에서 ❸ [개체 그룹화]의 ❹ '그룹'을 클릭합니다.

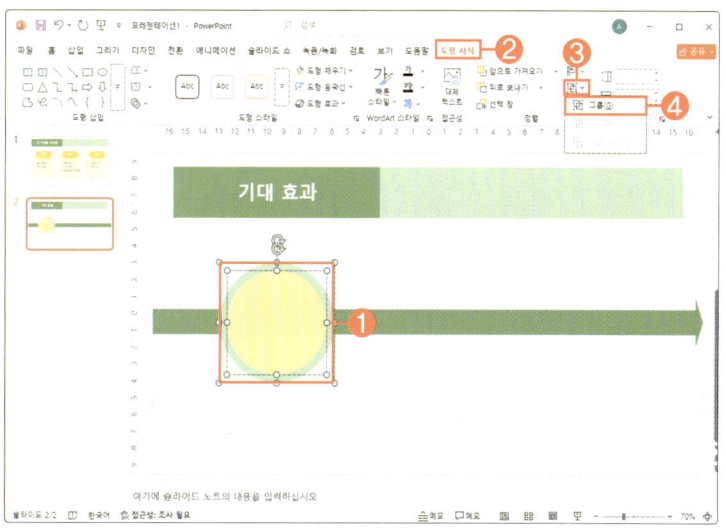

큰 원의 색 '녹색, 강조 6, 60% 더 밝게'
작은 원의 색 '황금색, 강조 4, 60% 더 밝게'

6 그룹화된 도형을 더블클릭하여 "대기질 개선"을 입력합니다. ❶ 도형을 선택한 후 ❷ [홈] 탭의 [글꼴] 그룹에서 ❸ '25pt', '녹색, 강조 6, 50% 더 어둡게', '진하게'를 선택합니다. 도형이 선택된 상태에서 ❹ Ctrl + Shift 키를 누른 채 오른쪽으로 드래그하여 수평으로 두 개 더 복사합니다.

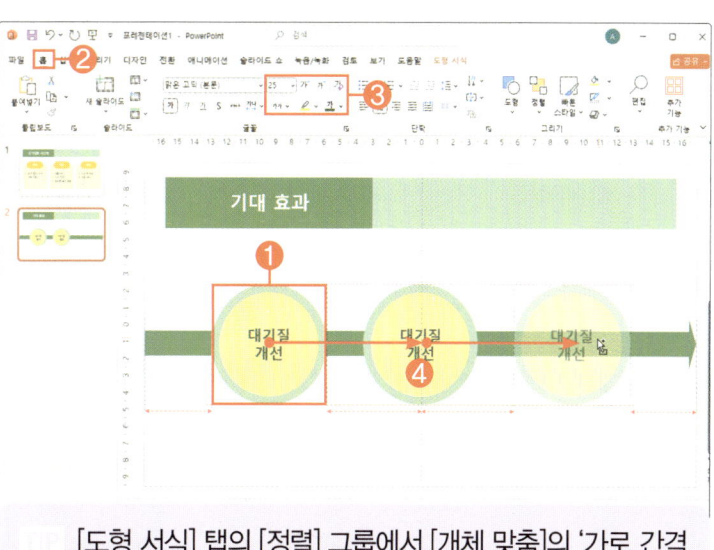

[도형 서식] 탭의 [정렬] 그룹에서 [개체 맞춤]의 '가로 간격을 동일하게'를 선택해 간격을 맞출 수 있습니다.

7 다음과 같이 텍스트를 수정합 니다. ❶ 넓게 드래그하여 도형을 모두 선택한 후 ❷ [도형 서식] 탭의 [정렬] 그룹에서 ❸ [개체 맞춤] 은 ❹ '중간 맞춤'을 클릭합니다.

> **TIP** '선택한 개체 맞춤'이 체크되어 있어야 합니다.
> **선택한 개체 맞춤** 선택한 개체들의 중심이나 가장자리를 기준으로 정렬
> **슬라이드 맞춤** 슬라이드를 기준으로 정렬

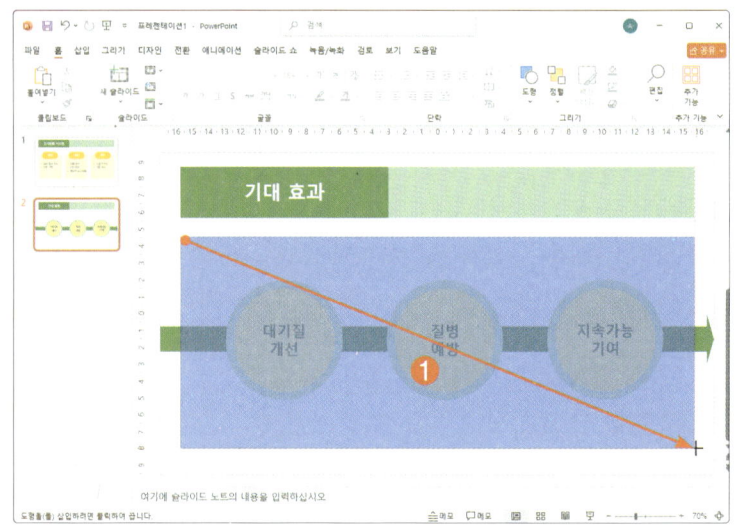

8 [홈] 탭의 [그리기] 그룹에서 [도형]을 '직사각형'으로 선택한 후 ❶ 원이 모두 덮일 정도로 크게 직사각형을 그립니다.

9 도형에 그림을 채우기 위해 직사각형을 선택한 상태에서 ❶ [도형 서식] 탭의 [도형 스타일] 그룹에서 ❷ [도형 채우기] 목록을 눌러 ❸ '그림'을 클릭합니다.

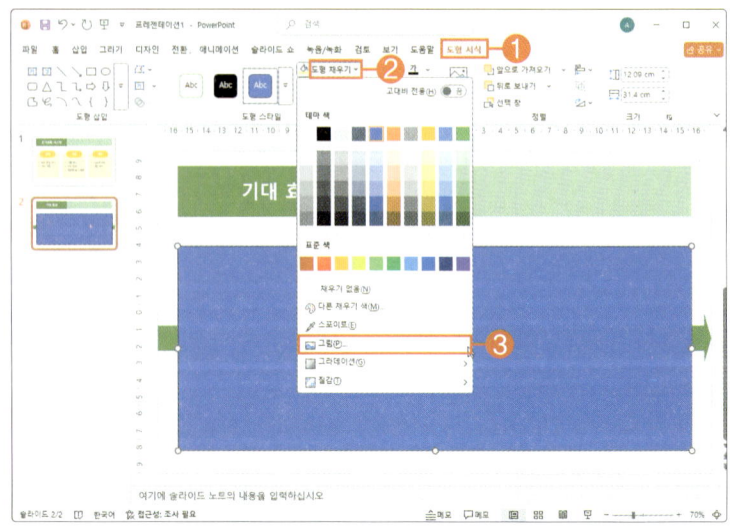

10 [그림 삽입] 대화상자가 열리면 ❶ [파일에서]를 클릭한 후 ❷ '공기정화.jpg' 선택하고 ❸ [삽입]을 누릅니다.

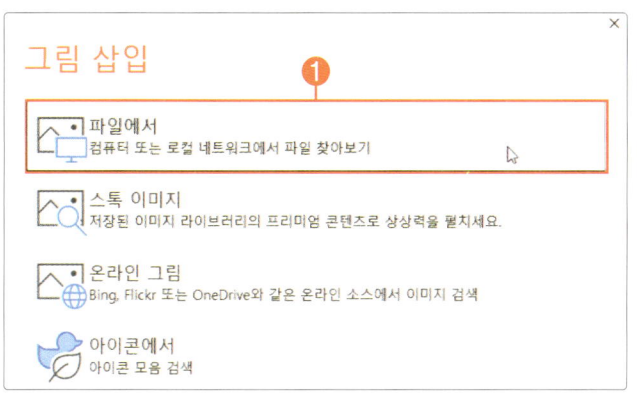 

11 그림이 선택된 상태에서 [도형 서식] 탭의 [도형 스타일] 그룹에서 [도형 윤곽선]을 '윤곽선 없음'으로 클릭합니다. ❶ [그림 서식] 탭의 [조정] 그룹에서 ❷ [투명도]를 ❸ '투명도: 80%'로 선택합니다.

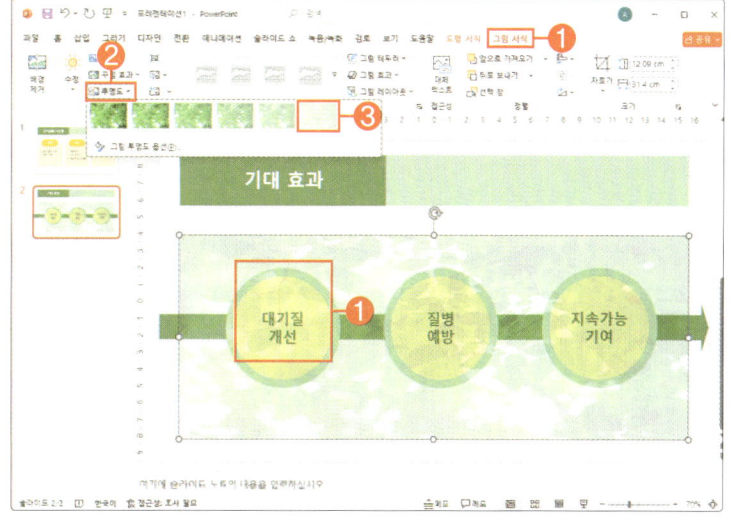

12 그림이 선택된 상태에서 [그림 서식] 탭의 [정렬] 그룹에서 ❶ [뒤로 보내기]의 목록을 눌러 ❷ '맨 뒤로 보내기'를 클릭합니다.

1 'Section05-기초-준비.pptx' 문서를 열고 1번 슬라이드를 다음 조건대로 작성해 보세요.

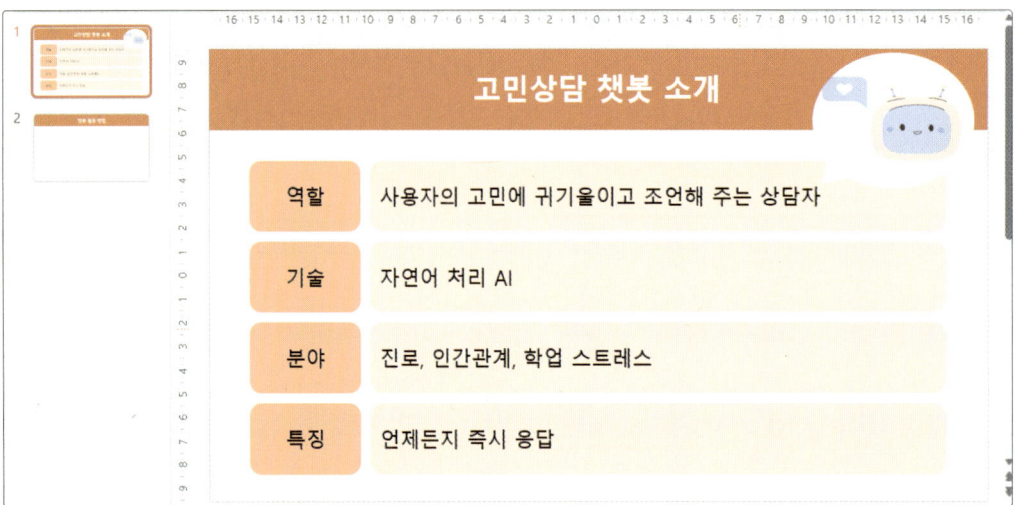

조건

❶ 모서리가 둥근 사각형을 그려서 '도형 채우기'하세요.

❷ 말풍선 도형을 삽입하고 맨 앞으로 배치하세요.

❸ 말풍선 도형을 '챗봇.jpg' 이미지로 채우세요.

2 1번 문제에 이어서 다음 조건대로 작성해 보세요.

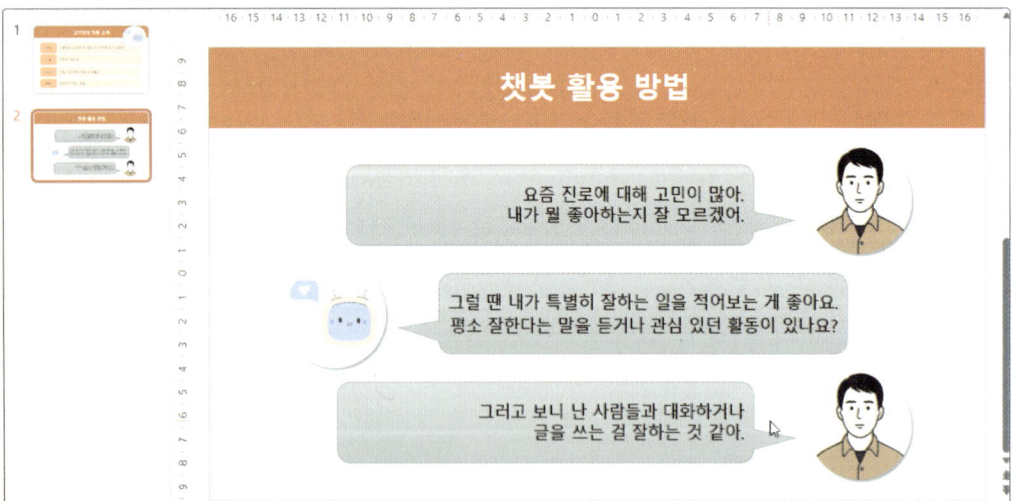

조건

❶ 2번 슬라이드에 '말풍선: 모서리가 둥근 사각형'을 그린 후 [빠른 스타일]에서 '미세 효과 – 회색, 강조 3'을 적용하세요.

❷ 원 도형을 삽입하고 그림자 효과를 적용한 후 '챗봇.jpg'와 '사용자.jpg' 이미지를 삽입하세요.

❸ 원과 말풍선을 그룹화한 후 수직 복사하고 텍스트를 수정하세요.

❹ '세로 간격 동일하게' 맞춤하세요.

문제 풀어보기

1 'Section05-심화-준비.pptx' 문서를 열고 1번 슬라이드를 다음 조건대로 작성해 보세요.

조건

❶ 육각형을 삽입한 후 복사하여 배치하세요.

❷ 도형을 모두 그룹화한 후 윤곽선을 '흰색, 두께 4½pt'로 설정하세요.

❸ 도형을 '꿀벌.jpg' 이미지로 채우세요.

2 1번 문제에 이어서 2번 슬라이드를 다음 조건대로 작성해 보세요.

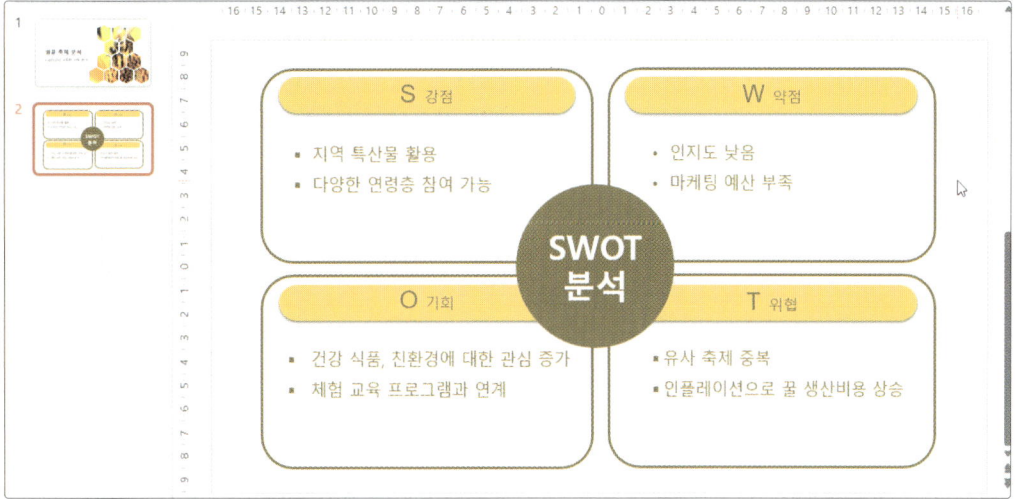

조건

❶ 모서리가 둥근 사각형을 삽입하고 도형 서식에서 '채우기 없음', '윤곽선 두께 3pt, 황금색, 강조 4, 50% 더 어둡게'로 설정하세요.

❷ 원을 삽입하고 색을 '황금색, 강조 4, 50% 더 어둡게'로 채우고, '윤곽선 없음'으로 설정한 후, '맨 앞으로' 배치하세요.

❸ 모서리가 둥근 사각형을 삽입하고 모양을 조절한 후 ❶에서 만든 사각형 안에 배치하세요. 서식은 [빠른 스타일]의 '강한 효과, 황금색, 강조 4'를 선택하세요.

❹ 원의 제목 맑은고딕, 40pt, 진하게

06 도형 응용 슬라이드 작성하기

SECTION

도형을 활용하면 이미지나 텍스트를 더욱 돋보이게 합니다. 기본 도형들을 조합하여 새로운 형태의 도형을 직접 만들 수 있을 뿐만 아니라 투명도, 그라데이션, 텍스트와의 결합 기능을 활용해 더욱 창의적인 슬라이드를 작성할 수 있습니다.

파일명 Section06-완성.pptx

MISSION

실습 1 도형의 투명도 조절하기

실습 2 그라데이션으로 도형 채우기

실습 3 도형의 결합 활용하기

CHECK POINT

포인트 1 도형의 투명도를 조절하여 텍스트를 돋보이게 해 봅니다.

포인트 2 그라데이션 기능을 활용하여 도형을 꾸며 봅니다.

포인트 3 도형과 도형, 도형과 텍스트를 결합해 봅니다.

도형의 투명도 조절하기

1 'Section06.pptx' 파일을 열고 ① 2번 슬라이드를 선택합니다. 도형을 삽입하기 위해 ② [홈] 탭의 [그리기] 그룹에서 ③ [도형]을 클릭한 후 ④ '기본 도형 – 구름'을 선택합니다.

2 ① 슬라이드의 오른쪽 아래에 드래그하여 도형을 삽입합니다.

`Alt` 키를 누르고 도형을 그리면 세밀하게 조절할 수 있습니다.

3 도형의 투명도를 조절하기 위해 ① [도형 서식] 탭의 [도형 스타일] 그룹에서 [도형 서식(⌐)]을 클릭합니다. [도형 서식] 창의 ② [도형 옵션]에서 [채우기]의 ③ [단색 채우기]를 클릭하여 ④ 색은 '연한 녹색', 투명도는 '60%'로 조절합니다. ⑤ [도형 윤곽선]에서 ⑥ '윤곽선 없음'을 선택하고, 도형을 텍스트 뒤로 정렬하기 위해 [정렬] 그룹에서 ⑦ [뒤로 보내기]를 클릭합니다.

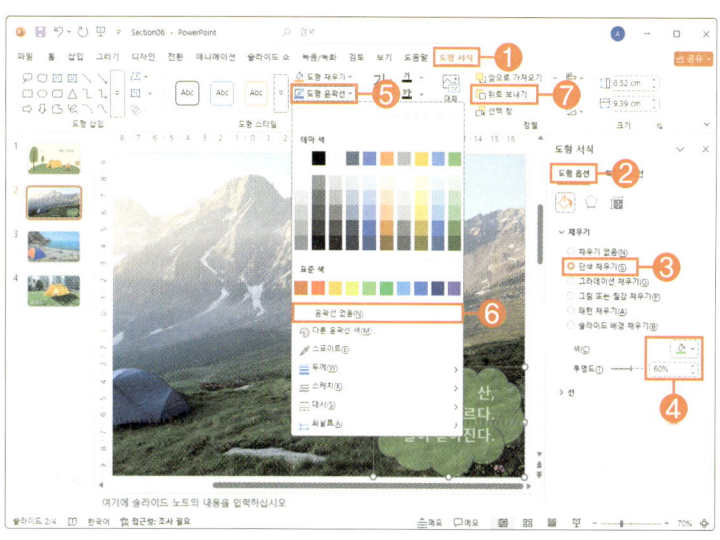

실습 2 그라데이션으로 도형 채우기

1 ❶ 3번 슬라이드를 선택한 후 ❷ [홈] 탭의 [그리기] 그룹에서 ❸ [도형]을 클릭한 후 ❹ '사각형 – 직사각형'을 선택합니다.

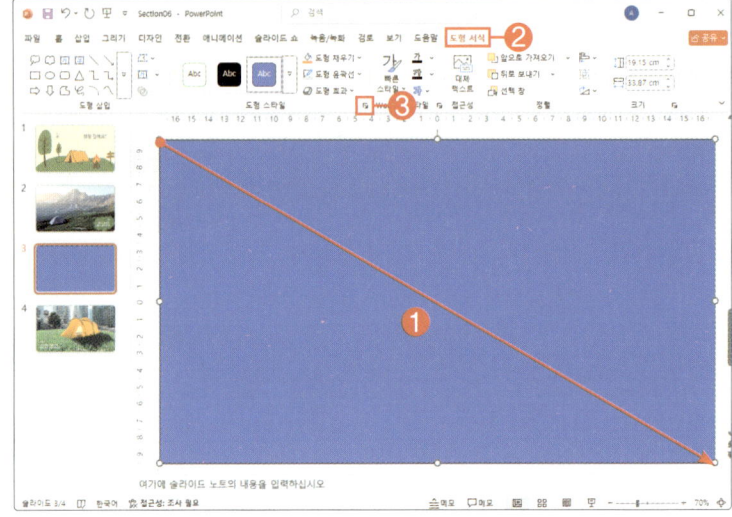

2 ❶ 슬라이드 크기만큼 넓게 드래그하여 직사각형을 그린 후 ❷ [도형 서식] 탭의 [도형 스타일] 그룹에서 ❸ [도형 서식(⤵)]을 클릭합니다.

3 슬라이드 오른쪽에 [도형 서식] 창이 열리면 ❶ [도형 옵션]에서 [채우기]의 ❷ [그라데이션 채우기]를 클릭하고 ❸ '종류: 선형', ❹ '방향: 선형 대각선 – 왼쪽 아래에서 오른쪽 위로'를 선택합니다. 기본으로 설정된 ❺ 4개의 중지점 중에 하나를 선택하고 ❻ '제거(🗑)'를 클릭합니다.

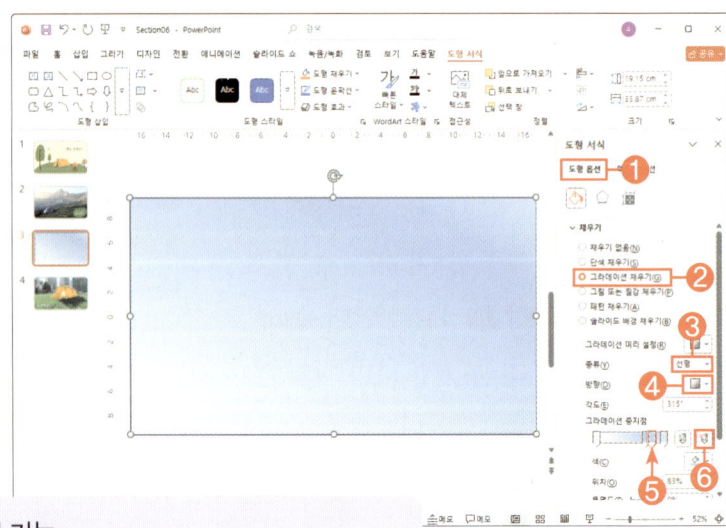

중지점 추가(🗑) 중지점은 최대 10개까지 가능
중지점 삭제(🗑) 그라데이션 중지점을 슬라이더 막대 밖으로 드래그해도 삭제 가능

4 도형의 왼쪽 부분은 어둡게 설정하기 위해 ① 첫 번째 중지점을 클릭한 후 ② 색은 '검정', ③ 투명도는 '50%'로 설정합니다.

TIP 투명도는 슬라이더 바를 드래그하거나 숫자를 입력하여 설정할 수 있습니다.

5 ① 두 번째 중지점을 드래그하여 위치를 설정한 후 ② 색은 '파랑', ③ 투명도는 '60%'로 설정합니다.

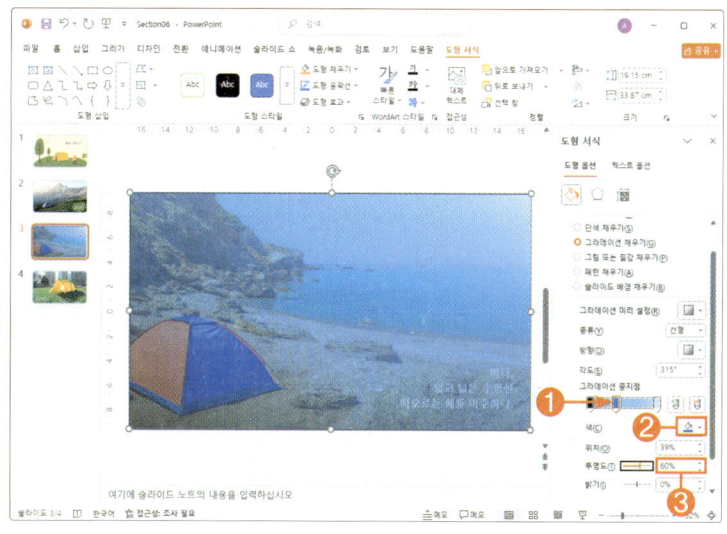

6 ① 세 번째 중지점을 드래그하여 위치를 조절한 후 ② 투명도는 '100%'로 설정합니다. [도형 스타일] 그룹의 ③ [도형 윤곽선]을 클릭하여 '윤곽선 없음'을 선택하고, [정렬] 그룹의 ④ [뒤로 보내기]를 클릭하여 직사각형을 텍스트 뒤로 배치합니다.

TIP **그라데이션 미리 설정** 미리 디자인된 그라데이션을 선택하여 바로 적용할 수 있습니다.

도형의 결합 활용하기

1 텍스트를 도형으로 변환하여 사용할 수 있습니다. ❶ 4번 슬라이드를 선택합니다. ❷ 텍스트 상자를 선택한 후 ❸ [도형 서식] 탭의 [WordArt 스타일] 그룹에서 ❹ [텍스트 효과]의 ❺ [변환]을 클릭하고 ❻ '휘기 – 사각형'을 누릅니다.

> TIP 텍스트를 도형으로 변환하면 도형처럼 형태를 조정할 수 있습니다.

2 ❶ [홈] 탭의 [그리기] 그룹에서 ❷ [도형]을 클릭한 후 ❸ '기본 도형 – 구름'을 선택하고 ❹ 슬라이드 왼쪽에 드래그하여 도형을 그립니다.

3 도형이 선택된 상태에서 [도형 서식] 탭의 [정렬] 그룹에서 ❶ [뒤로 보내기]를 클릭한 후 텍스트 상자를 도형 위로 드래그하여 배치합니다. ❷ 도형과 텍스트 상자를 모두 선택한 후 ❸ [도형 서식] 탭의 [도형 삽입] 그룹에서 ❹ [도형 병합]의 ❺ '결합'을 선택합니다.

⬭ 통합(U)	**통합**	선택한 도형을 합쳐 하나로 만듭니다.
⬭ 결합(C)	**결합**	겹치는 부분을 제거합니다.
⬭ 조각(F)	**조각**	겹치는 부분을 포함하여 도형을 쪼갭니다.
⬭ 교차(I)	**교차**	겹치는 부분만 남기고 나머지는 제거합니다.
⬭ 빼기(S)	**빼기**	첫 번째 선택한 도형에서 나중에 선택한 도형의 겹치는 부분을 잘라냅니다.

4 도형과 텍스트가 하나로 묶이면서 도형과 텍스트가 결합된 부분이 제거됩니다. ❶ [도형 서식] 탭의 [도형 스타일] 그룹에서 ❷ [도형 서식]을 클릭합니다. [도형 서식] 창의 [도형 옵션]에서 ❸ 투명도를 '10%'로 조절한 후 도형을 드래그하여 크기를 줄이고 슬라이드 아래로 배치합니다.

도형의 점 편집

점 편집 기능을 사용하면 도형의 기본 모양을 사용자가 원하는 형태로 자유롭게 변형할 수 있습니다.

❶ 도형을 선택한 후 ❷ [도형 서식] 탭의 [도형 삽입] 그룹에서 ❸ [도형 편집]의 ❹ '점 편집'을 클릭합니다. 마우스 오른쪽 버튼을 누른 후 [빠른 메뉴]에서 '점 편집'을 클릭해도 됩니다.

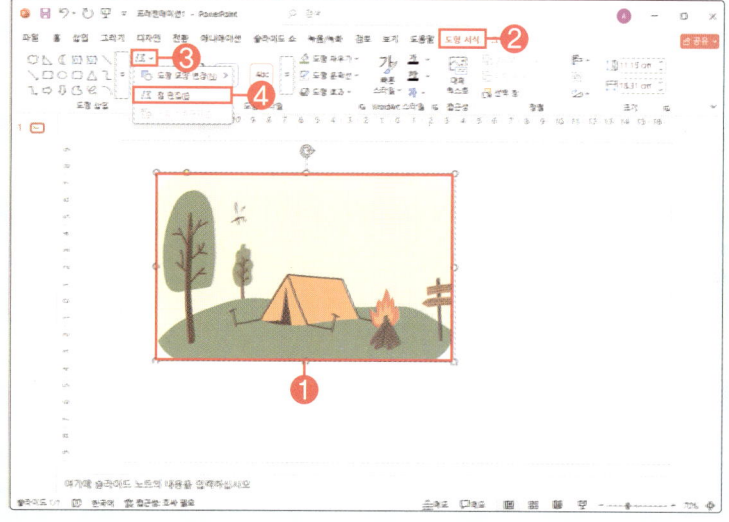

도형의 모서리에 조절점(■)이 생깁니다. ❺ 검은색 조절점(■)을 클릭하면 흰색 조절점(□)이 생깁니다. ❻ 흰색 조절점(□)을 드래그하여 직선 모양을 곡선으로 자유롭게 변형할 수 있습니다.

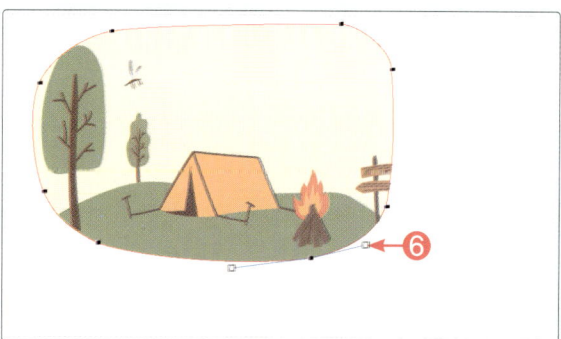

1 'Section06-기초-준비.pptx' 파일을 열고 1번 슬라이드를 다음 조건대로 작성해 보세요.

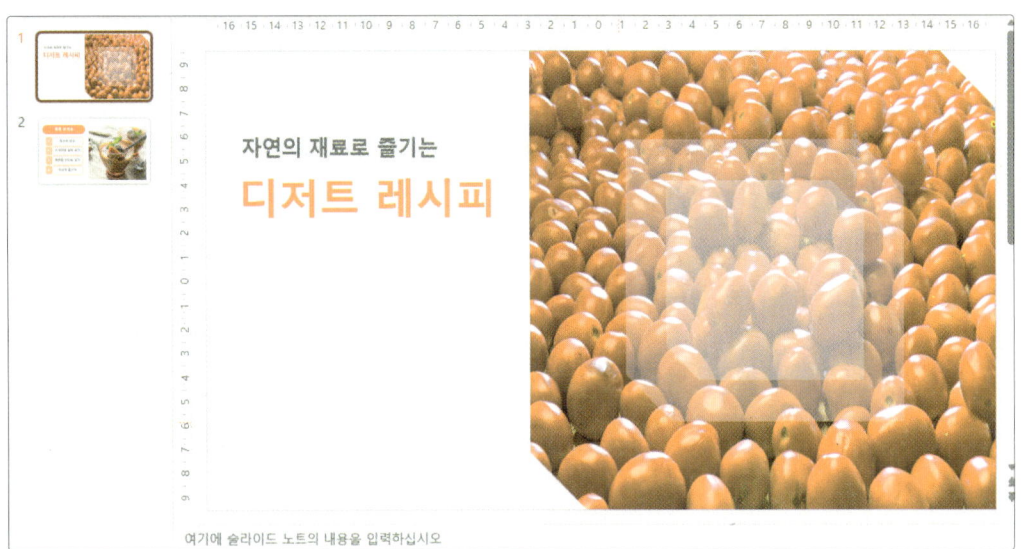

조건

❶ '사각형: 잘린 대각선 방향 모서리' 도형을 그린 후 '도형 윤곽선: 윤곽선 없음', '채우기: 흰색', '투명도: 70%'로 설정하세요.

❷ ❶에서 그린 도형을 복제한 후 크기를 조절하고 ❶ 도형 위로 오게 배치하세요.

2 1번 문제에 이어서 다음 조건대로 작성해 보세요.

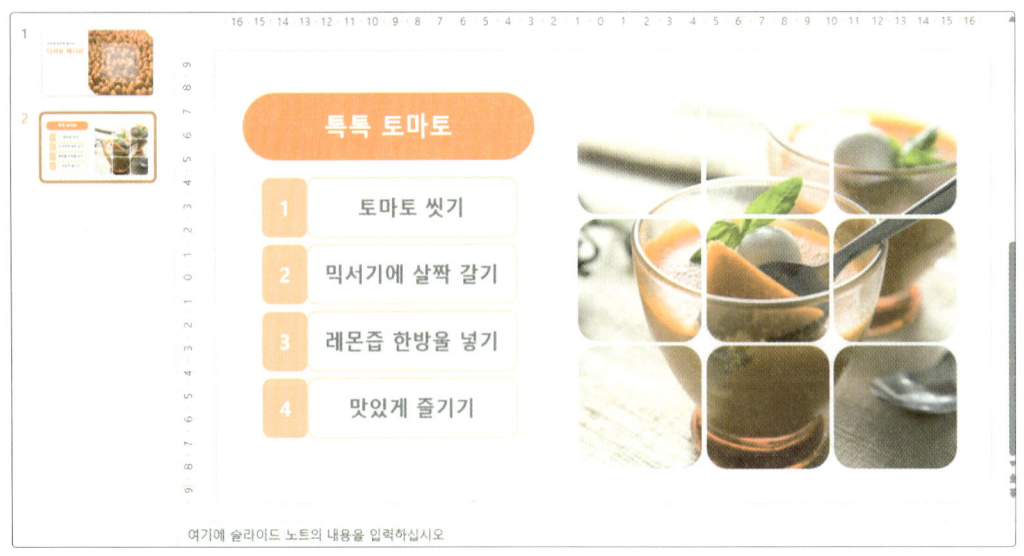

조건

❶ 2번 슬라이드를 선택하세요.

❷ 이미지 위에 모서리가 둥근 사각형을 삽입한 후 수평/수직으로 복사하여 9개를 그리세요.

❸ '도형 병합'의 '조각' 기능을 적용하여 위와 같이 작성하세요.

심화 문제 풀어보기

1 'Section06-심화-준비.pptx' 파일을 열고 1번 슬라이드를 다음 조건대로 작성해 보세요.

조건
1. 크기가 다른 '사각형' 두 개를 삽입하여 겹치게 배치하세요.
2. '도형 병합'의 '결합' 기능을 적용하여 액자 모양을 만드세요.
3. 결합된 도형은 '채우기: 검정', '도형 윤곽선: 윤곽선 없음'으로 설정하세요.
4. 텍스트 상자를 [WordArt 스타일] – [텍스트 효과]에서 '변환 – 휘기 – 사각형'으로 변환하세요.

2 1번 문제에 이어서 다음 조건대로 작성해 보세요.

조건
1. 2번 슬라이드 를 선택하세요.
2. '화살표: 줄무늬가 있는 오른쪽' 도형을 삽입한 후 조절점으로 크기와 모양을 조절하세요.
3. 화살표를 그라데이션으로 채우세요.

07 WordArt로 텍스트 강조하기

SECTION

WordArt는 텍스트에 시각적 효과를 적용하여 돋보이게 만드는 기능입니다. 파워포인트에서는 일반 텍스트를 WordArt로 전환하거나 WordArt를 직접 삽입할 수 있습니다. WordArt는 도형과 마찬가지로 그림을 채우거나 투명도를 조절하고 모양을 변경하는 등의 효과를 적용할 수 있습니다.

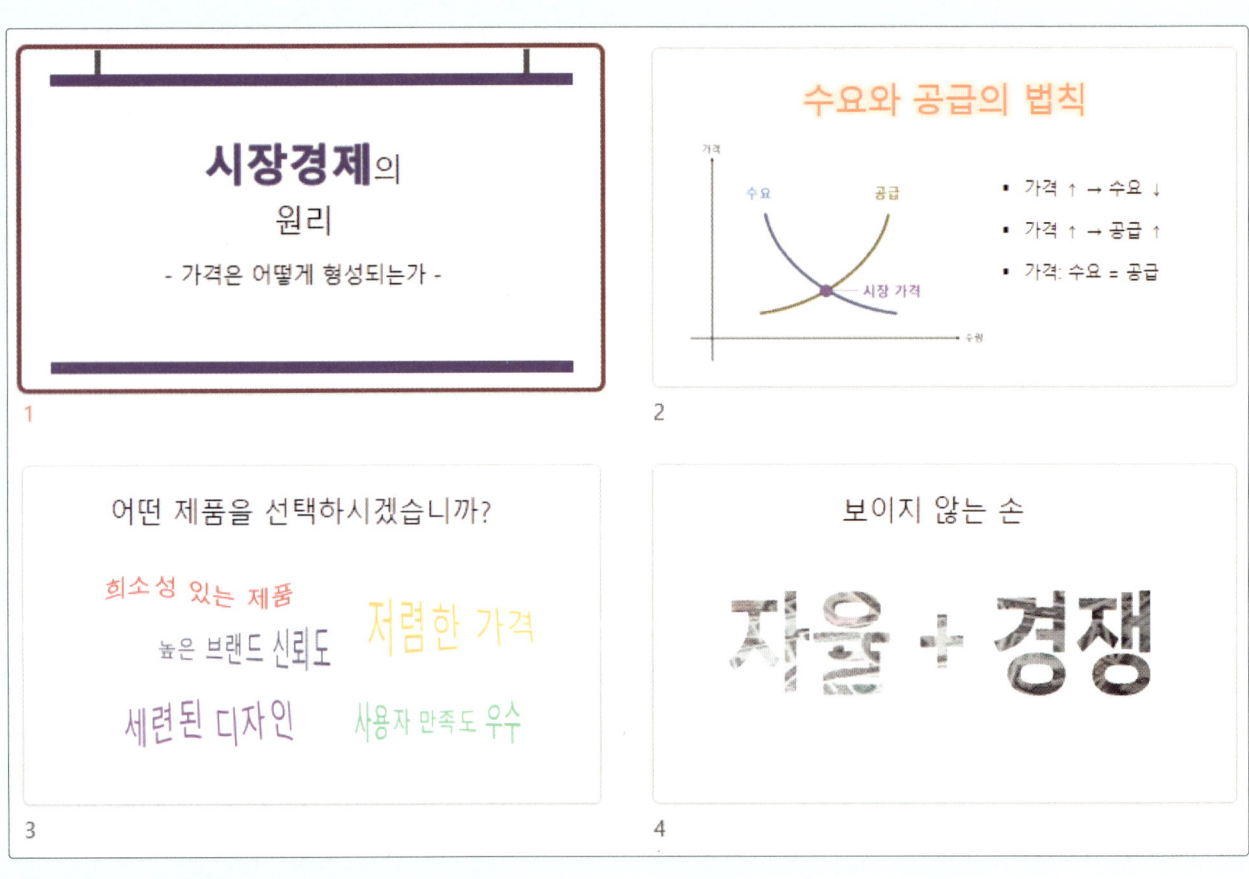

파일명 Section07-완성.pptx

실습 1 텍스트를 WordArt로 꾸미기

1 'Section07.pptx' 파일을 열고 ❶ 1번 슬라이드를 선택한 후 ❷ '시장경제' 텍스트만 드래그하여 영역을 지정합니다. ❸ [도형 서식] 탭의 [WordArt 스타일] 그룹에서 ❹ [빠른 스타일] 목록을 클릭한 후 ❺ 열두 번째 스타일을 선택합니다. 영역 지정한 텍스트만 WordArt로 변경됩니다.

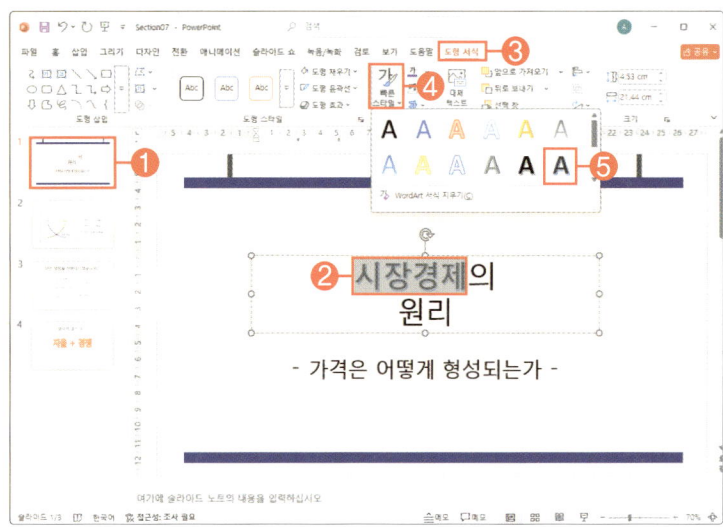

2 영역 지정한 텍스트 위에서 ❶ 마우스 오른쪽 버튼을 누른 후 [빠른 메뉴]에서 ❷ 글꼴 크기를 '70pt', 글꼴 색을 '진한 파랑'으로 지정합니다.

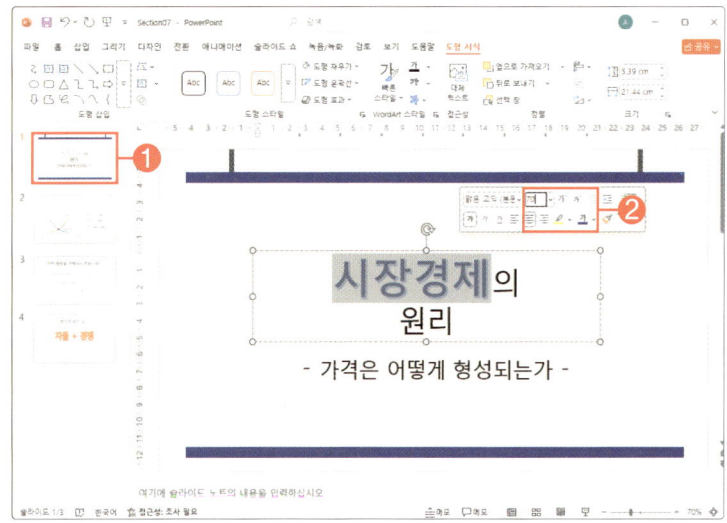

3 WordArt의 윤곽선 색을 변경하기 위해 ❶ [도형 서식] 탭의 [WordArt 스타일] 그룹에서 ❷ [텍스트 윤곽선]을 클릭하고 ❸ '진한 파랑'을 선택합니다.

> **TIP** WordArt의 효과가 너무 과해 보이면 윤곽선 대비를 낮추거나 그림자를 지웁니다.

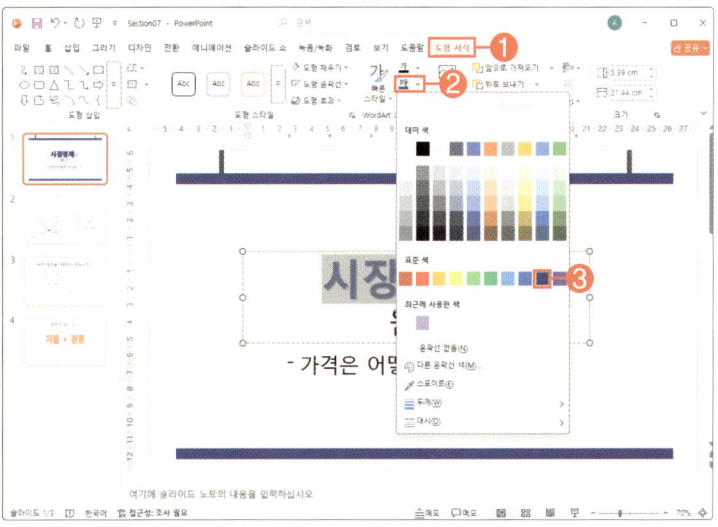

WordArt 삽입과 스타일 적용하기

1 ❶ 2번 슬라이드를 선택합니다. ❷ [삽입] 탭의 [텍스트] 그룹에서 ❸ [WordArt]를 클릭한 후 ❹ 첫 번째 WordArt를 선택합니다.

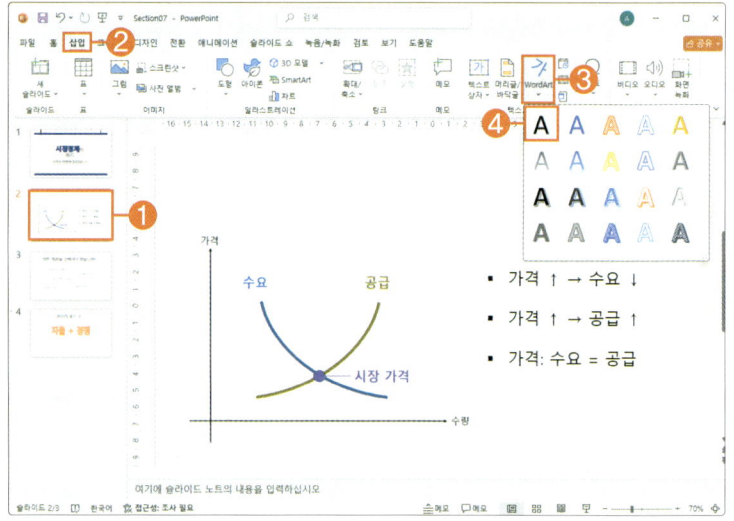

2 ❶ 슬라이드에 텍스트를 입력할 수 있는 상자가 나타납니다. '필요한 내용을 적으십시오'에 텍스트를 입력할 수 있습니다.

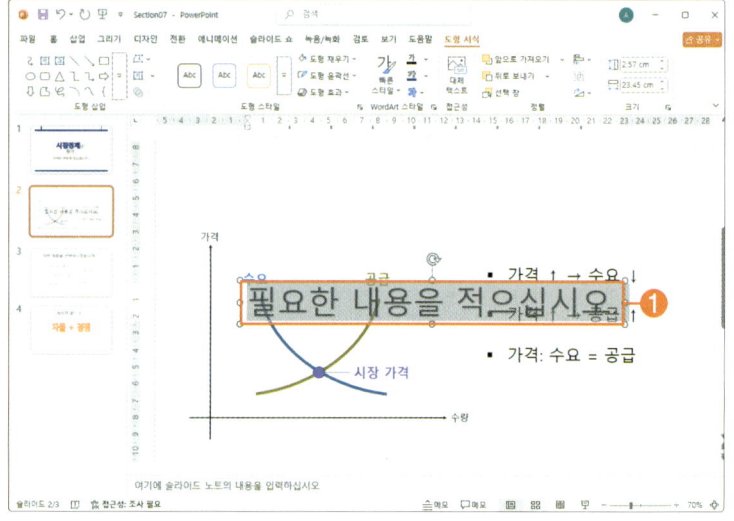

3 ❶ "수요와 공급의 법칙"을 입력하고 위치를 조절합니다. WordArt의 테마 색을 변경하기 위해 ❷ [도형 서식] 탭의 [WordArt 스타일] 그룹에서 ❸ [텍스트 채우기]를 클릭하여 ❹ '주황, 강조 2'를 선택합니다.

> WordArt 스타일을 변경하려면 [도형 서식] 탭의 [WordArt 스타일] 그룹에서 [빠른 스타일]을 클릭하여 다시 선택합니다.

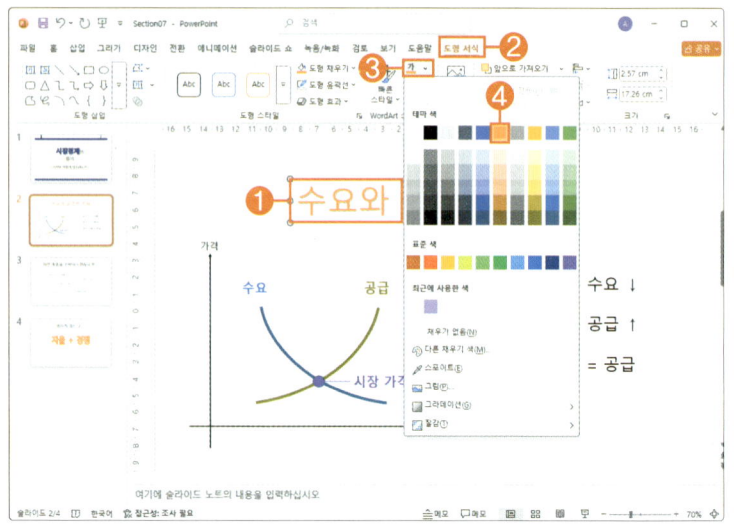

4 WordArt에 네온 효과를 적용하기 위해 WordArt가 선택된 상태에서 ❶ [도형 서식] 탭의 [WordArt 스타일] 그룹에서 ❷ [텍스트 효과]의 ❸ '네온'을 클릭한 후 ❹ '네온 변형 – 네온: 18pt, 주황, 강조색 2'를 선택합니다.

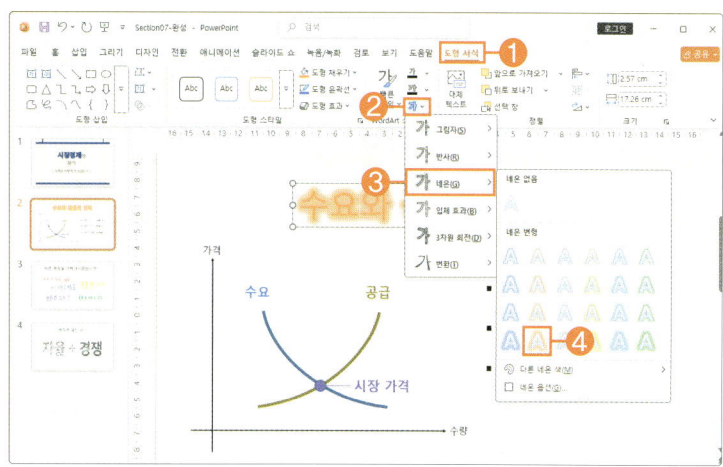

5 적용된 네온 효과를 수정하기 위해 WordArt가 선택된 상태에서 ❶ [도형 서식] 탭의 [WordArt 스타일] 그룹에서 ❷ [텍스트 효과 서식: 텍스트 상자]를 클릭한 후 [도형 서식] 창의 ❸ [텍스트 옵션]에서 ❹ '텍스트 효과'를 선택합니다. '네온' 효과의 ❺ '색'과 '크기', '투명도'를 조절합니다.

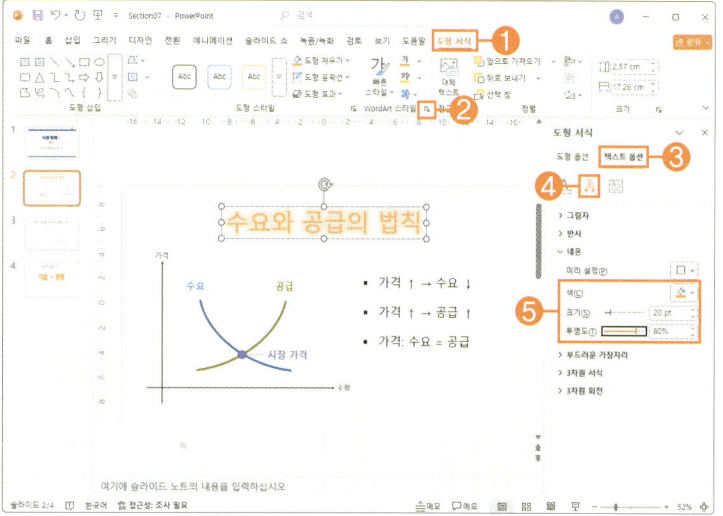

TIP 크기와 투명도 슬라이더를 드래그하여 슬라이드에 적용된 모양을 보면서 조절할 수 있습니다.

6 WordArt의 모양을 다양하게 변경할 수 있습니다. ❶ 3번 슬라이드를 선택합니다. ❷ '희소성 있는 제품' 텍스트 상자를 클릭한 후 ❸ 도형 서식] 탭의 [WordArt 스타일] 그룹에서 ❹ [텍스트 효과]의 ❺ [변환]을 선택합니다. ❻ '휘기 – 물결: 아래로'를 클릭합니다.

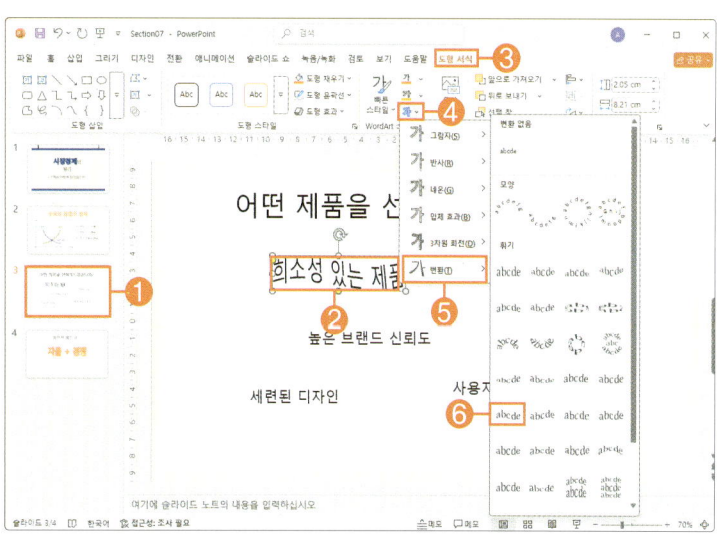

7 변환된 WordArt의 색을 변경하기 위해 ❶ [텍스트 채우기]에서 ❷ '진한 빨강'을 클릭합니다.

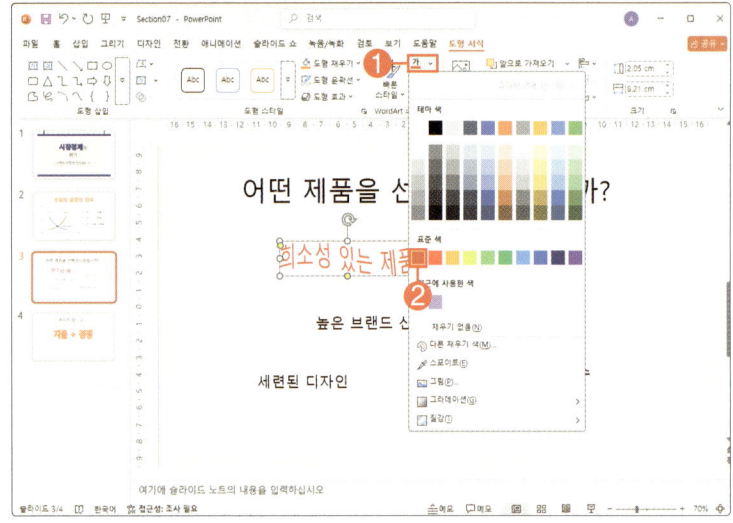

8 '높은 브랜드 신뢰도' 텍스트 상자의 WordArt 스타일은 ❶ [텍스트 효과]의 ❷ [변환]에서 ❸ '휘기 – 페이드: 왼쪽'을 적용합니다.

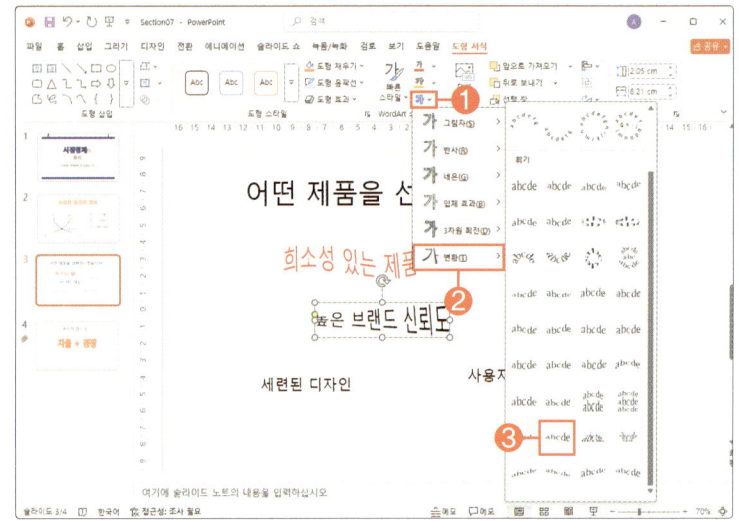

9 같은 방식으로 나머지 텍스트 상자의 WordArt 스타일을 적용하고, 임의의 크기와 색을 지정합니다.

WordArt의 노란색 조절점을 드래그하여 모양을 변경할 수 있습니다. 변환된 WordArt는 흰색 조절점을 드래그하여 자유자재로 크기를 변경할 수 있습니다.

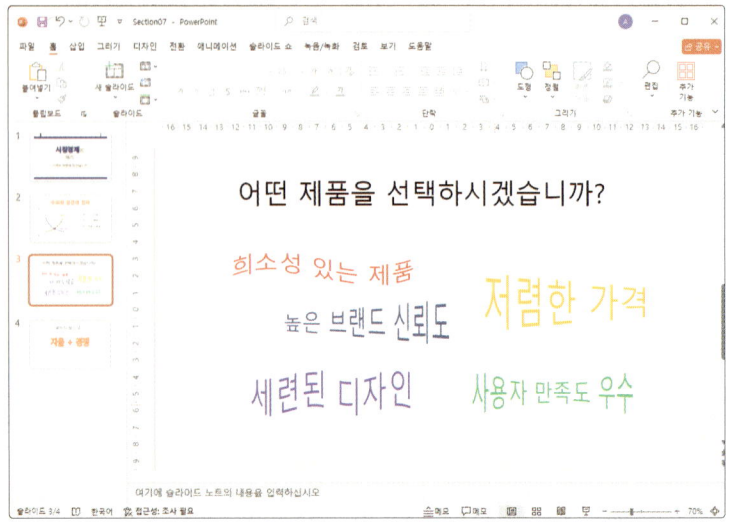

WordArt에 이미지 삽입하기

1 ❶ 4번 슬라이드를 선택합니다. 삽입되어 있는 WordArt의 ❷ 흰색 조절점을 드래그하여 크기를 조절한 후 중앙으로 배치합니다. 이미지를 삽입하기 위해 ❸ [삽입] 탭의 [이미지] 그룹에서 ❹ [그림]을 선택하고 ❺ '이 디바이스'를 클릭합니다. [그림 삽입] 대화상자가 열리면 ❻ '화폐.jpg'를 선택하고 ❼ [삽입]을 누릅니다.

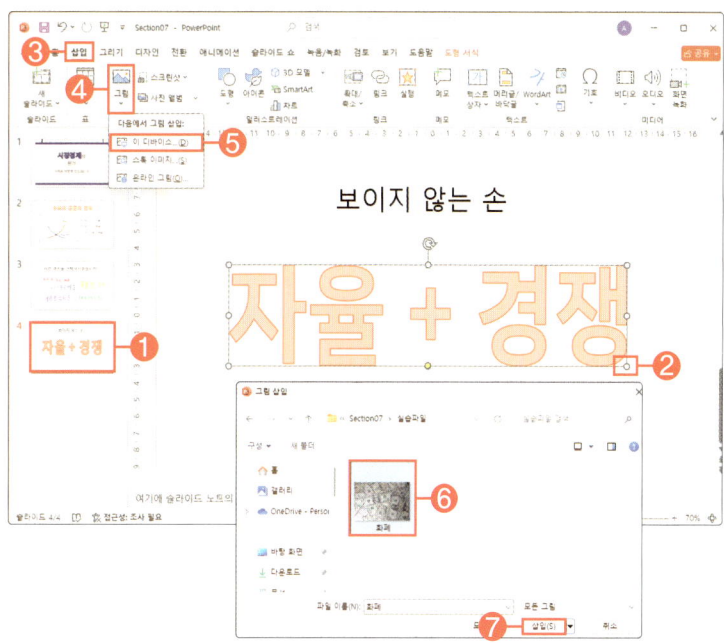

2 WordArt를 가릴 정도로 삽입한 그림의 크기를 조절한 다음 ❶ [그림 서식] 탭의 [정렬] 그룹에서 ❷ [뒤로 보내기]의 목록을 눌러 '맨 뒤로 보내기'를 클릭합니다.

3 ❶ 이미지와 WordArt를 모두 선택한 후 ❷ [도형 서식] 탭의 [도형 삽입] 그룹에서 ❸ [도형 병합]의 ❹ '교차'를 클릭합니다.

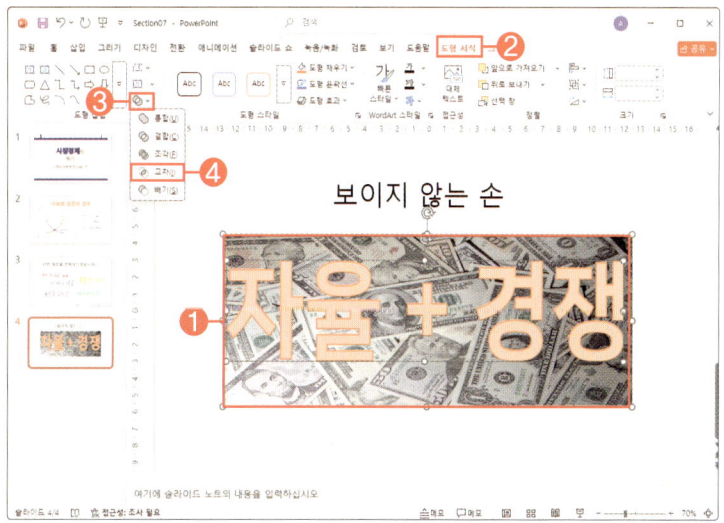

WordArt 안에 이미지가 삽입됩니다.

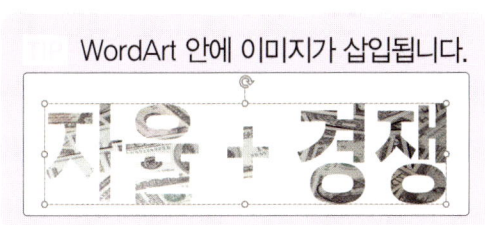

 ## 문제 풀어보기

1 'Section07-기초-준비.pptx' 문서를 열고 다음 조건대로 작성해 보세요..

조건

❶ 'NEXT'의 [WordArt 스타일]은 [빠른 스타일] 목록에서 '채우기: 황금색, 강조색 4, 부드러운 입체'를 적용하세요.

❷ [WordArt 스타일]의 [텍스트 효과]에서 '네온'을 적용하세요.

2 1번 문제에 이어 다음 조건대로 작성해 보세요.

조건

❶ '혁신은 이미 시작됐다'에 [WordArt 스타일]의 '입체 효과: 둥글게'를 적용하세요.

❷ [WordArt 스타일]의 [텍스트 효과]에서 '3차원 회전'을 적용하세요.

문제 풀어보기

1 'Section07−심화−준비.pptx' 문서를 열고 다음 조건대로 작성해 보세요.

조건

❶ [WordArt 스타일]의 [텍스트 효과]에서 '입체 효과 − 둥글게'를 적용하세요.

❷ [WordArt 스타일]의 [텍스트 효과]에서 '반사' 효과를 적용하세요.

2 1번 문제에 이어 다음 조건대로 작성해 보세요.

조건

❶ 2번 슬라이드의 텍스트에 [WordArt 스타일]의 [텍스트 효과]에서 '변환 − 원호' 효과를 적용하세요.

❷ [WordArt 스타일]에서 텍스트를 '그라데이션: 선형 왼쪽'으로 채우세요.

08 SECTION SmartArt로 구조 표현하기

SmartArt는 복잡한 정보를 구조적으로 표현하는 데 도움을 줍니다. 조직도나 절차 등은 텍스트보다는 이미지로 보여 주는 방식이 훨씬 이해하기 쉽습니다. 파워포인트에서는 전달하려는 정보의 종류에 적합한 SmartArt의 형식을 삽입하여 다양한 효과를 적용할 수 있습니다.

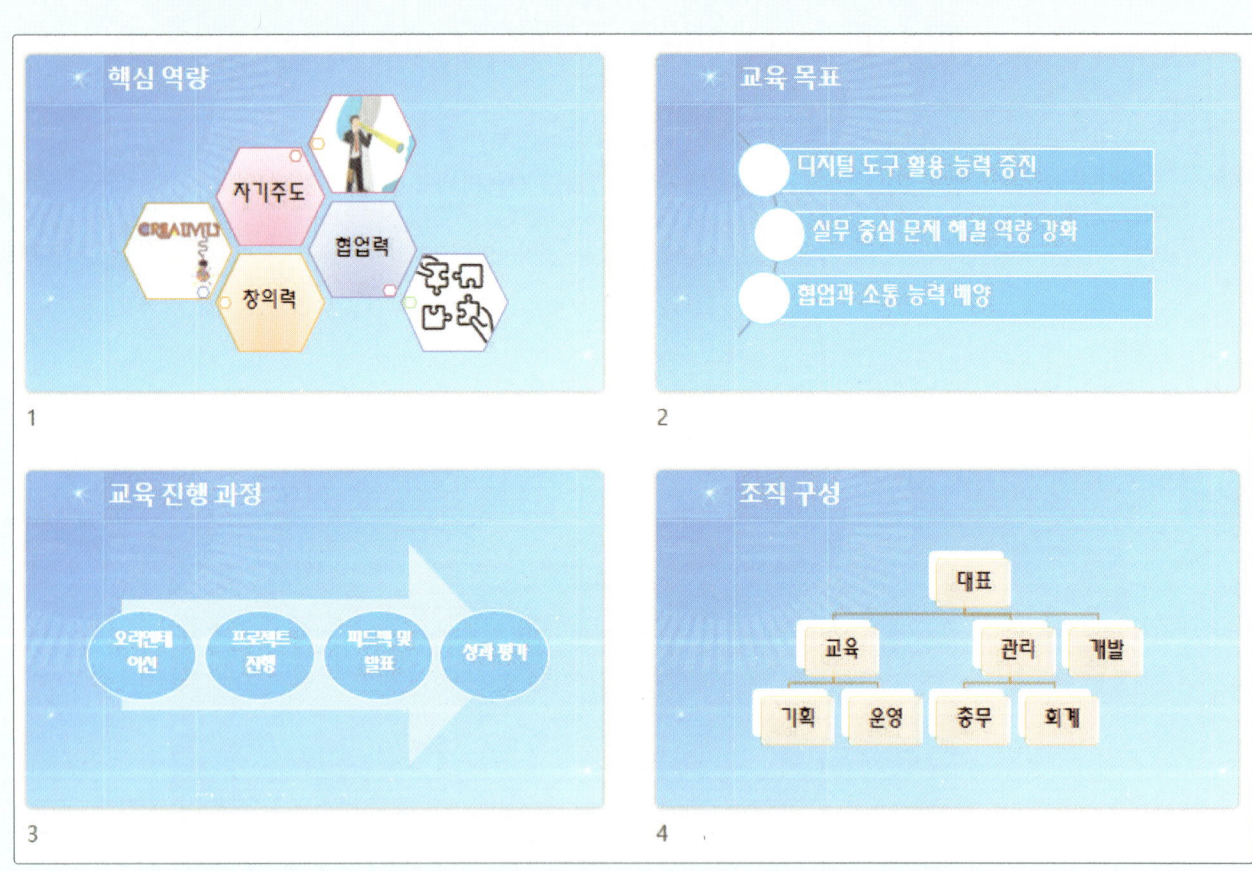

파일명 Section08-완성.pptx

실습 1 SmartArt 삽입하기

실습 2 텍스트를 SmartArt로 변환하기

실습 3 SmartArt 활용하기

CHECK POINT

포인트 1 SmartArt를 삽입하고 스타일을 적용해 봅니다.

포인트 2 일반 텍스트를 SmartArt로 변환해 봅니다.

포인트 3 다양한 형태의 SmartArt를 활용하여 슬라이드를 작성해 봅니다.

SmartArt 삽입하기

1 'Section08.pptx' 파일을 열고 ① 2번 슬라이드를 선택합니다. SmartArt를 삽입하기 위해 ② [삽입] 탭의 [일러스트레이션] 그룹에서 ③ [SmartArt]를 클릭합니다. [SmartArt 그래픽 선택] 대화상자가 열리면 ④ [관계형]의 ⑤ '육각형 클러스터형'을 선택한 후 ⑥ [확인]을 클릭합니다.

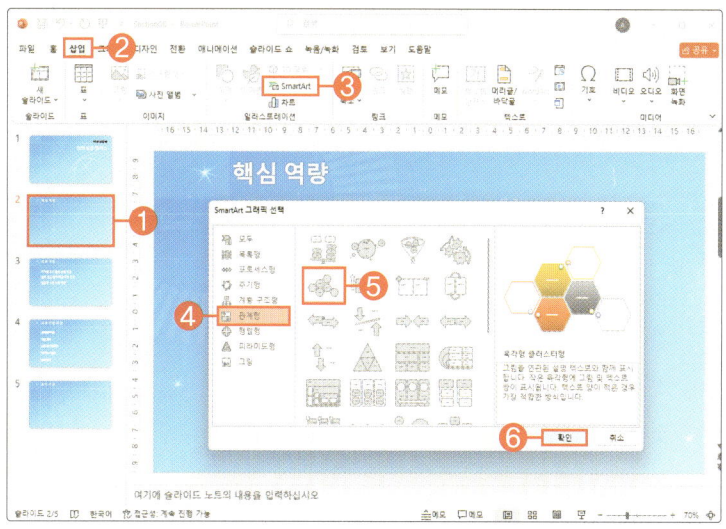

> **TIP** 예제는 '테마' 중 '우주 테마'를 적용하였습니다.

2 다음과 같이 텍스트를 입력한 후 ① 도형의 '그림' 아이콘을 클릭합니다.

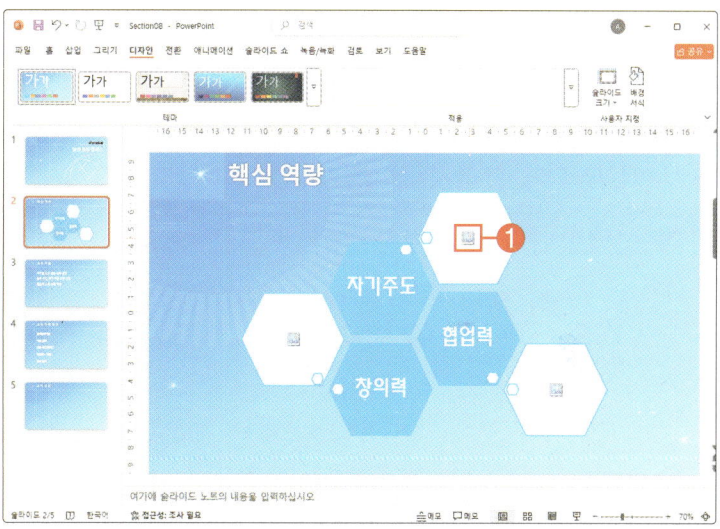

> **TIP** SmartArt를 선택한 상태에서 [SmartArt 디자인] 탭의 [레이아웃]에서 다른 종류의 SmartArt로 변경할 수 있습니다.

3 [그림 삽입] 대화상자가 열리면 ① [파일에서]를 클릭한 후 ② '자기주도.jpg'를 선택하고 ③ [삽입]을 누릅니다.

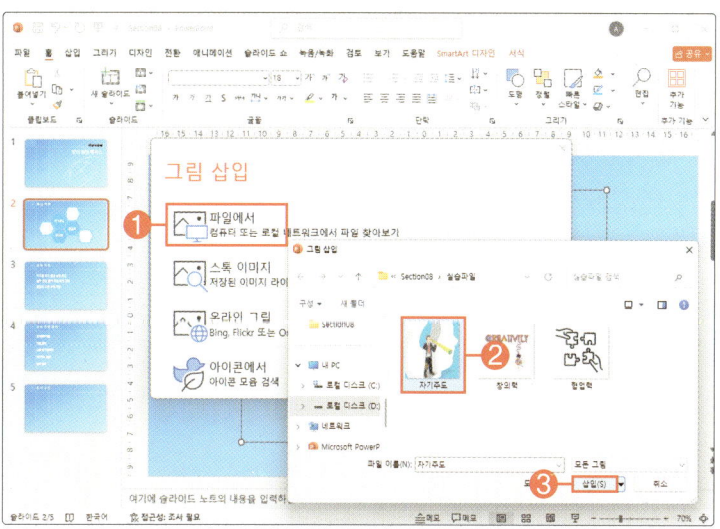

> **TIP** '온라인 그림'을 클릭하여 검색한 이미지를 바로 삽입할 수 있습니다.

4 같은 방법으로 다음과 같이 '창의력.jpg'와 '협업력.jpg' 이미지를 모두 삽입합니다.

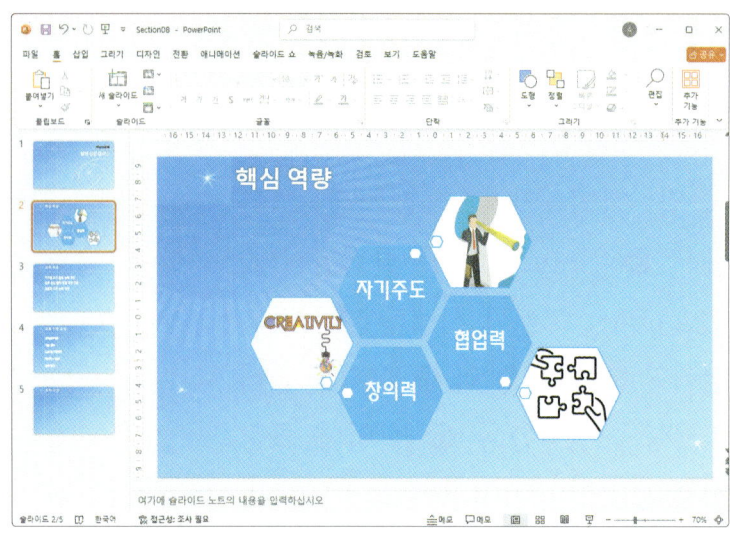

> TIP 텍스트를 입력하는 도형에도 그림을 삽입할 수 있습니다. SmartArt의 도형을 클릭한 후 [서식] 탭의 [도형 스타일] 그룹에서 [도형 채우기] 목록의 [그림]을 클릭하여 삽입합니다.

5 SmartArt의 스타일을 변경하기 위해 SmartArt가 선택된 상태에서 ❶ [SmartArt 디자인] 탭의 [SmartArt 스타일] 그룹에서 ❷ [빠른 스타일] 목록을 클릭한 후 ❸ '미세 효과'를 선택합니다.

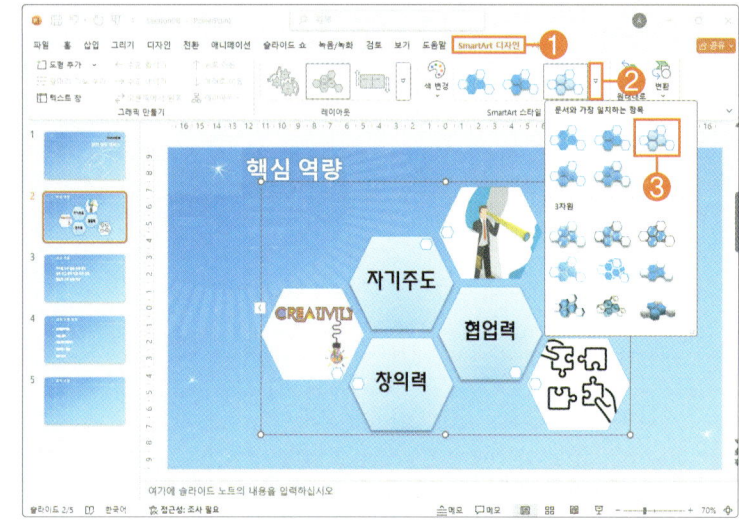

6 SmartArt의 색을 빠르게 변경할 수 있습니다. SmartArt가 선택된 상태에서 ❶ [SmartArt 디자인] 탭의 [SmartArt 스타일] 그룹에서 ❷ [색 변경]을 클릭한 후 ❸ '색상형 – 강조색'을 선택합니다.

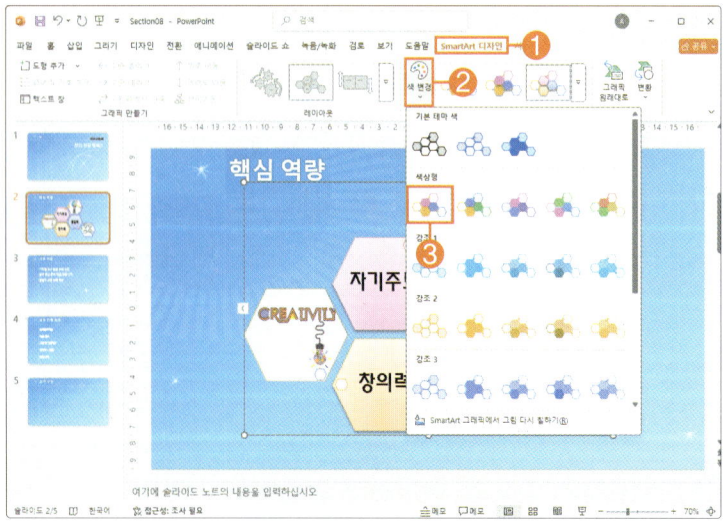

> TIP 도형에 삽입된 그림을 수정할 수 있습니다. 도형을 선택한 후 [그림 서식] 탭의 [조정] 그룹에서 색, 투명도, 꾸밈 효과 등을 조절합니다.

실습 2 텍스트를 SmartArt로 변환하기

1 텍스트 상자의 내용을 그대로 SmartArt로 변경할 수 있습니다. 3번 슬라이드의 ❶ 텍스트 상자를 선택한 후 ❷ [홈] 탭의 [단락] 그룹에서 ❸ [SmartArt 그래픽으로 변환]의 ❹ '기타 SmartArt 그래픽'을 선택합니다.

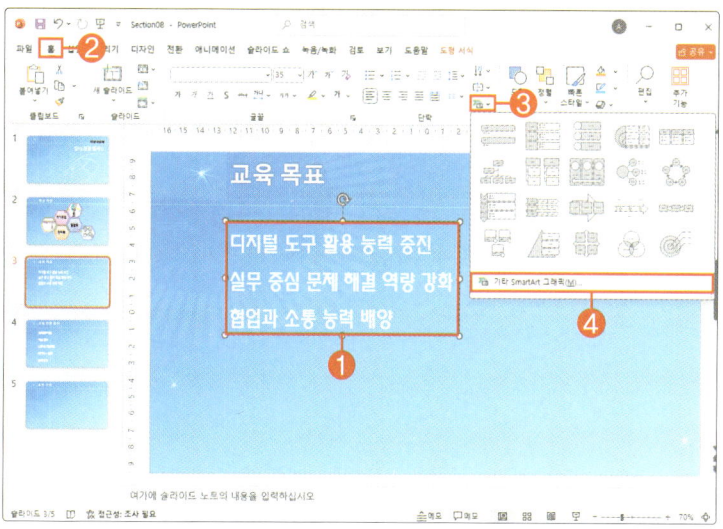

2 [SmartArt 그래픽 선택] 대화 상자가 열리면 ❶ [목록형]의 ❷ '세로 곡선 목록형'을 선택한 후 ❸ [확인]을 클릭합니다.

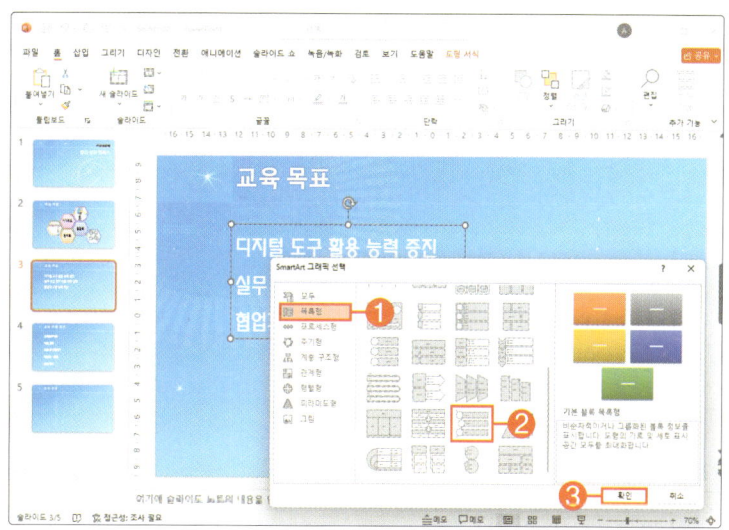

3 텍스트 내용이 SmartArt로 변경되었습니다. ❶ SmartArt의 조절점을 드래그하여 크기를 조절합니다.

Tip 글꼴을 변경하려면 [홈] 탭의 [글꼴] 그룹에서 다시 지정해 줍니다.

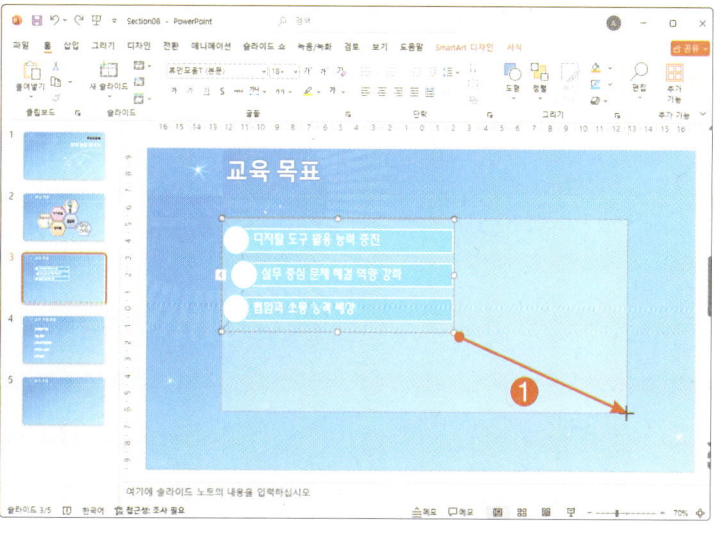

4 4번 슬라이드의 ❶ 텍스트 상자를 선택한 후 ❷ [홈] 탭의 [단락] 그룹에서 ❸ [SmartArt 그래픽으로 변환]을 클릭하여 ❹ '기타 SmartArt 그래픽'을 선택합니다.

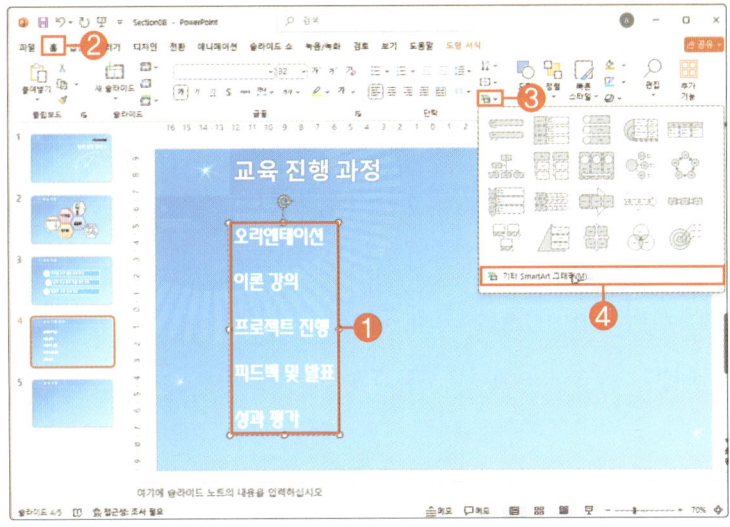

5 [SmartArt 그래픽 선택] 대화상자가 열리면 이번에는 ❶ [프로세스형]의 ❷ '연속 블록 프로세스형'을 선택한 후 ❸ [확인]을 클릭합니다.

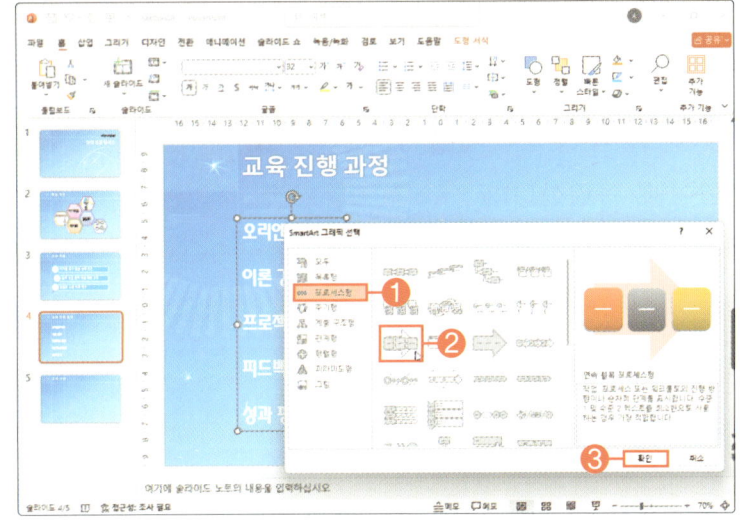

6 ❶ SmartArt의 조절점을 드래그하여 크기를 조절합니다.

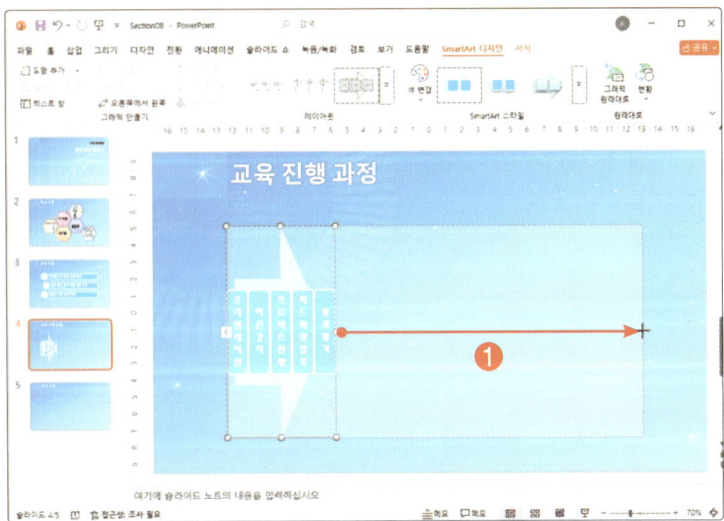

SmartArt 활용하기

1 SmartArt의 개별 도형을 삭제
하기 위해 ❶ 두 번째 사각형을
선택한 후 Delete 키를 누릅니다.

> **TIP** 도형을 추가하려면 [SmartArt 디자
> 인 서식] 탭의 [그래픽 만들기] 그룹에서
> [도형 추가]를 선택합니다. 개별 도형을
> 선택한 상태에서 마우스 오른쪽 버튼을
> 누른 후 [빠른 메뉴]에서 [도형 추가]를 선
> 택해도 됩니다.

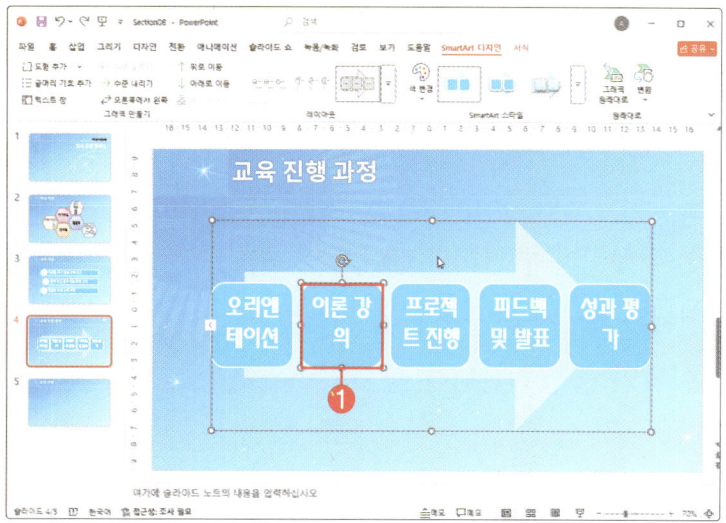

2 도형을 다른 도형으로 변경할
수 있습니다. ❶ Ctrl 키를
누른 상태에서 사각형을 모두 선택한
다음, ❷ [서식] 탭의 [도형] 그룹에서
❸ [도형 모양 변경]을 클릭한 후 ❹
'기본 도형 – 타원'을 선택합니다.

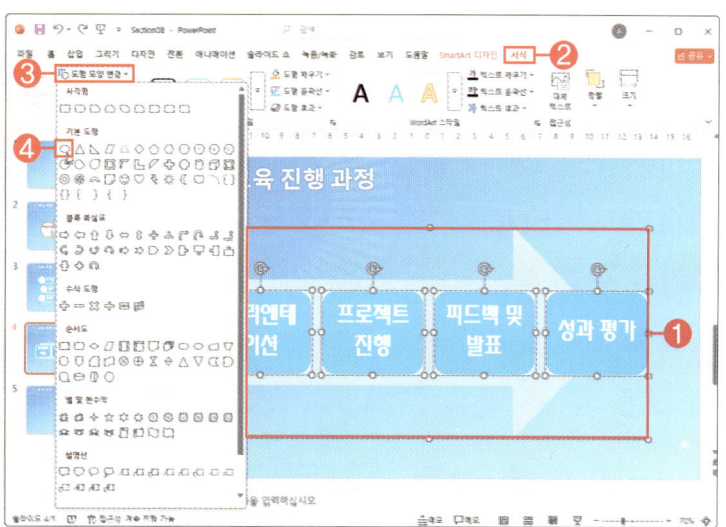

LEARN MORE

SmartArt 텍스트 입력 창

SmartArt가 완성된 상태에서도 텍스트의 내용이
나 순서를 변경할 수 있습니다.

SmartArt를 선택하고 왼쪽에 보이는 화살표(‹)
를 클릭하면 텍스트 입력 창이 열립니다. 마지막
줄에서 Enter 키를 눌러 "후속 활동"을 입력하
면 자동으로 도형이 추가됩니다. 텍스트 입력 창
에서 순서를 바꾸면 SmartArt에 동시에 적용됩니
다. 작업을 마치고 화살표(›)를 클릭하면
SmartArt 텍스트 입력 창이 닫힙니다.

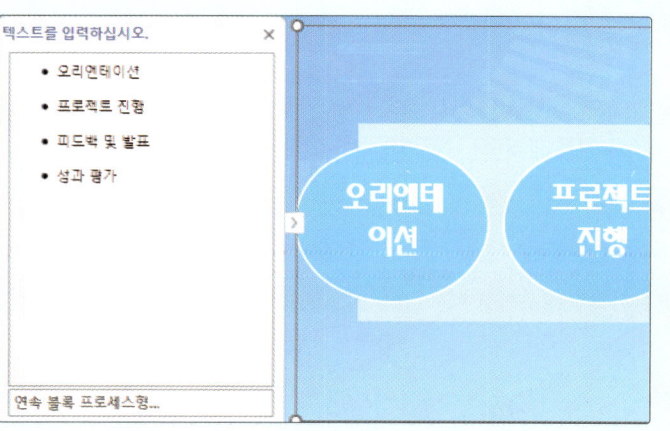

083

3 5번 슬라이드에 조직도를 삽입하기 위해 ❶ [삽입] 탭의 [일러스트레이션] 그룹에서 ❷ [SmartArt]를 클릭합니다. [SmartArt 그래픽 선택] 대화상자가 열리면 ❸ [계층 구조형]에서 ❹ '계층 구조형'을 선택한 후 ❺ [확인]을 클릭합니다.

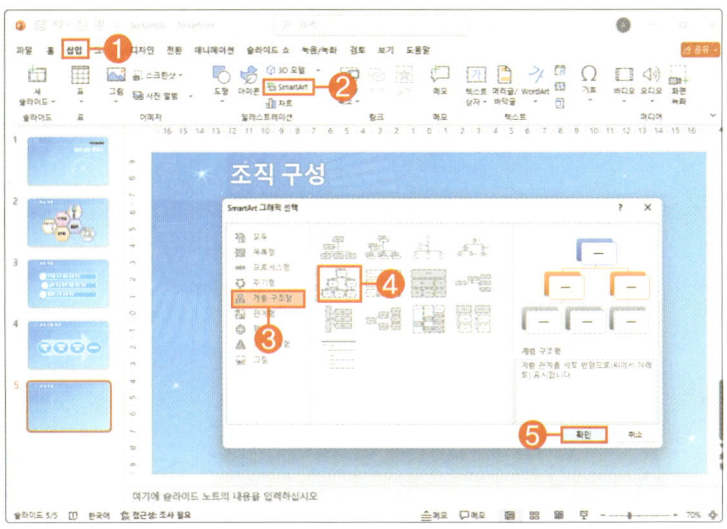

4 조직도를 수정하기 위해 ❶ 화살표(◁)를 클릭하여 텍스트 입력 창을 엽니다. ❷ 마지막 줄에서 Enter 키를 눌러 도형을 추가합니다. 다시 한 번 Enter 키를 눌러 도형을 추가한 후 ❸ Back Space 키를 눌러 수준을 한 단계 올립니다.

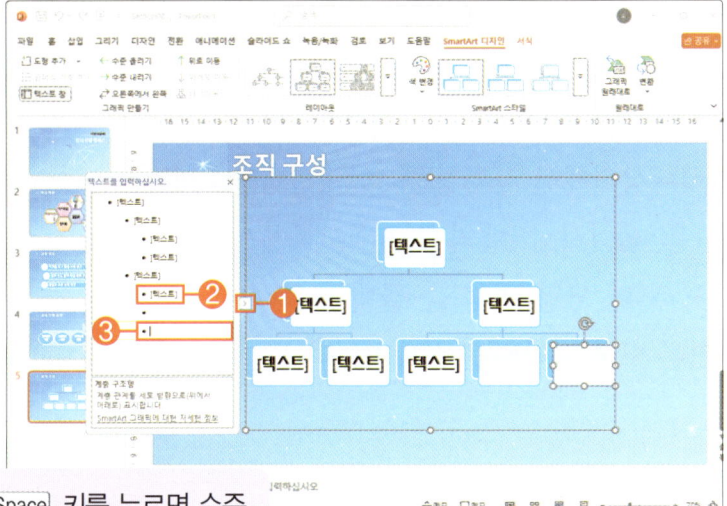

계층 구조형의 텍스트 입력 창에서 Back Space 키를 누르면 수준이 한 단계 올라가고, Tab 키를 누르면 수준이 한 단계 내려갑니다.

5 다음과 같이 텍스트를 입력합니다.

[SmartArt 디자인] 탭의 [SmartArt 스타일] 그룹에서 색, 스타일을 변경할 수 있습니다.

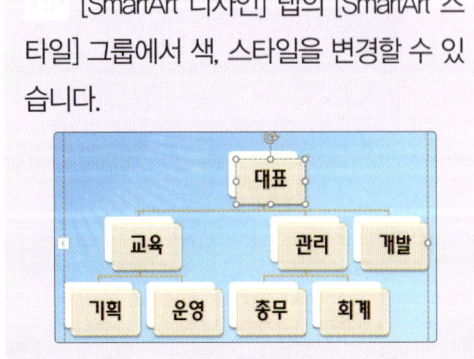

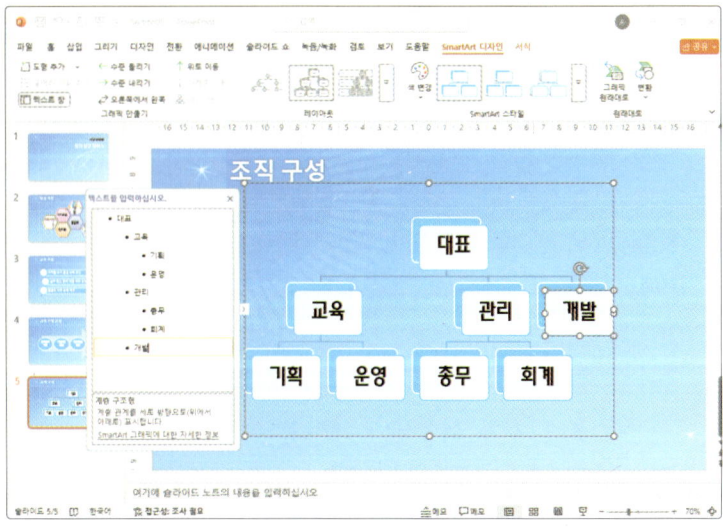

LEARN MORE

SmartArt를 도형으로 변환하기

SmartArt를 선택한 후 ❶ [SmartArt 디자인] 탭의 [원래대로] 그룹에서 ❷ [변환]의 ❸ '도형으로 변환'을 클릭합니다. SmartArt를 도형으로 변환하면 자유로운 개별 편집이 가능합니다.

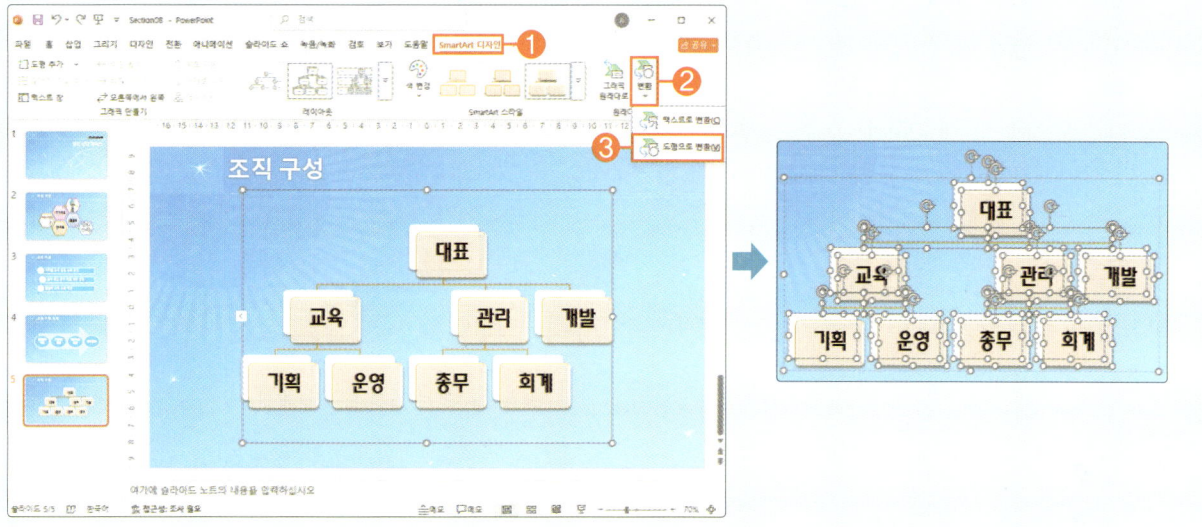

[서식] 탭의 [정렬] 그룹에서 [그룹화]의 '그룹 해제'를 클릭해도 SmartArt를 도형으로 변환할 수 있습니다.

SmartArt를 텍스트로 변환하기

SmartArt를 선택한 후 ❶ [SmartArt 디자인] 탭의 [원래대로] 그룹에서 ❷ [변환]의 ❸ '텍스트로 변환'을 클릭합니다. 이 기능은 SmartArt에 포함되어 있는 텍스트만 추출할 수 있어 다른 문서로 재구성할 때 유용합니다.

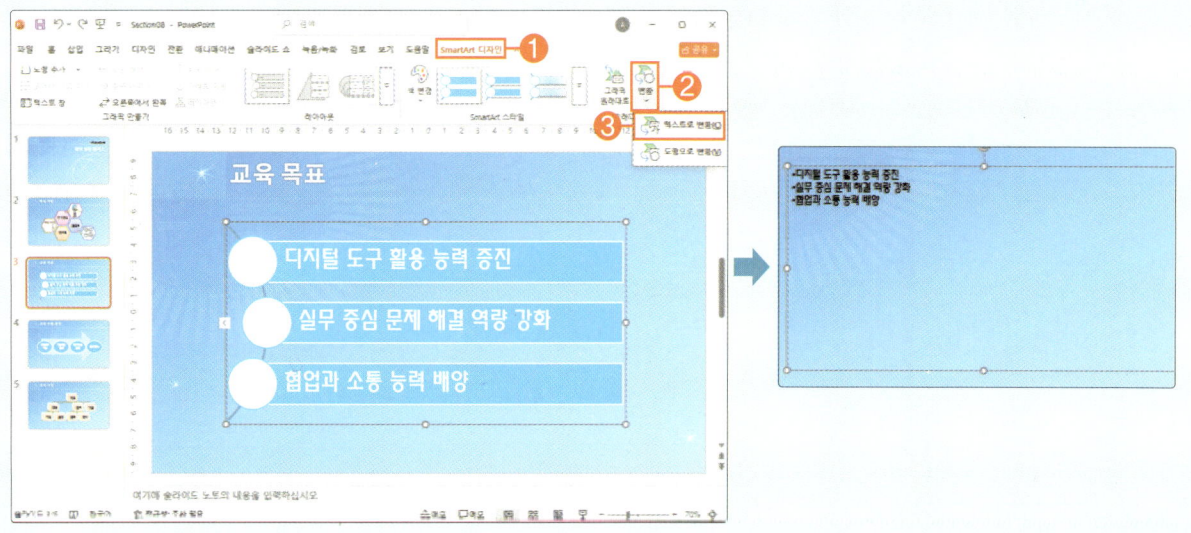

SmartArt를 선택한 상태에서 마우스 오른쪽 버튼을 눌러 [빠른 메뉴]에서 '텍스트로 변환'을 클릭해도 됩니다.

1 'Section8-기초-준비.pptx' 파일을 열고 다음 조건대로 1번 슬라이드를 작성해 보세요.

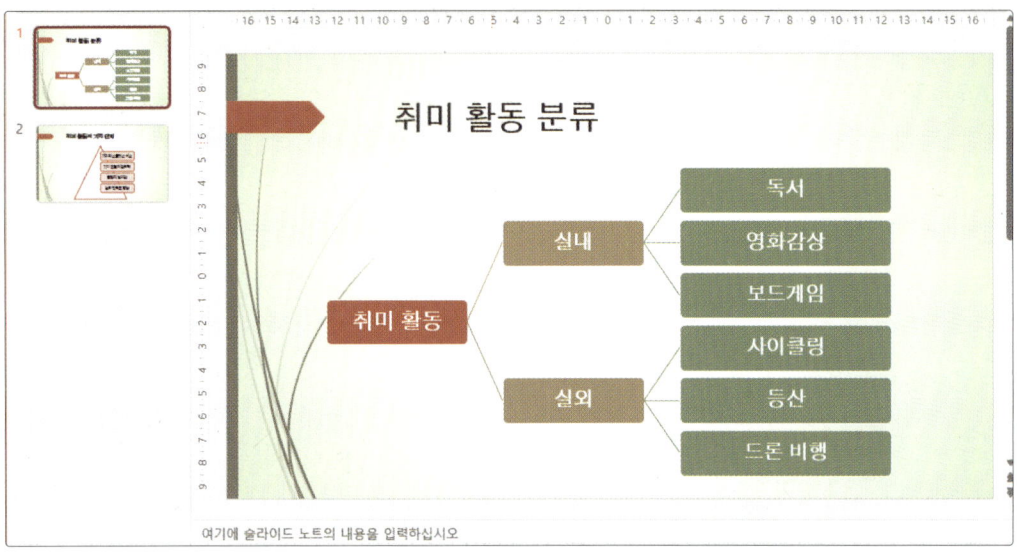

조건
❶ 1번 슬라이드에 삽입된 텍스트를 SmartArt의 '계층 구조형: 가로 계층 구조형' 레이아 웃으로 변환하세요.
❷ 변경된 SmartArt의 색을 '색상형 범위: 강조색 2 또는 3'으로 설정하세요.

2 1번 문제에 이어 다음 조건대로 2번 슬라이드를 작성해 보세요.

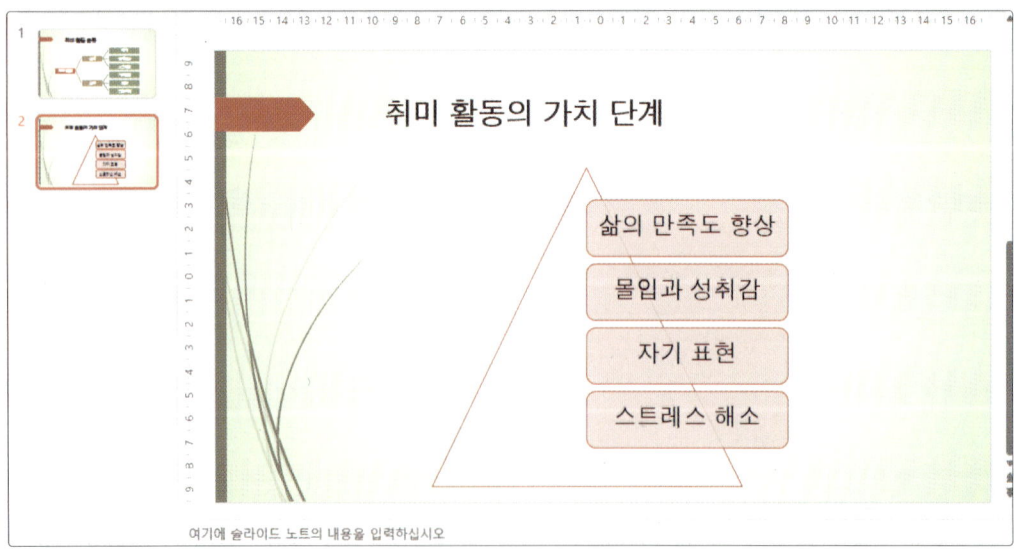

조건
❶ 2번 슬라이드에 삽입된 텍스트를 SmartArt의 '피라미드형: 피라미드 목록형' 레이아웃으로 변환하세요.
❷ 변경된 SmartArt의 색을 '색 윤곽 – 강조 1'로 설정하세요.

 **문제 풀어보기**

1 'Section08-심화-준비.pptx' 파일을 열고 다음 조건대로 3번 슬라이드를 작성해 보세요.

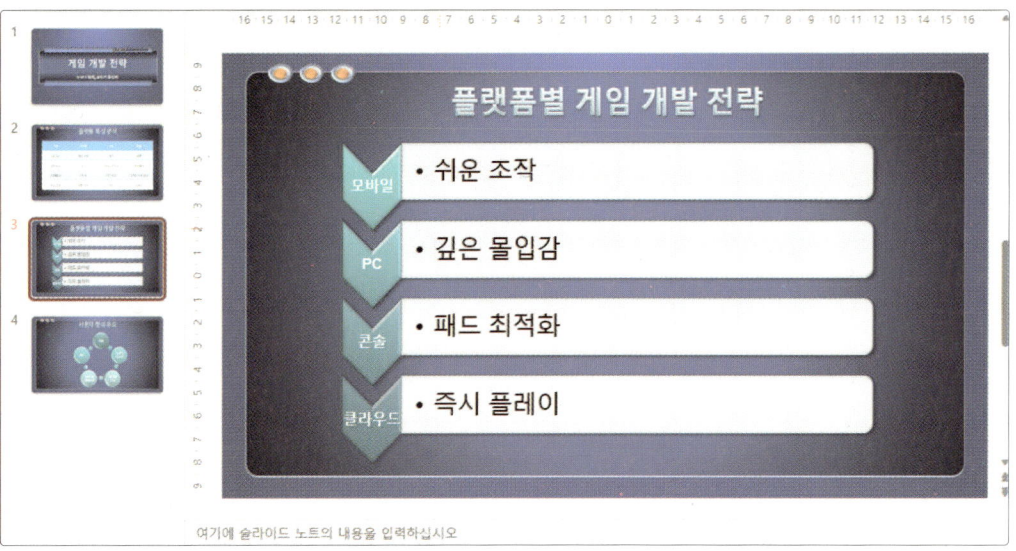

조건

❶ SmartArt의 '프로세스형: 세로 갈매기형 수장 목록형'을 삽입하세요.

❷ '색상형 범위: 투명그라데이션 범위 – 강조 3'으로 색을 변경하세요.

❸ [SmartArt 스타일] 그룹에서 [빠른 스타일] – '강한 효과'를 적용하세요.

2 1번 문제에 이어 다음 조건대로 4번 슬라이드를 작성해 보세요.

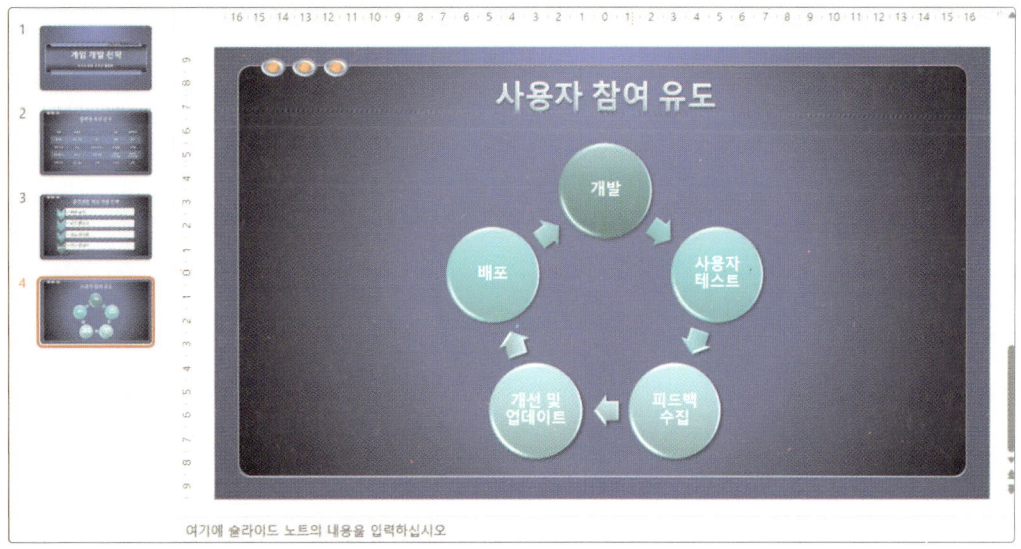

조건

❶ SmartArt의 '주기형: 기본 주기형'을 삽입하세요.

❷ '색상형 범위: 그라데이션 반복 – 강조 3'으로 색을 변경하세요.

❸ [SmartArt 스타일] 그룹에서 [빠른 스타일] – '3차원: 광택 처리'를 적용하세요.

❹ SmartArt를 도형으로 변환하세요.

09 표 삽입과 꾸미기

SECTION

내용을 비교하거나 요약할 때 표를 활용하면 일목요연하게 정리가 됩니다. 표를 활용한 슬라이드는 레이아웃이 깔끔하고, 표의 스타일과 효과를 적용하여 강조하고 싶은 정보에 시선을 집중시킬 수 있습니다.

경쟁사 전략 비교

프리미엄 전자제품	구분	A사	B사	C사
	설립연도	2015	2020	2010
	직원 수	120	170	320
	고객층	누구나	성인	중장년
	판매 채널	모바일 앱	온라인 쇼핑몰	대리점
	지원 방식	실시간 챗봇	콜센터	지원팀
	공통	구독 서비스 개발 중		

파일명 Section09-완성.pptx

MISSION

실습 1 표 삽입과 편집하기

실습 2 빠른 스타일 적용하기

실습 3 테두리와 효과 적용하기

CHECK POINT

포인트 1 표를 삽입하여 삭제 등 레이아웃을 편집해 봅니다.

포인트 2 빠른 스타일을 이용해 표를 꾸며 봅니다.

포인트 3 표에 테두리를 설정하고 입체 효과를 주어 강조해 봅니다.

표 삽입과 편집하기

1 'Section09.pptx' 파일을 열고 슬라이드에 표를 삽입하기 위해 ❶ [삽입] 탭의 [표] 그룹에서 ❷ [표]를 클릭한 후 ❸ [표 삽입]을 선택합니다. [표 삽입] 대화상자가 열리면 ❹ '열 개수: 4, 행 개수: 5'을 입력한 후 ❺ [확인]을 클릭합니다.

> 입력 틀이 있는 슬라이드의 경우 '표 삽입(⊞)' 아이콘을 클릭해도 됩니다.

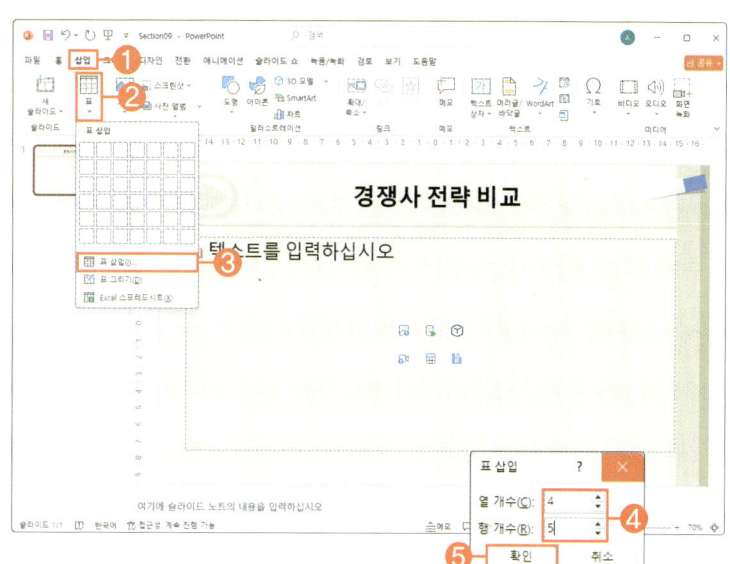

2 표가 생성됩니다. ❶ 다음과 같이 내용을 입력합니다.

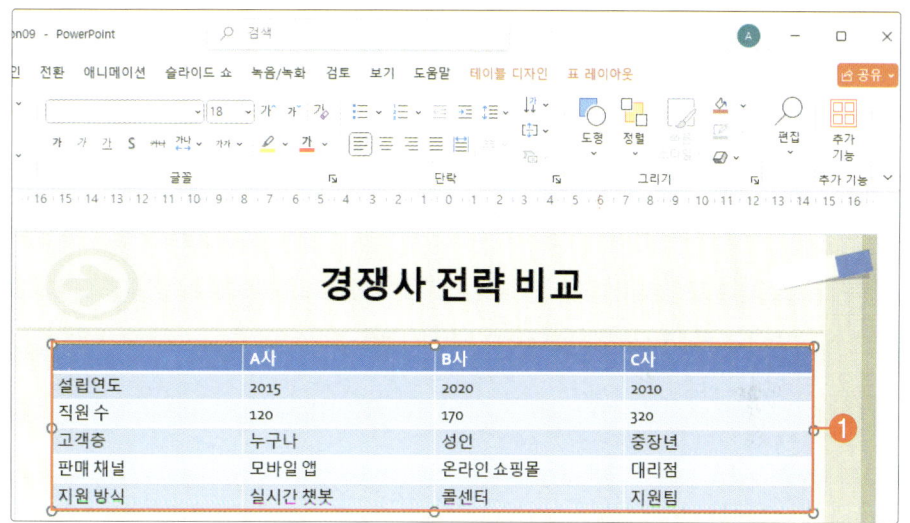

	A사	B사	C사
설립연도	2015	2020	2010
직원 수	120	170	320
고객층	누구나	성인	중장년
판매 채널	모바일 앱	온라인 쇼핑몰	대리점
지원 방식	실시간 챗봇	콜센터	지원팀

3 표 테두리를 클릭하여 표 전체를 선택한 후 ❶ [홈] 탭의 [글꼴] 그룹에서 ❷ 글꼴 크기를 '20pt'로 설정합니다. 표의 내용을 가운데로 정렬하기 위해 [단락] 그룹에서 ❸ '가운데 맞춤'을 클릭하고 ❹ [텍스트 맞춤]을 '중간'으로 설정합니다.

> 표에 내용을 입력하면 기본적으로 가로: 왼쪽, 세로: 윗쪽으로 정렬이 됩니다.

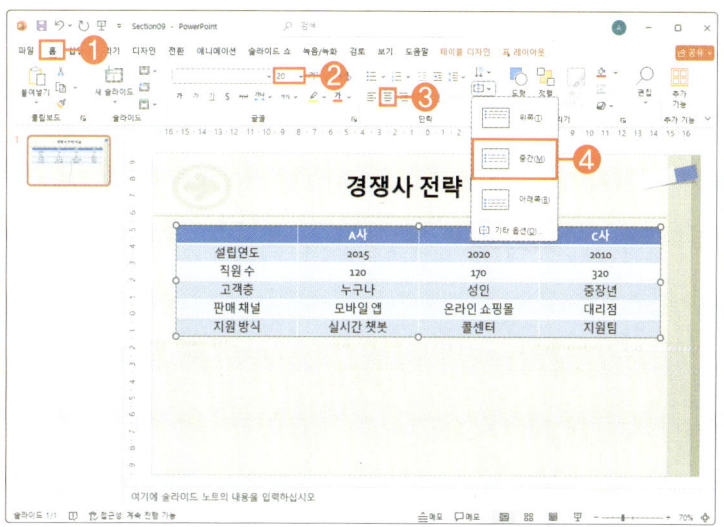

4 행을 추가하기 위해 ❶ 마지막 행의 임의의 셀을 클릭한 후 ❷ [표 레이아웃] 탭의 [행 및 열] 그룹에서 ❸ '아래에 행 삽입'을 클릭합니다.

> TIP 행의 마지막 열을 클릭한 후 Tab 키를 누르면 빠르게 행을 삽입할 수 있습니다.

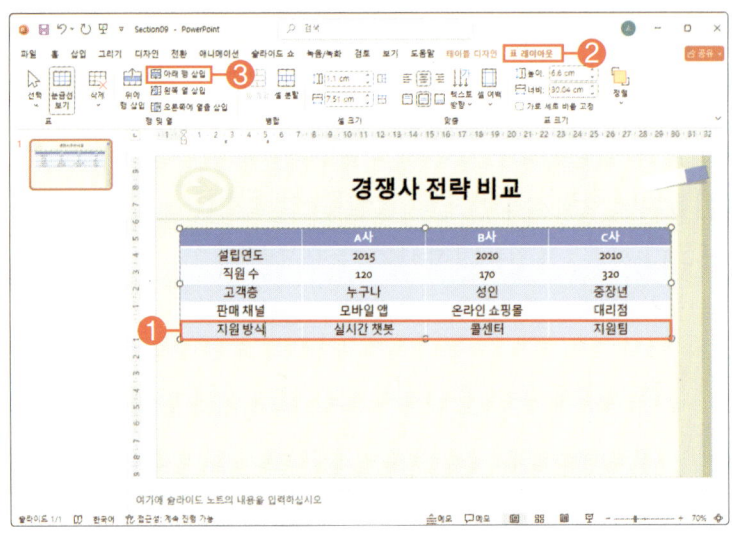

5 삽입된 행의 첫 번째 셀에 ❶ "공통"을 입력하고 ❷ 두 번째부터 네 번째 셀까지 드래그하여 영역 설정한 후 ❸ [표 레이아웃] 탭의 [병합] 그룹에서 ❹ '셀 병합'을 클릭합니다. 병합된 셀에 "구독 서비스 개발 중"을 입력합니다.

> TIP 셀을 여러 셀로 나누려면 [병합] 그룹의 '셀 분할'을 선택합니다.

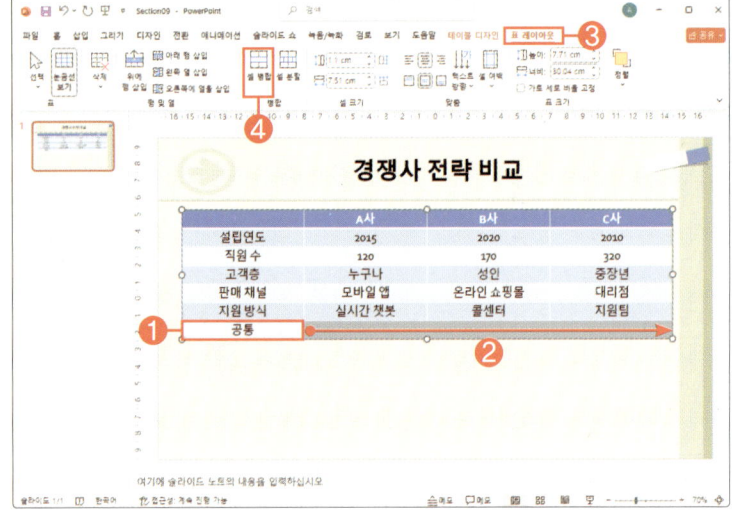

6 표의 왼쪽에 열을 삽입하기 위해 ❶ 1열의 임의의 셀을 클릭한 후 ❷ [표 레이아웃] 탭의 [행 및 열] 그룹에서 ❸ '왼쪽 열 삽입'을 클릭합니다.

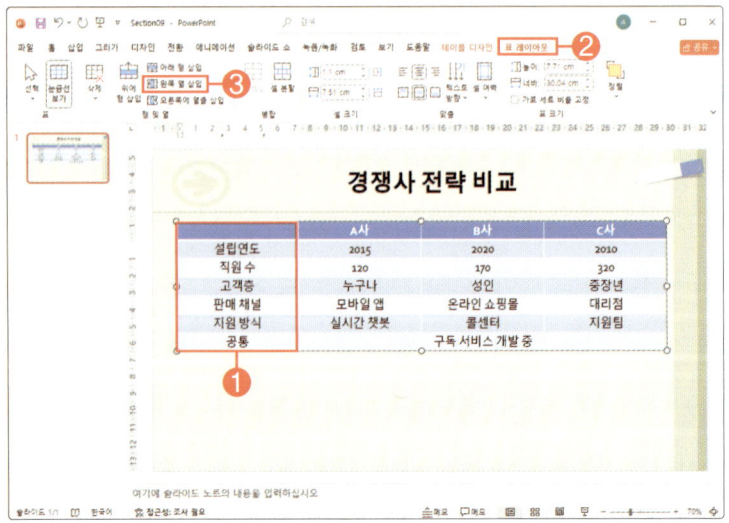

7 삽입된 열을 병합하기 위해 ❶ 첫 번째 열을 모두 드래그하여 영역 설정한 후 ❷ [표 레이아웃] 탭의 [병합] 그룹의 ❸ '셀 병합'을 클릭합니다.

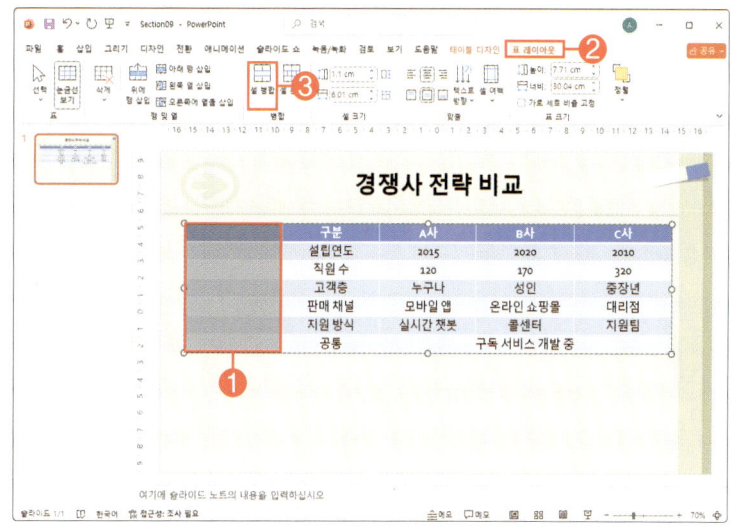

8 병합된 셀에 ❶ "프리미엄 전자제품"을 입력합니다. 표 전체 크기를 조절하기 위해 ❷ 오른쪽 아래 모서리의 조절점을 드래그하여 표 전체 크기를 맞춥니다.

> TIP 표 내부의 열과 열 사이, 행과 행 사이의 선을 드래그하여 너비를 조절할 수 있습니다.

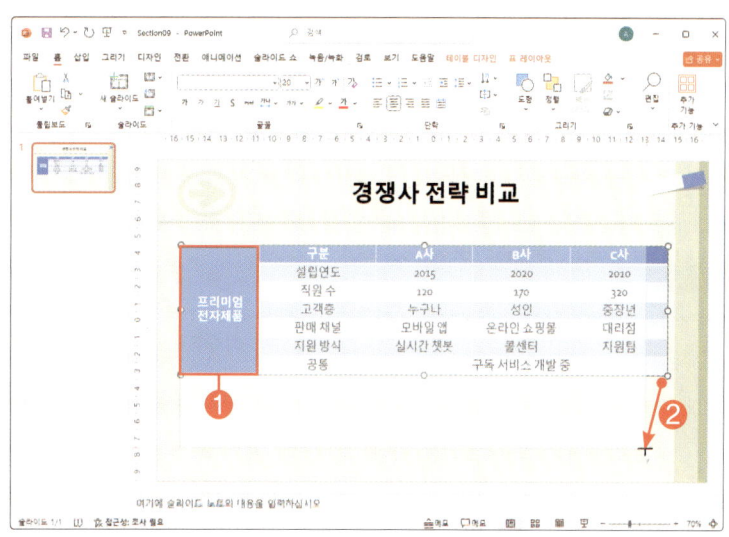

9 행의 높이와 열의 너비를 동일하게 맞추기 위해 ❶ 표 전체를 선택한 후 ❷ [표 레이아웃] 탭의 [셀 크기] 그룹에서 ❸ '행 높이를 같게', '열 너비를 같게'를 각각 클릭합니다.

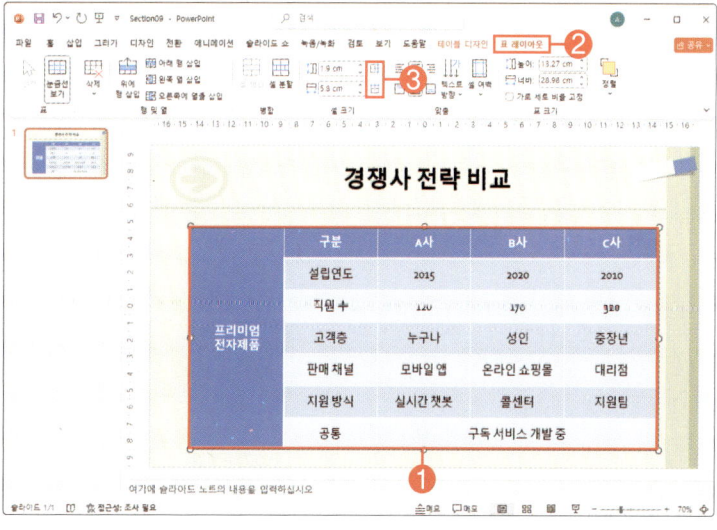

빠른 스타일 적용하기

1 미리 만들어진 표 스타일을 사용하면 빠르게 표를 디자인할 수 있습니다. 표를 선택한 상태에서 ❶ [테이블 디자인] 탭의 [표 스타일] 그룹에서 ❷ [표 스타일] 목록을 클릭한 후 ❸ '밝은 스타일 1 – 강조 6'을 선택합니다.

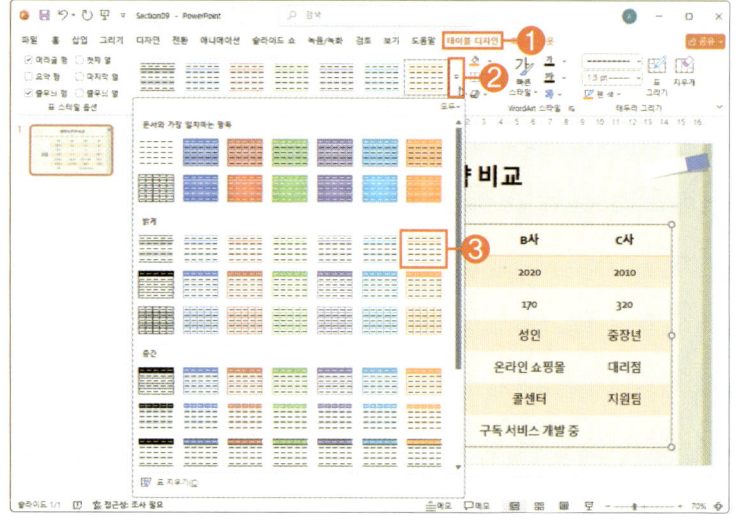

2 ❶ 두 번째 열에서 '판매 채널'이 있는 행을 모두 드래그하여 영역 설정한 다음, ❷ [테이블 디자인] 탭의 [표 스타일] 그룹에서 ❸ '음영' 목록을 클릭한 후 ❹ '주황, 강조 6, 25% 더 어둡게'를 선택합니다.

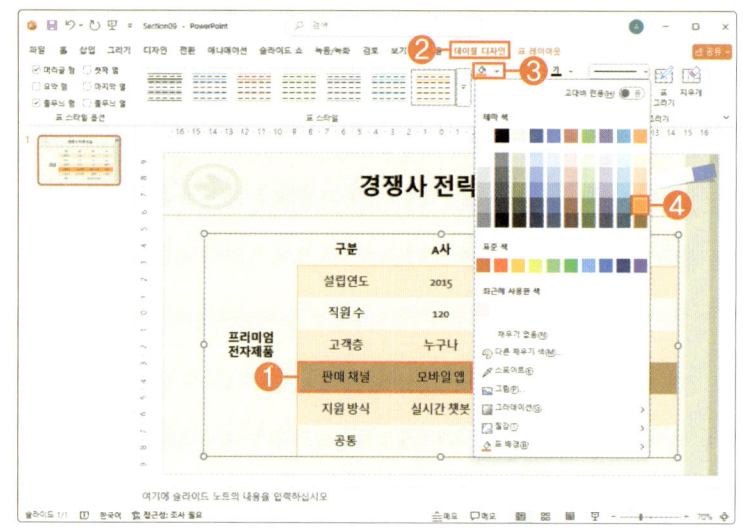

3 계속해서 ❶ '음영' 목록의 [그라데이션]에서 ❷ '선형 아래쪽'을 선택합니다.

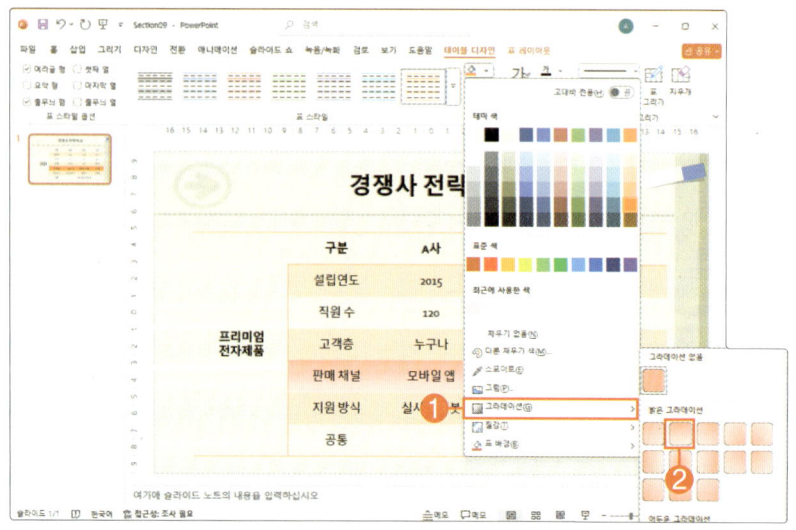

테두리와 효과 적용하기

1 표의 테두리 스타일을 변경하기 위해 표 전체를 선택한 후 ❶ [테이블 디자인] 탭의 [테두리 그리기] 그룹에서 ❷ '펜 스타일'과 '펜 두께', '펜 색'을 지정합니다.

펜 스타일 – 점선
펜 두께 – 1.5pt
펜 색 – 주황, 강조 6

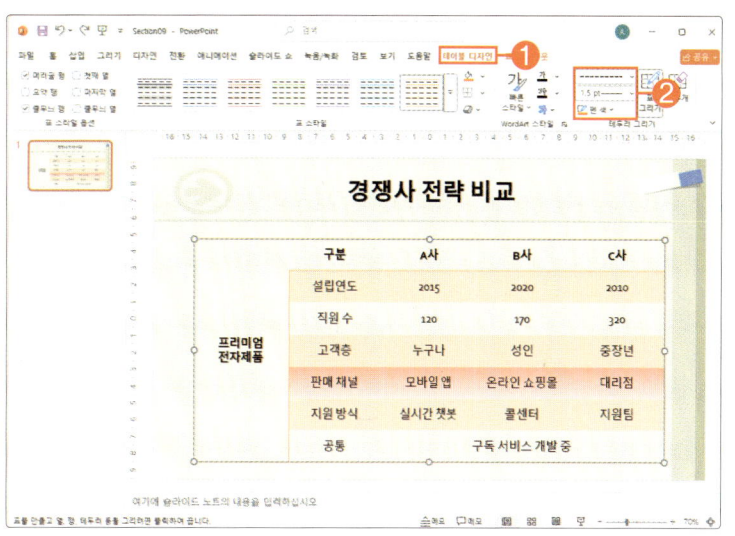

2 ❶ [표 그리기]를 클릭하면 마우스 모양이 ✏로 바뀝니다. 다음과 같이 ❷ '구분' 열의 테두리에 ✏를 갖다 대고 드래그합니다.

그리기를 끝내려면 Esc 키를 누르거나 [표 그리기]를 클릭하면 됩니다.

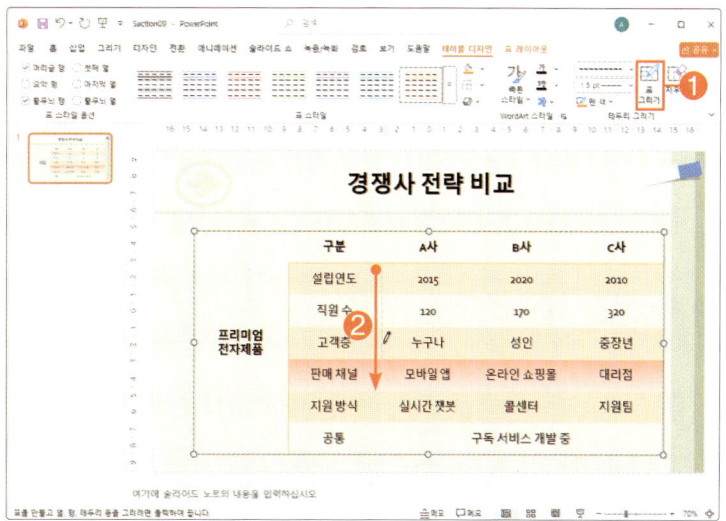

LEARN MORE

지우개로 테두리 삭제하기

지우개를 사용하여 표의 테두리를 지울 수 있습니다. [테이블 디자인] 탭의 [테두리 그리기] 그룹에서 ❶ 지우개를 클릭한 후 지우고 싶은 ❷ 테두리에 갖다 대고 드래그합니다.

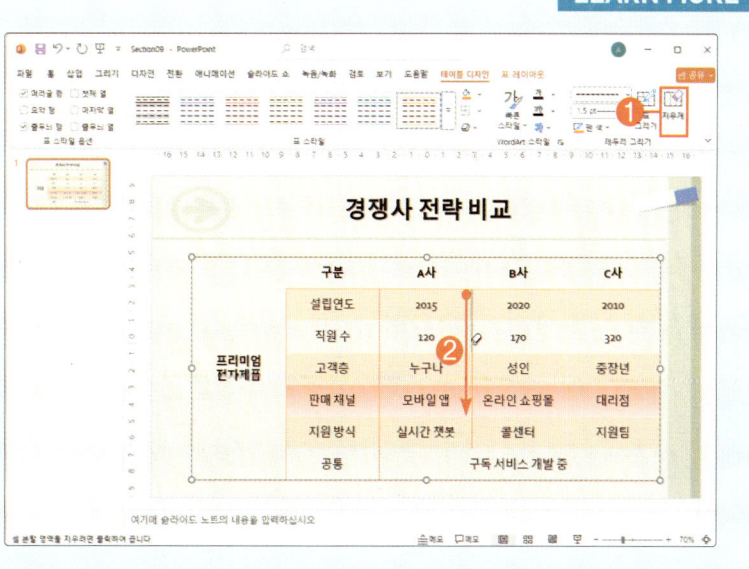

3 표에 입체 효과를 넣어 봅니다. 표를 선택한 후 ❶ [테이블 디자인] 탭의 [표 스타일] 그룹에서 ❷ [효과]를 클릭한 후 ❸ [셀 입체 효과]의 ❹ '입체 효과 – 둥글게'를 선택합니다.

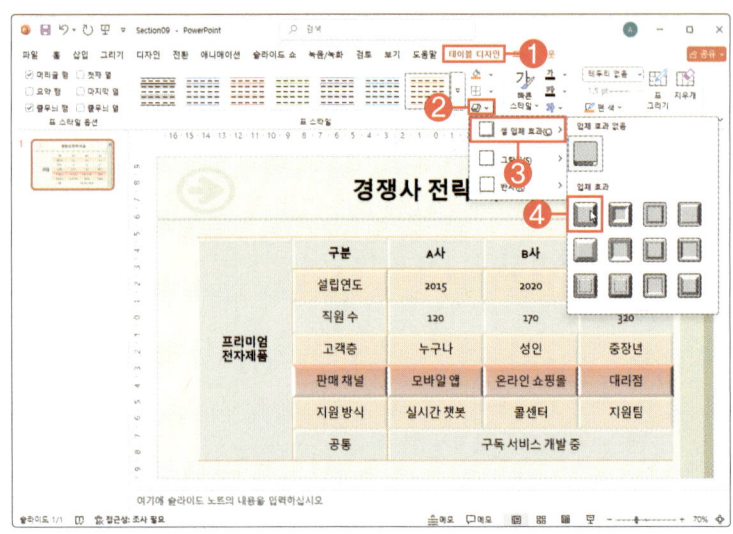

4 그림자 효과를 넣기 위해 표를 선택한 후 ❶ [테이블 디자인] 탭의 [표 스타일] 그룹에서 ❷ [효과]를 클릭한 후 ❸ [그림자]의 ❹ [그림자 옵션]을 선택합니다.

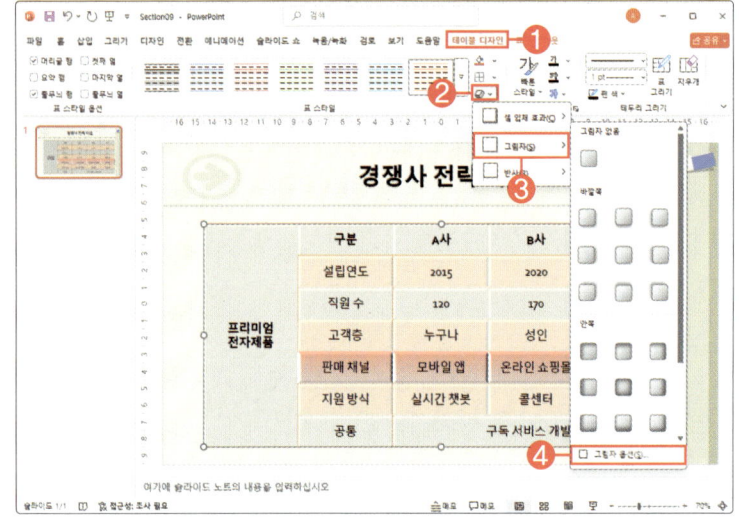

5 [도형 서식] 창의 ❶ [도형 옵션]에서 ❷ [그림자] – '미리 설정: 바깥쪽: 오프셋 아래', 색은 '주황, 강조 6, 80% 더 밝게'를 선택합니다. 표 전체에 그림자가 적용됩니다.

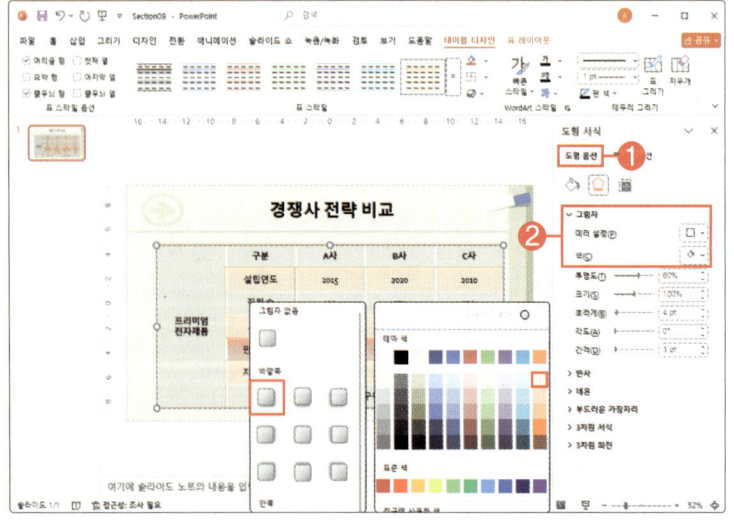

표 스타일 옵션

❶ [테이블 디자인] 탭의 ❷ [표 스타일 옵션] 그룹에서 강조하고 싶은 행이나 열을 선택합니다. '줄무늬 행'과 '줄무늬 열'은 행과 열에 교차 색상(한 줄씩 번갈아 가며 바탕색 채우기)을 적용할 수 있습니다.

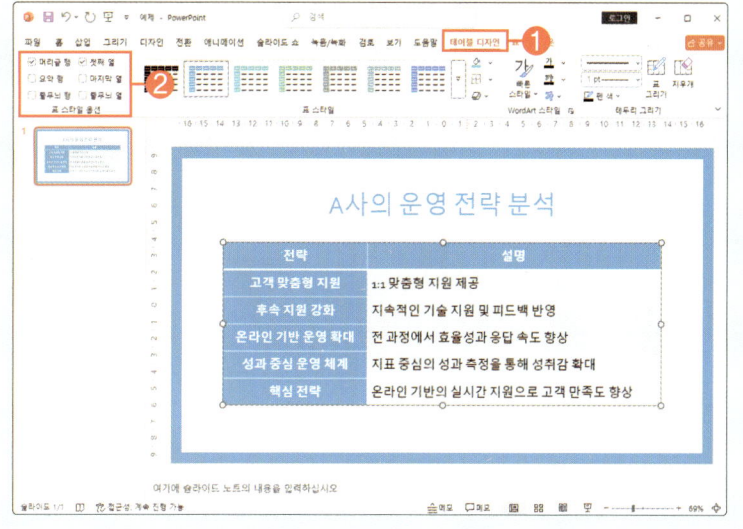

표 삭제

❶ [표 레이아웃] 탭의 [행 및 열] 그룹에서 ❷ [삭제]를 클릭한 후 ❸ 행, 열, 표 중 하나를 선택합니다.

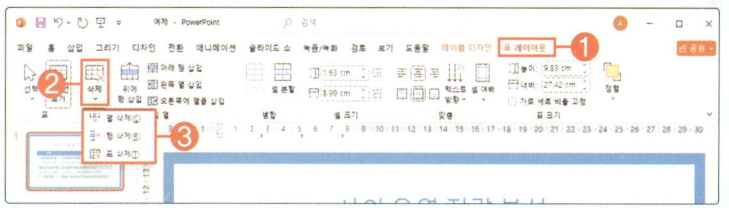

셀 여백 지정하기

셀 안에서 텍스트와 테두리 사이의 간격을 지정할 수 있습니다. 표가 선택된 상태에서 ❶ [표 레이아웃] 탭의 [맞춤] 그룹에서 ❷ [셀 여백]을 선택한 후 ❸ [사용자 지정 여백]을 클릭합니다. [셀 텍스트 레이아웃] 대화상자에서 ❹ 텍스트 레이아웃과 셀 안쪽 여백을 지정해 줍니다.

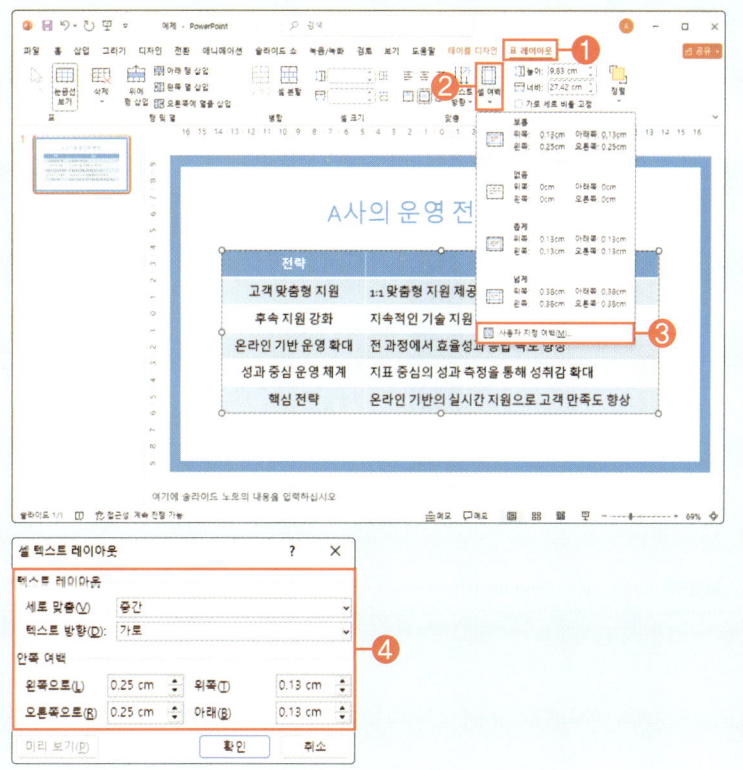

1 'Section09-기초-준비.pptx' 문서를 열고 다음 조건대로 작성해 보세요.

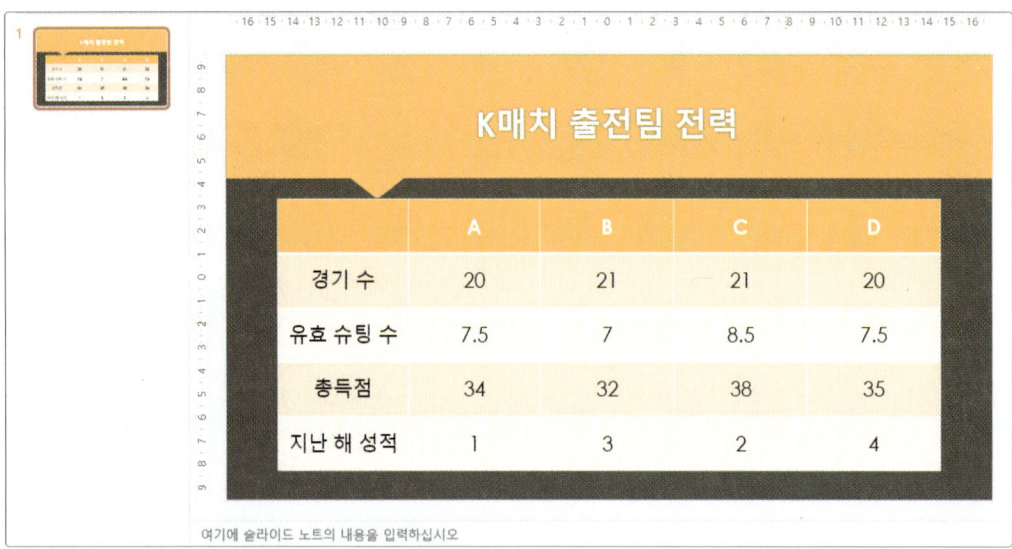

조건
1. 슬라이드에 표를 삽입하고 내용을 입력하세요.
2. 표의 내용을 '가로 가운데 맞춤, 세로 가운데 맞춤'으로 설정하세요.
3. 표의 '행 높이를 같게' 설정하세요.
4. 글꼴 크기를 '25pt'로 설정하세요.

2 1번 문제에 이어서 다음 조건대로 작성해 보세요.

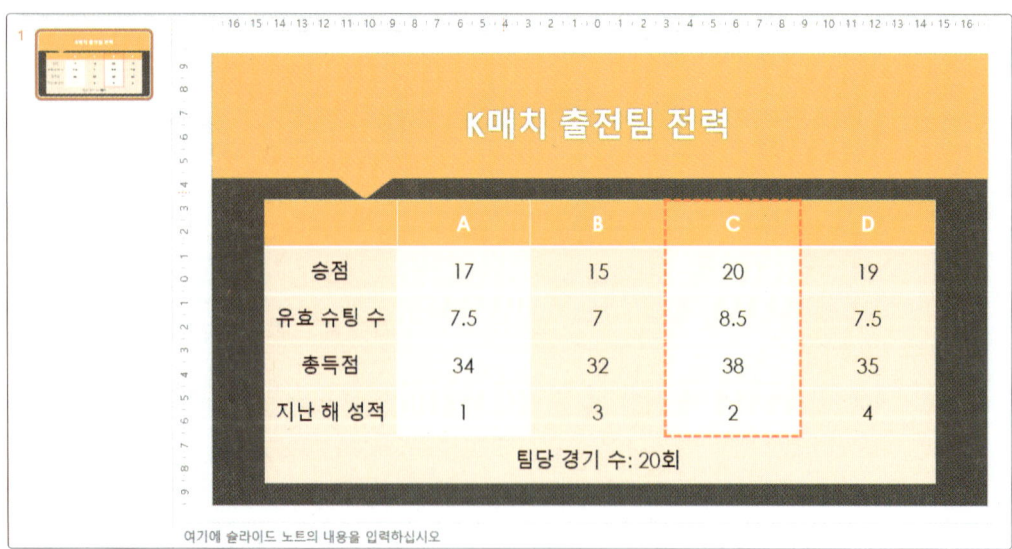

조건
1. 6행을 추가하고 셀을 하나로 병합한 후 내용을 입력하세요.
2. 표의 '줄무늬 행'을 해제하고 '줄무늬 열'을 체크하세요.
3. [테두리 그리기]에서 펜을 '점선, 두께 3pt, 빨강'으로 설정한 후 슬라이드와 같이 'C'열의 테두리를 그리세요.

1 'Section09–심화–준비.pptx' 문서를 열고 다음 조건대로 작성해 보세요.

조건

❶ [표 스타일 옵션]에서 '첫째 열'을 체크하세요.

❷ [빠른 스타일]의 '보통 스타일 2 – 강조 6'을 설정하세요.

❸ 11월과 12월 행의 음영을 '황금색, 강조 4'로 설정하세요.

❹ 표의 '열 너비를 같게' 설정하세요.

2 1번 문제에 이어서 다음 조건대로 작성해 보세요.

조건

❶ 테두리 속성을 '3pt'의 '녹색, 강조 6, 25% 더 어둡게'로 설정한 후 [표 스타일] 그룹의 '테두리'에서 '바깥 쪽 테두리'를 선택하세요.

❷ 11월과 12월 행에 셀 입체 효과 중 '둥글게'를 적용하고 글꼴은 '진하게'로 설정하세요.

❸ 전체 표의 그림자를 '안쪽 가운데 – 연한 녹색'으로 설정하세요.

10 SECTION 차트로 데이터 시각화하기

복잡한 수치 데이터를 차트로 나타내면 훨씬 이해하기가 쉽습니다. 파워포인트에서는 막대형, 선형, 원형, 영역형 등 다양한 차트를 목적에 맞게 선택하여 삽입할 수 있습니다. 슬라이드에서 직접 데이터를 편집하거나 수정할 수 있으며 사용자가 원하는 대로 차트 디자인을 변경할 수 있습니다.

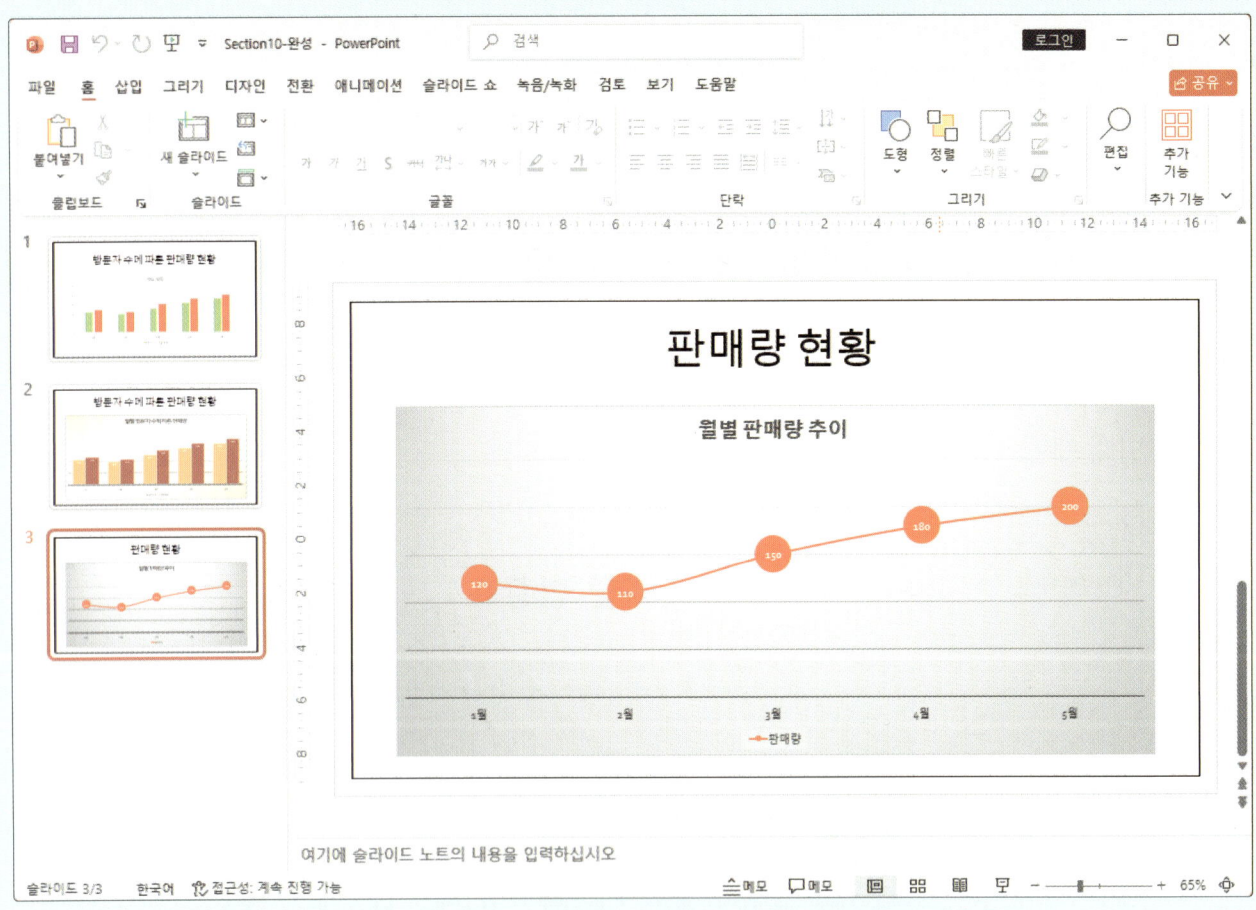

파일명 Section10-완성.pptx

MISSION

실습 1 차트 삽입과 편집하기

실습 2 레이아웃과 스타일 적용하기

실습 3 차트 종류 변경하기

CHECK POINT

포인트 1 차트를 삽입하고 차트 요소를 추가해 봅니다.

포인트 2 차트의 레이아웃을 편집해 보고 다양한 스타일을 적용해 봅니다.

포인트 3 차트 종류를 변경하고 서식을 적용해 봅니다.

실습 1 차트 삽입과 편집하기

1 'Section10.pptx' 파일을 열고 슬라이드에 차트를 삽입하기 위해 ❶ [삽입] 탭의 [일러스트레이션] 그룹에서 ❷ [차트]를 클릭합니다. [차트 삽입] 대화상자가 열리면 ❸ '세로 막대형'의 ❹ '묶은 세로 막대형'을 선택한 후 ❺ [확인]을 클릭합니다.

> TIP 내용 입력 틀 안에 있는 '차트 삽입(📊)' 아이콘을 클릭해도 됩니다.

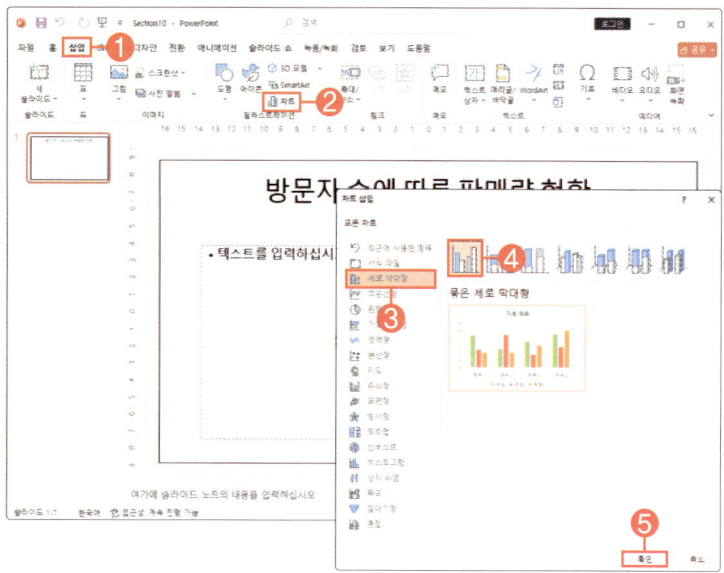

2 시트 창이 열리면 ❶ 데이터를 입력합니다. 필요한 데이터의 범위만 지정하기 위해 ❷ 오른쪽 아래의 조절점을 드래그합니다.

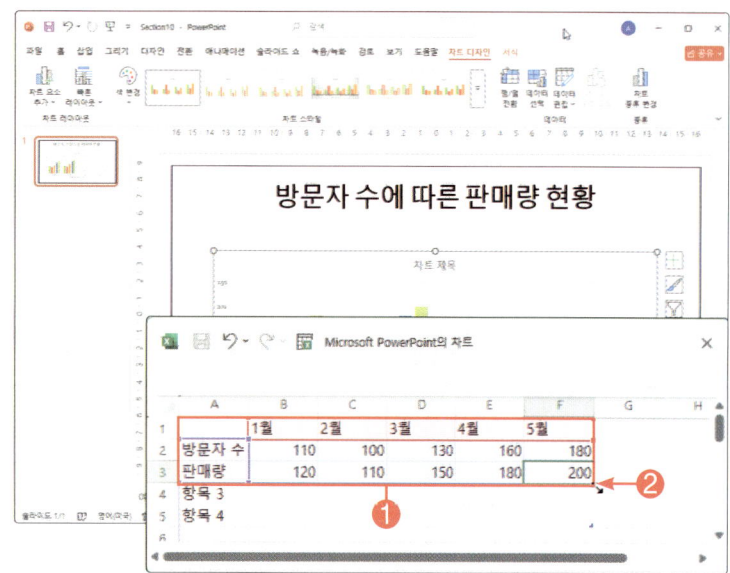

3 시트 창이 열린 상태에서 ❶ [차트 디자인] 탭의 [데이터] 그룹에서 ❷ '행/열 전환'을 클릭합니다. 차트의 가로축이 변경됩니다. 시트 창의 ❸ '닫기'를 누릅니다.

> TIP 데이터를 수정할 때는 [차트 디자인] 탭의 [데이터] 그룹에서 '데이터 편집'을 선택합니다.

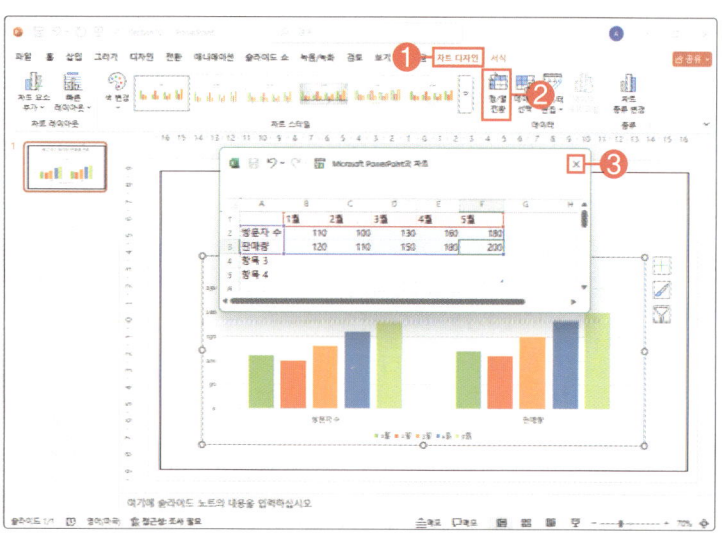

4 차트의 ❶ 조절점을 드래그하여 크기를 조정합니다.

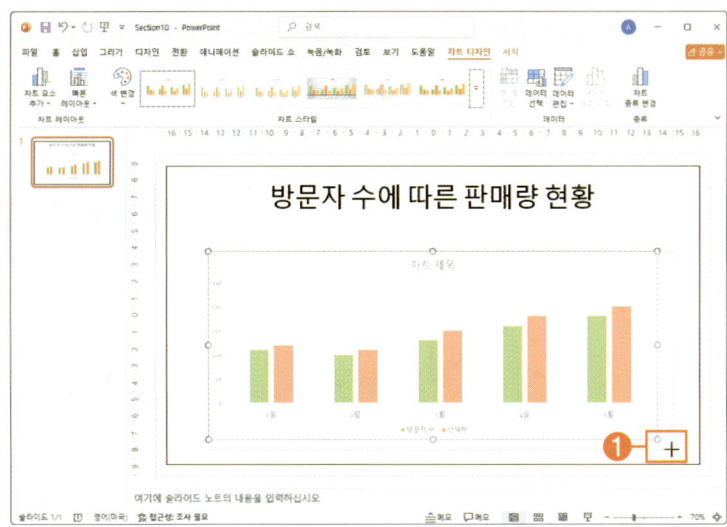

5 차트가 선택된 상태에서 ❶ [홈] 탭의 [글꼴] 그룹에서 ❷ '맑은 고딕', '15pt'로 지정합니다.

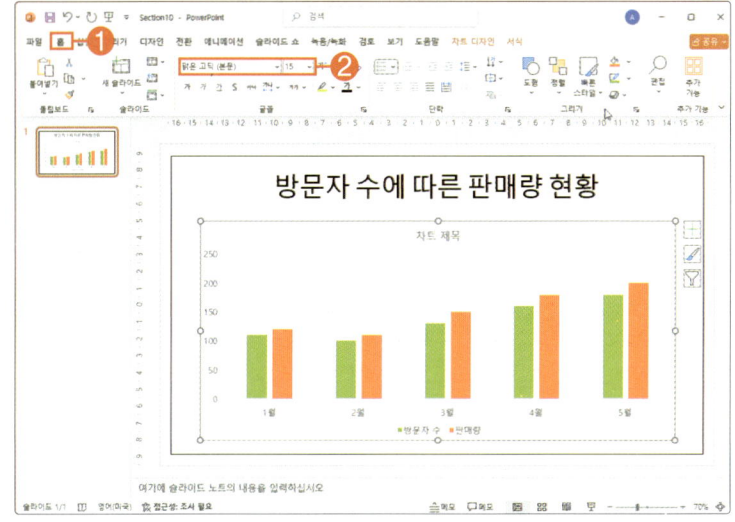

6 ❶ '차트 제목' 상자를 클릭하고 다음과 같이 제목을 입력한 후 ❷ [홈] 탭의 [글꼴] 그룹에서 ❸ '글꼴 크기: 20pt', ❹ '진하게'를 선택합니다.

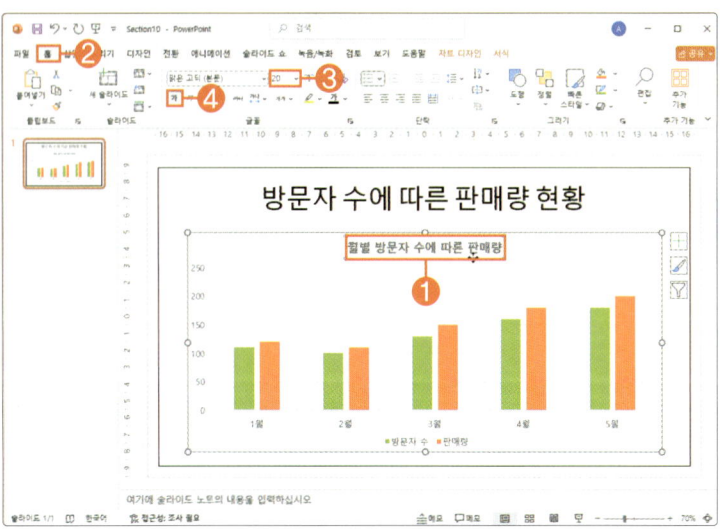

7 그래프에 레이블을 표시하기 위해 차트를 선택한 후 ❶ [차트 디자인] 탭의 [차트 레이아웃] 그룹에서 ❷ [차트 요소 추가]를 클릭합니다. ❸ [데이터 레이블]에서 ❹ '바깥쪽 끝에'를 선택합니다.

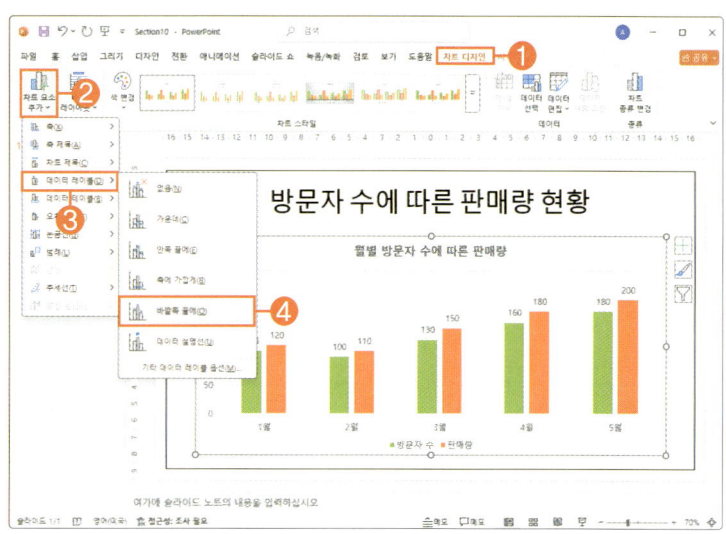

8 이어서 ❶ [차트 요소 추가]를 클릭한 후 ❷ [범례]에서 ❸ [오른쪽]을 선택하면 범례가 오른쪽으로 이동합니다.

> TIP 범례를 클릭한 후 마우스 오른쪽 버튼을 눌러 [빠른 메뉴]에서 [범례 서식]을 클릭하여 설정할 수 있습니다.

9 그래프의 눈금선을 삭제하기 위해 다시 한 번 ❶ [차트 요소 추가]를 선택한 후 ❷ [눈금선]의 ❸ [다른 눈금선 옵션]을 클릭합니다. [주 눈금선 서식] 창에서 ❹ '선: 선 없음'을 선택합니다.

> TIP 차트를 선택하면 나타나는 '차트 요소' 아이콘 (➕)을 클릭하여 차트 요소를 추가하거나 삭제할 수 있습니다.

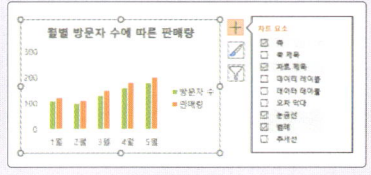

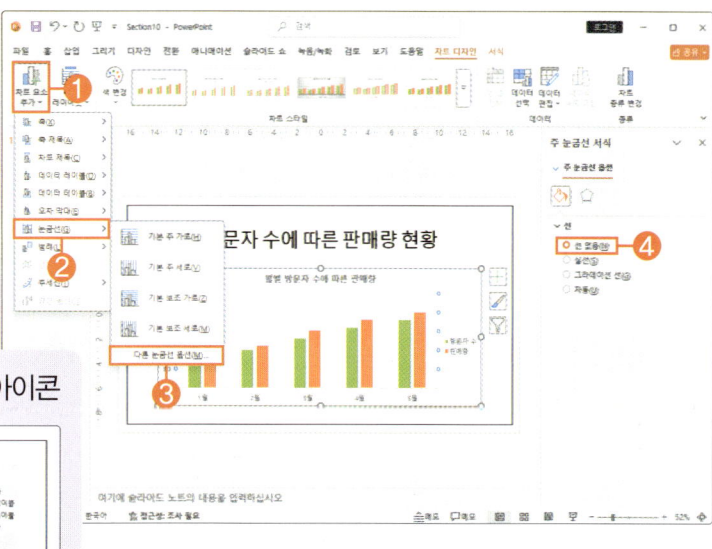

레이아웃과 스타일 적용하기

1 차트의 레이아웃을 변경하기 위해 ❶ 차트 전체를 선택합니다. ❷ [차트 디자인] 탭의 [차트 레이아웃] 그룹에서 ❸ [빠른 레이아웃]을 클릭하여 ❹ '레이아웃 2'를 선택합니다.

> **TIP** [빠른 레이아웃]은 차트 제목, 축, 범례 등의 구성 요소를 미리 조합해 두어 한 번에 레이아웃을 설정할 수 있습니다.

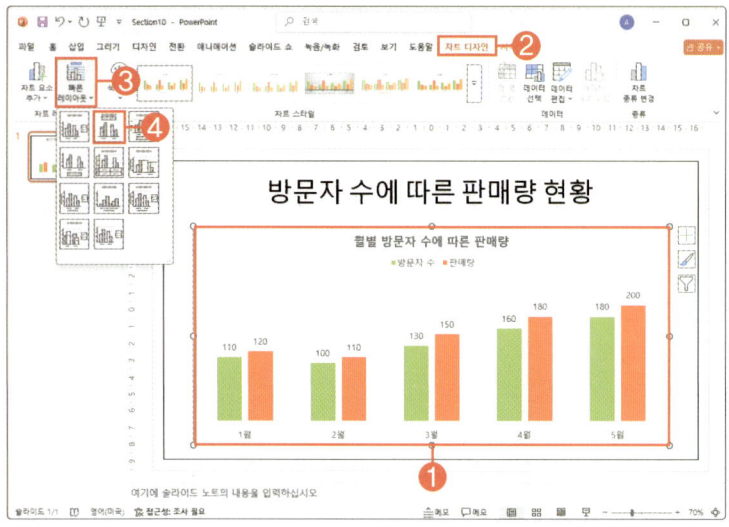

2 차트 스타일을 바꾸기 위해 차트가 선택된 상태에서 ❶ [차트 디자인] 탭의 [차트 스타일] 그룹에서 ❷ [빠른 스타일] 목록을 클릭한 후 ❸ '스타일 4'를 선택합니다.

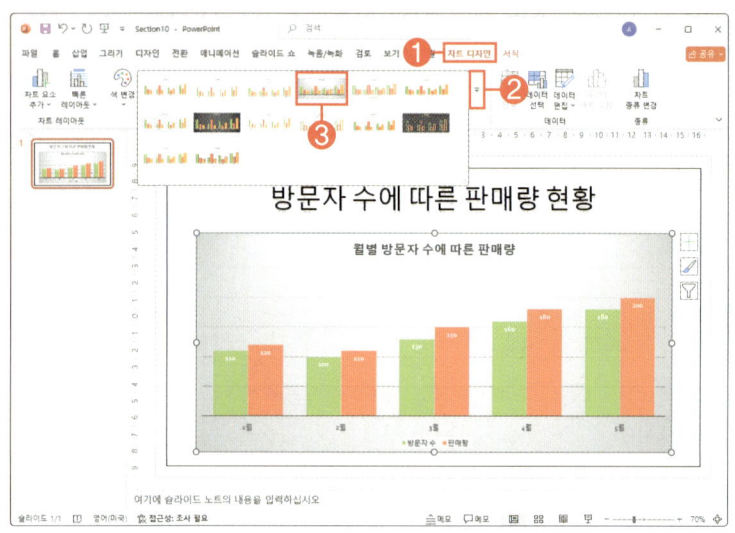

3 차트를 구성하는 색의 조합을 바꾸기 위해 차트가 선택된 상태에서 ❶ [차트 디자인] 탭의 [차트 스타일] 그룹에서 ❷ [색 변경]을 클릭하여 ❸ '색상형: 다양한 색상표 4'를 선택합니다.

> **TIP** 색을 변경한 후 차트 스타일을 다양하게 적용하면서 원하는 스타일을 지정할 수 있습니다.

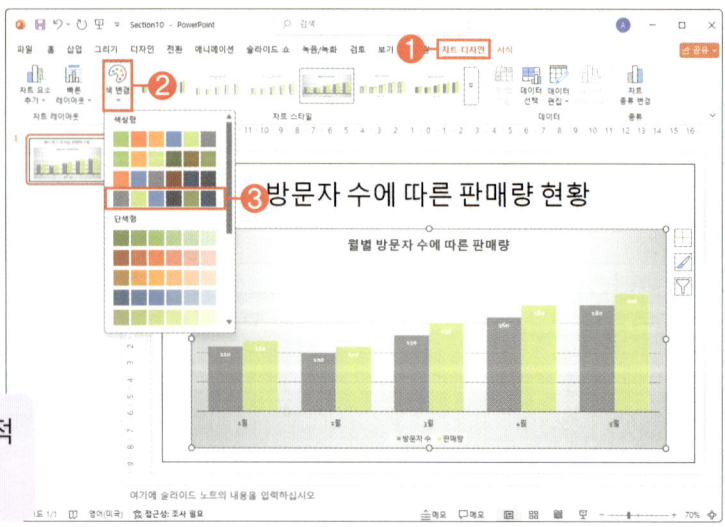

4 차트 색을 원하는 색상으로 변경할 수 있습니다. ❶ '판매량'을 나타내는 막대 중 임의로 하나를 클릭하면 '판매량' 막대가 모두 선택이 됩니다. ❷ [서식] 탭의 [도형 스타일] 그룹에서 ❸ [도형 채우기] 목록을 클릭하여 ❹ '빨강, 강조 2, 25% 더 어둡게'를 선택합니다.

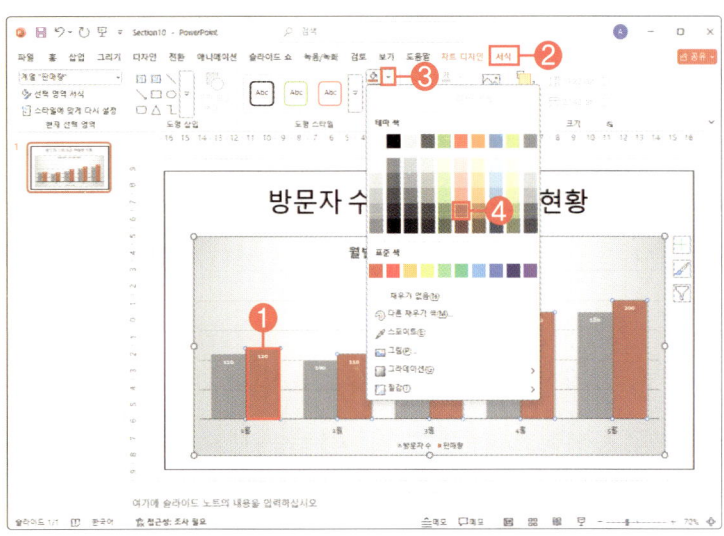

5 같은 방법으로 '방문자 수'를 나타내는 막대를 ❶ '주황, 강조 3, 40% 더 밝게'로 변경합니다.

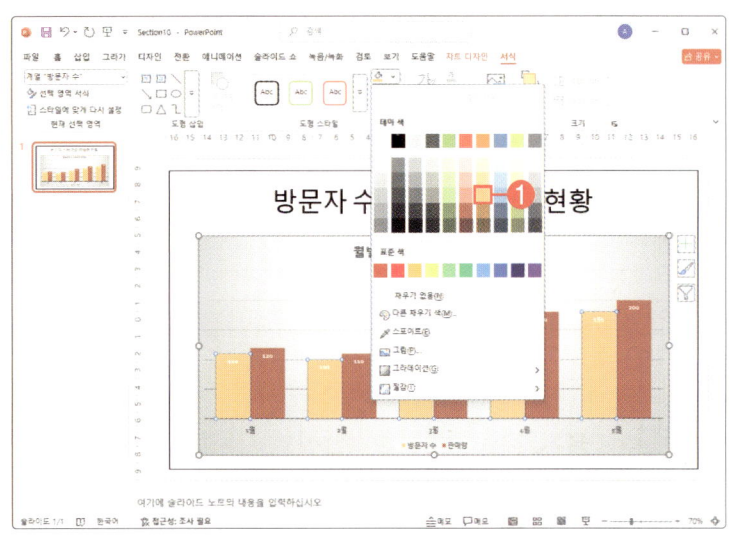

6 차트 배경색을 변경하기 위해 차트 전체를 선택한 후 ❶ [서식] 탭의 [도형 스타일] 그룹에서 ❷ [도형 채우기] 목록을 클릭하여 ❸ [그라데이션]의 ❹ '선형 대각선: 오른쪽 아래에서 왼쪽 위로'를 선택합니다.

도형과 마찬가지로 차트에도 입체 효과를 줄 수 있습니다. [서식] 탭의 [도형 스타일] 그룹에서 [도형 효과] – [입체 효과]에서 선택하여 적용합니다.

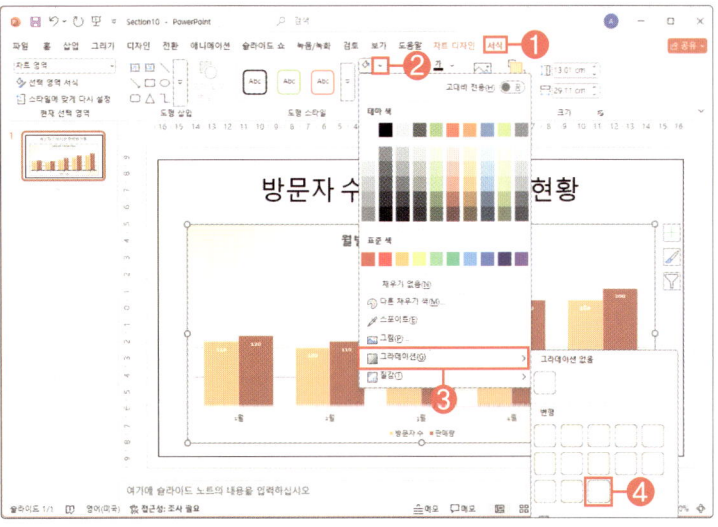

실습 3 차트 종류 변경하기

1 이미 만들어진 차트의 종류를 변경할 수 있습니다. 차트가 선택된 상태에서 ❶ [차트 디자인] 탭의 [종류] 그룹에서 ❷ [차트 종류 변경]을 클릭합니다. [차트 종류 변경] 대화상자가 열리면 ❸ '혼합'의 ❹ '사용자 지정 조합'을 선택한 후 '판매량'을 ❺ '표식이 있는 꺾은선형'으로 지정하고 ❻ [확인]을 클릭합니다.

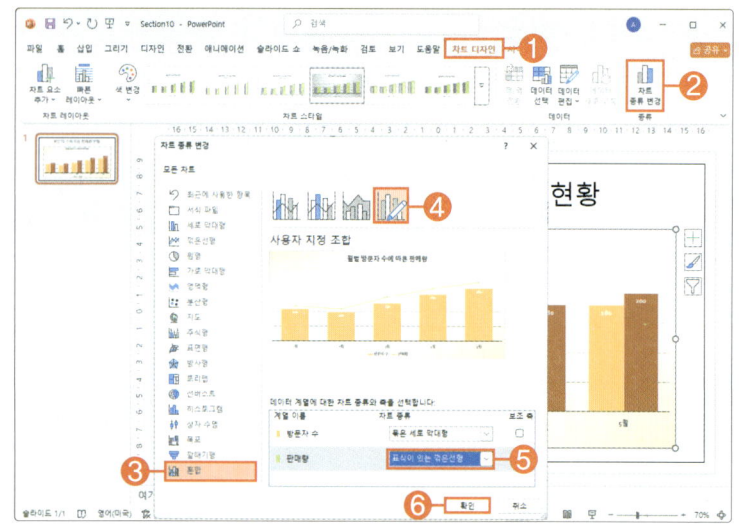

2 두 개의 그래프가 하나의 차트에 표시됩니다. 꺾은선 차트를 다른 스타일로 활용해 보기 위해 ❶ '방문자 수' 계열을 선택한 후 Delete 키를 눌러 삭제합니다. ❷ 슬라이드 제목과 차트 제목을 다음과 같이 수정합니다.

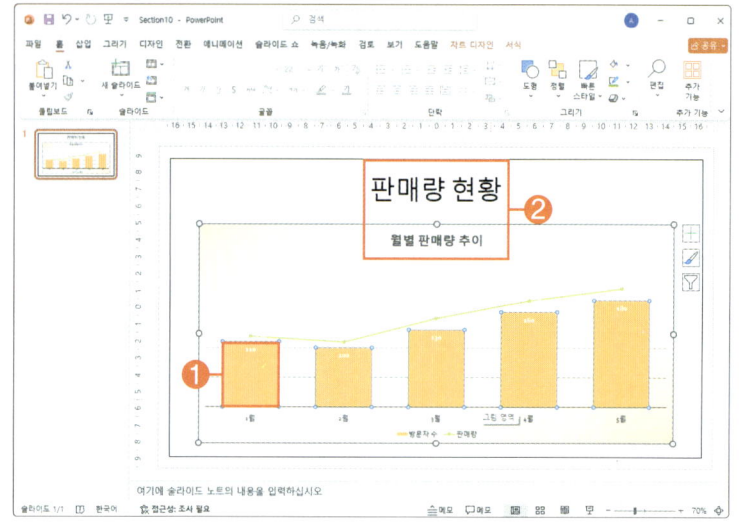

3 꺾은선 차트만 남습니다. 차트 오른쪽의 스마트 메뉴에서 ❶ [차트 스타일]을 클릭한 후 ❷ [색] 목록의 ❸ '색상형: 다양한 색상표 1'을 선택합니다.

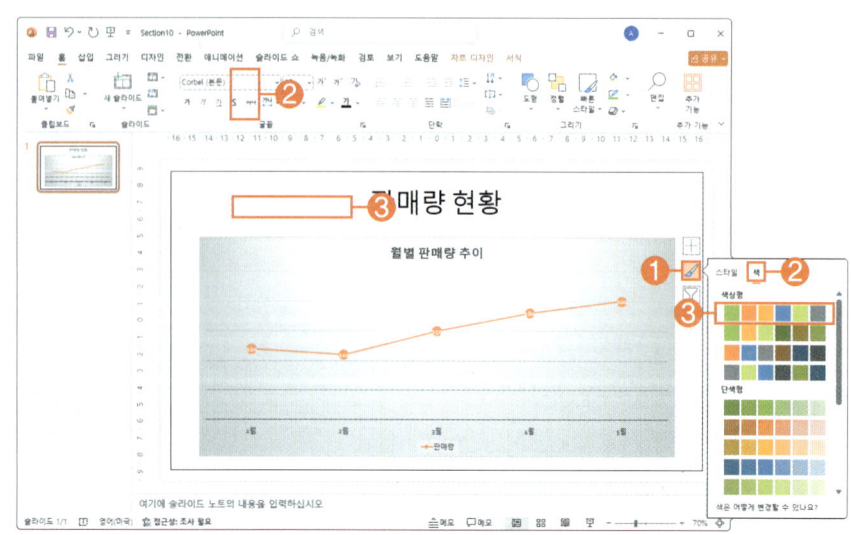

4 ❶ 꺾은선 차트를 클릭한 후 마우스 오른쪽 버튼을 눌러 [빠른 메뉴]에서 ❷ [데이터 계열 서식]을 선택합니다.

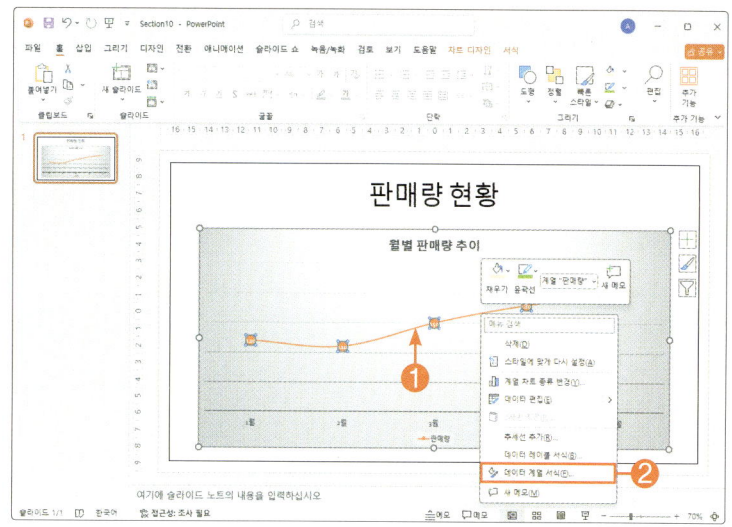

5 [데이터 계열 서식] 창에서 ❶ [채우기 및 선]의 [선]에서 ❷ '완만한 선'을 체크합니다. 꺾은선이 곡선으로 변경됩니다.

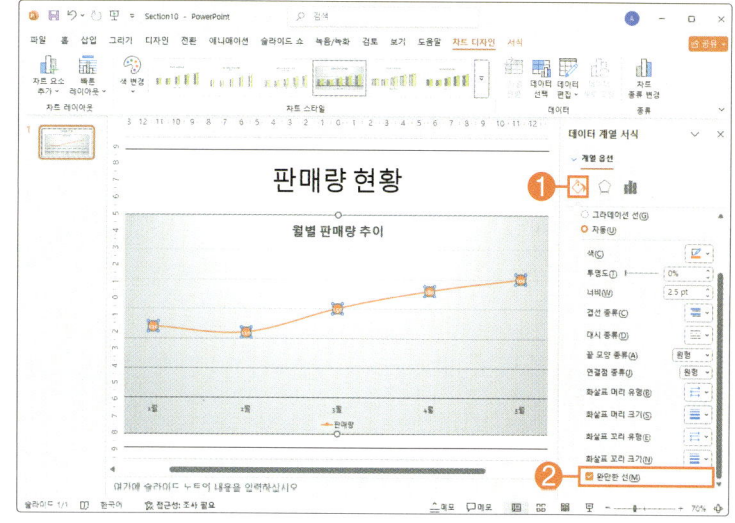

6 꺾은선 표식의 스타일을 바꾸기 위해 [데이터 계열 서식] 창에서 ❶ [표식]을 클릭합니다. '표식 옵션'에서 ❷ '기본 제공'을 클릭한 후 ❸ '형식: 원형', '크기: 40'으로 선택합니다. 표식의 모양과 크기가 변경됩니다.

> **TIP** 표식을 그림으로 채우거나 질감으로 채워 꺾은선 차트를 만들 수 있습니다.

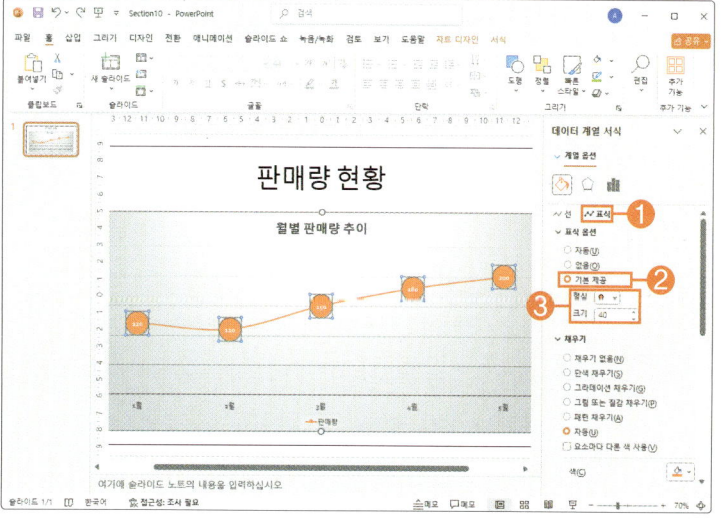

1 'Section10-기초-준비.pptx' 파일을 열고 다음 조건대로 작성해 보세요.

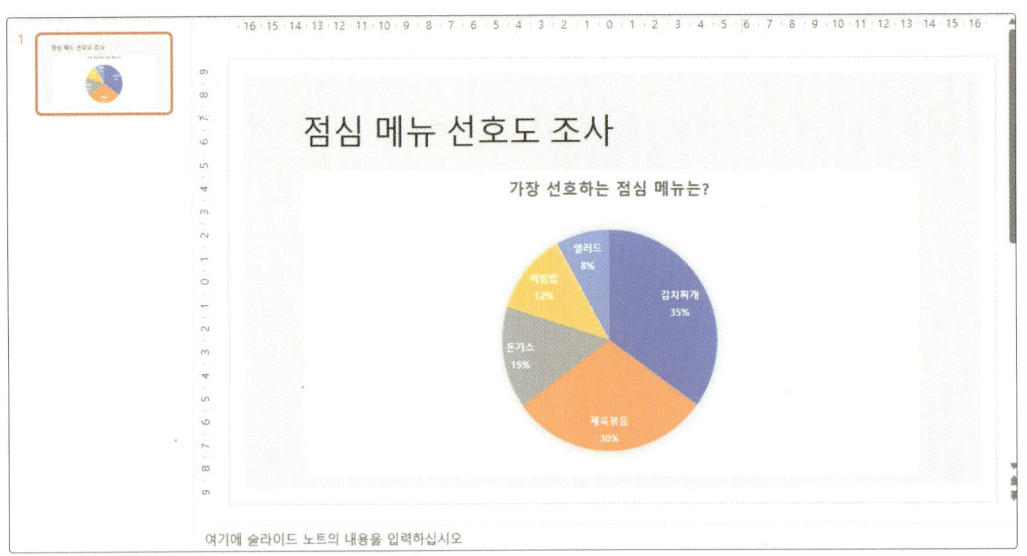

조건

❶ 오른쪽 데이터를 입력하여 [차트 종류]를 '원형'의 '원형'으로 완성하세요.

❷ 차트의 제목을 "가장 선호하는 점심 메뉴는?"으로 입력하고 글꼴 크기를 '20pt'로 설정하세요.

❸ '레이아웃: 레이아웃 1', '차트 스타일: 스타일 11'을 적용하세요.

메뉴	인원
김치찌개	35
제육볶음	30
돈가스	15
비빔밥	12
샐러드	8

2 1번 문제에 이어서 다음 조건대로 작성해 보세요.

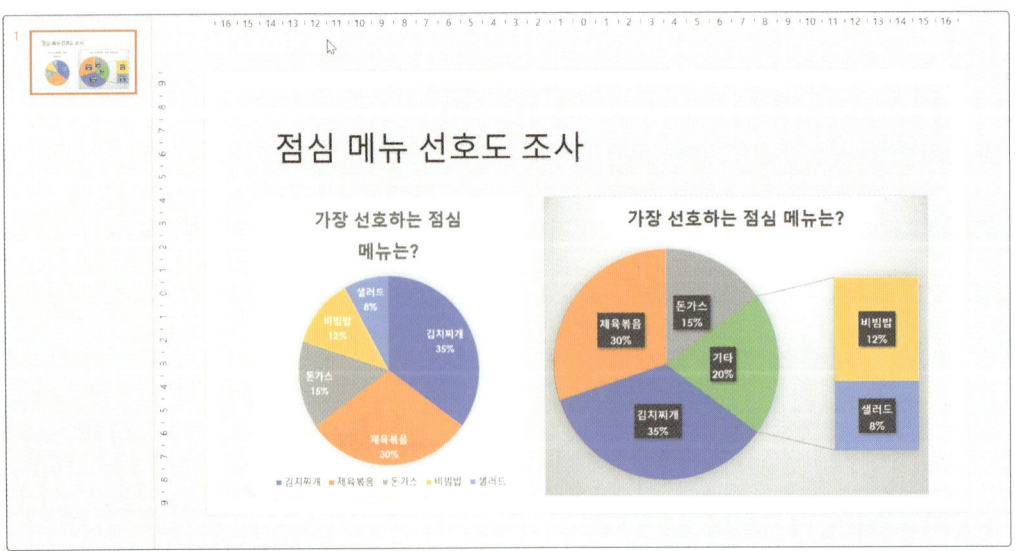

조건

❶ '원형' 차트를 복사하여 오른쪽에 배치한 후 [차트 종류]를 '원형'의 '원형 대 가로 막대형'으로 변경하세요.

❷ 변경된 차트의 범례를 삭제하세요.

❸ '차트 스타일: 스타일 3'을 적용하세요..

문제 풀어보기

1 'Section10-심화-준비.pptx' 파일을 열고 다음 조건대로 작성해 보세요.

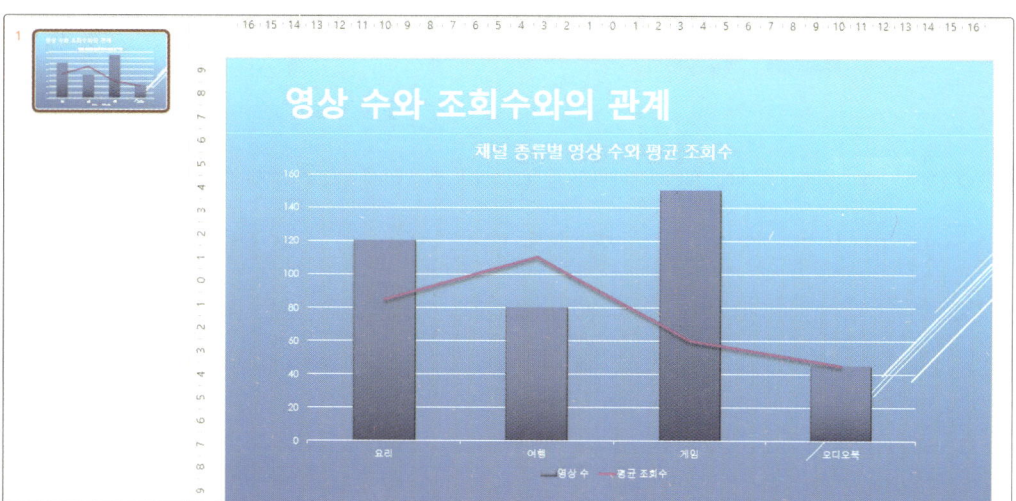

조건

❶ 오른쪽 데이터를 입력하고 [차트 종류]를 '세로 막대형: 묶은 세로 막대형'과 '꺾은선형: 꺾은선형'으로 선택하여 혼합 차트를 완성하세요.

❷ '레이아웃: 레이아웃 1', '차트 스타일: 스타일 8'을 적용하세요.

❸ 차트 제목에 "채널 종류별 영상 수와 평균 조회수"를 입력하세요.

❹ 범례를 차트 아래에 배치하세요.

채널 종류	영상 수	평균 조회수
요리	120	85
여행	80	110
게임	150	60
오디오북	45	45
일상	100	95

2 1번 문제에 이어서 다음 조건대로 작성해 보세요.

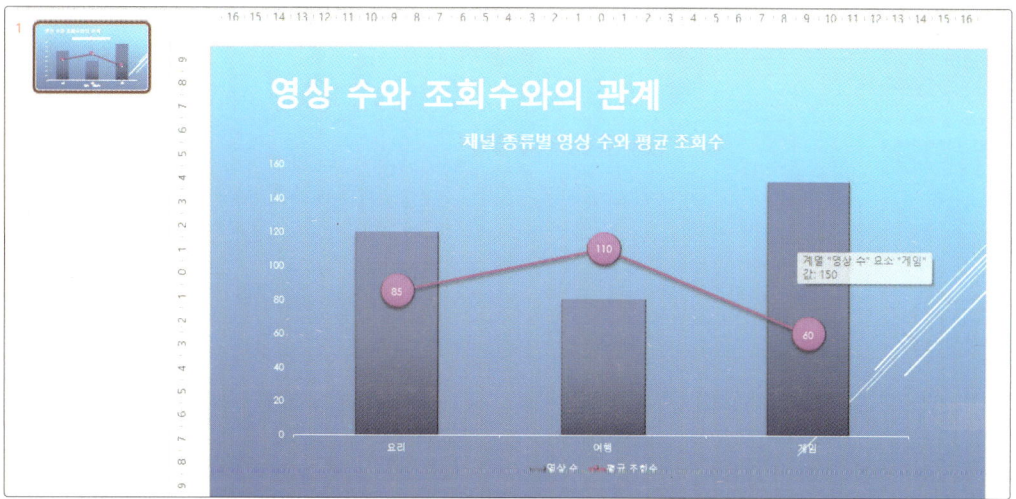

조건

❶ 차트의 눈금선을 삭제하고 데이터 레이블을 '가운데 맞춤'으로 표시하세요.

❷ 데이터에서 '오디오북'을 삭제하세요.

❸ 꺾은선형 차트의 표식을 '형식: 원', '크기: 40'으로 설정하세요.

11
SECTION

오디오로
음향 효과 더하기

슬라이드에 오디오를 삽입하면 청중의 주의를 집중시키고 슬라이드의 흐름을 자연스럽게 연결할 수 있습니다. 또한 자동 재생이나 반복 재생 등 다양한 설정을 통해 발표 상황에 맞게 오디오를 유연하게 활용할 수 있습니다.

파일명 Section11-완성.pptx

MISSION

실습 1 오디오 삽입하기

실습 2 재생 범위 및 트리밍 설정하기

실습 3 오디오 형식 변경하기

CHECK POINT

포인트 1 슬라이드에 오디오를 삽입하고 오디오 컨트롤 도구를 사용해 봅니다.

포인트 2 슬라이드에서 오디오 재생 구간을 설정하고, 오디오를 트리밍해 봅니다.

포인트 3 오디오의 모양과 스타일을 변경해 봅니다.

 **실습 1** ## 오디오 삽입하기

1 'Section11.pptx' 파일을 열고 슬라이드 전체에 오디오가 재생되도록 설정해 봅니다. ❶ 1번 슬라이드를 클릭한 후 ❷ [삽입] 탭의 [미디어] 그룹에서 ❸ [오디오]의 ❹ '내 PC의 오디오'를 선택합니다.

2 [오디오 삽입] 대화상자가 열리면 ❶ 'background.mp3' 파일을 선택한 후 ❷ [삽입]을 클릭합니다.

파일을 더블클릭하면 바로 삽입됩니다.

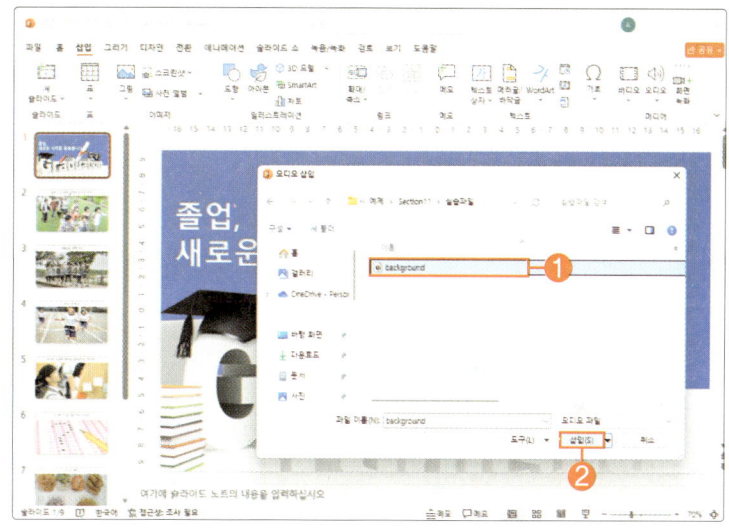

3 오디오가 삽입되면 스피커 모양(🔊)과 오디오 컨트롤 도구가 나타납니다. ❶ 스피커 모양을 드래그하여 오른쪽 위로 배치합니다. 오디오 컨트롤 도구의 ❷ 재생(▶) 버튼 또는 [재생] 탭의 미리보기 그룹에서 [재생]을 클릭하여 오디오가 제대로 삽입되었는지 확인합니다.

4 오디오 컨트롤 도구의 ❶ 음소거/음소거 해제(🔊) 버튼 위로 마우스를 갖다 대면 볼륨 조절 슬라이더가 나타납니다. ❷ 마우스로 드래그하여 볼륨을 조절할 수 있습니다.

스피커 모양을 클릭한 후 [재생] 탭의 [오디오 옵션] 그룹에서 [볼륨]을 클릭해도 됩니다.

5 슬라이드가 실행되면 자동으로 음악이 재생되도록 설정하기 위해 ❶ 스피커를 클릭한 후 ❷ [재생] 탭의 [오디오 옵션] 그룹에서 ❸ '시작: 자동 실행'을 선택하고 '모든 슬라이드에서 실행'과 '반복 재생'에 체크합니다.

슬라이드 쇼를 하는 동안 스피커 모양이 화면에 나타나지 않게 설정하려면 '쇼 동안 숨기기'를 체크합니다.

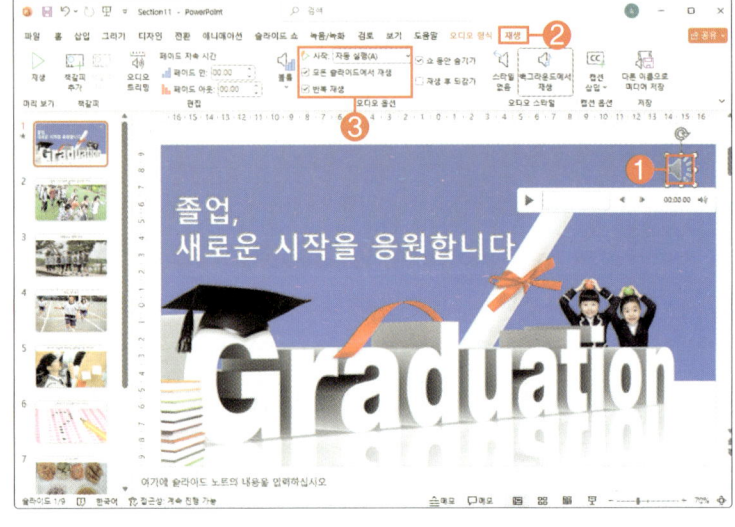

6 [재생] 탭의 [오디오 스타일] 그룹에서 ❶ [백그라운드에서 재생]을 클릭하면 슬라이드 전체에 걸쳐 오디오가 배경에서 계속 재생되므로 '시작: 자동 실행', '모든 슬라이드에서 재생', '반복 재생'이 자동으로 체크됩니다. ❷ [스타일 없음]을 클릭하면 모두 해제됩니다.

실습 2 재생 범위 및 트리밍 설정하기

1 슬라이드의 일부에서만 오디오가 재생되도록 설정하기 위해 ① 스피커를 선택한 후 ② [애니메이션] 탭의 [애니메이션] 그룹에서 ③ [추가 효과 옵션 표시]를 클릭합니다. [오디오 재생] 대화상자가 열리면 ④ '재생 중지'의 '지금부터 슬라이드 후'에 "5"를 입력한 후 ⑤ [확인]을 누릅니다.

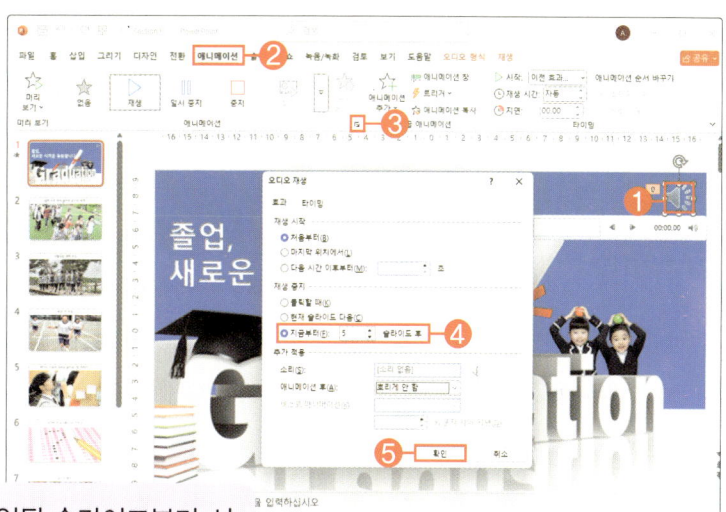

'지금부터 5 슬라이드 후'는 오디오가 삽입된 슬라이드부터 시작하여 다섯 번째 슬라이드까지 오디오를 재생한다는 의미입니다.

2 1번 슬라이드부터 5번 슬라이드까지만 오디오가 재생됩니다. 슬라이드 아래의 ① 슬라이드 쇼를 클릭하여 재생을 확인합니다.

[슬라이드 쇼] 탭의 [슬라이드 쇼 시작 그룹]에서 [처음부터]를 클릭하여 재생을 확인할 수 있습니다.

LEARN MORE

오디오 컨트롤 도구 알아보기

스피커 오디오 파일이 삽입되었다는 것을 나타냅니다.

재생/일시정지 오디오를 재생하거나 일시정지(▮▮)합니다.

볼륨 조절 슬라이더 음량을 조절합니다.

음소거/음소거 해제 소리를 끄거나 다시 켭니다.

앞으로/뒤로 이동 0.25초씩 앞으로 또는 뒤로 오디오를 빠르게 넘깁니다.

진행 바(재생 시간 표시) 현재 오디오 재생 위치를 나타냅니다. 마우스로 드래그하여 원하는 재생 위치로 이동할 수 있습니다.

3 　오디오 파일의 재생 구간을 편집하려면 ❶ 스피커를 선택한 후 ❷ [재생] 탭의 [편집] 그룹에서 ❸ [오디오 트리밍]을 클릭합니다. [오디오 트리밍] 대화상자가 열리면 ❹ 슬라이더 막대를 드래그하여 범위를 설정한 후 ❺ [확인]을 누릅니다.

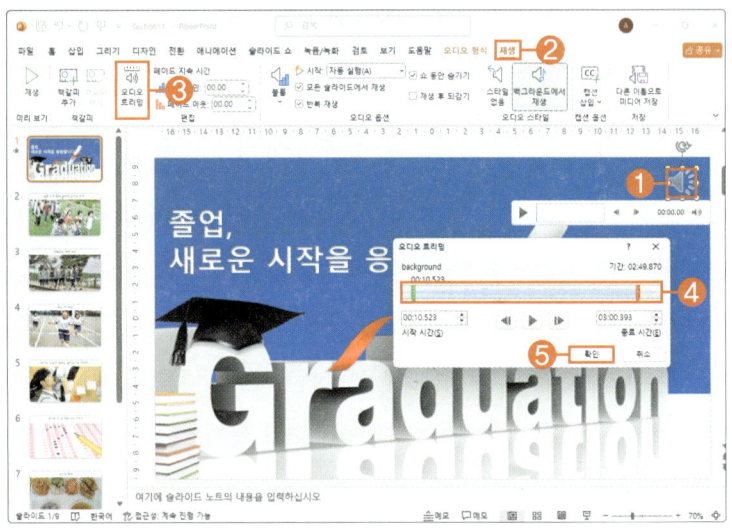

4 　❶ [재생] 탭의 [미리보기] 그룹에서 ❷ [재생]을 클릭하여 오디오를 재생해 봅니다.

LEARN MORE

오디오의 음량을 자연스럽게 시작하고 끝내기

오디오를 시작하거나 끝낼 때 음량을 자연스럽게 키우거나 줄이려면 스피커를 선택한 후 [재생] 탭의 [편집] 그룹에서 [페이드 인]과 [페이드 아웃] 시간을 조절합니다.

페이드 인 재생을 시작할 때 소리가 점점 커지게 합니다.

페이드 아웃 재생이 끝날 때 소리가 점점 작아지게 합니다.

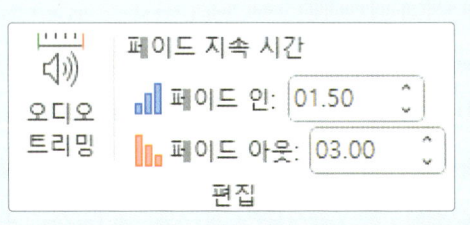

 **실습 3 오디오 형식 변경하기**

1 스피커 모양을 변경해 봅니다. ❶ 스피커를 선택한 후 ❷ [오디오 형식] 탭의 [그림 스타일] 그룹에서 ❸ [빠른 스타일] 목록을 클릭하고 ❹ '금속 타원'을 선택합니다.

> [오디오 형식] 탭의 기능은 시각적인 디자인을 설정하는 것으로, 오디오의 재생 방식은 그대로 유지됩니다.

2 1번 슬라이드의 스피커를 복사하여 ❶ 6번 슬라이드에 붙여 넣습니다. 오디오의 서식도 그대로 복사됩니다.

복사하기 [Ctrl] + [C]
붙여넣기 [Ctrl] + [V]

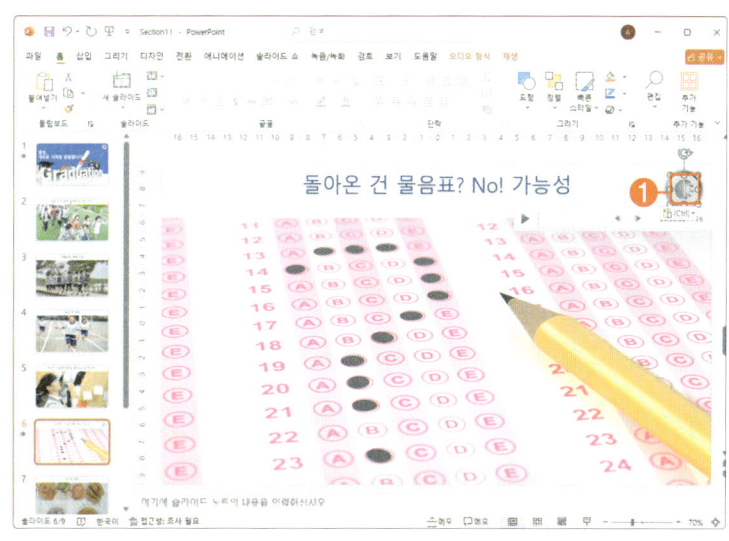

3 스피커가 선택된 상태에서 ❶ [오디오 형식] 탭의 [그림 스타일] 그룹에서 ❷ [빠른 스타일] 목록을 클릭한 후 ❸ '반사형 입체, 흰색'을 선택합니다. ❹ [그림 테두리] 목록에서 ❺ '회색'을 클릭합니다.

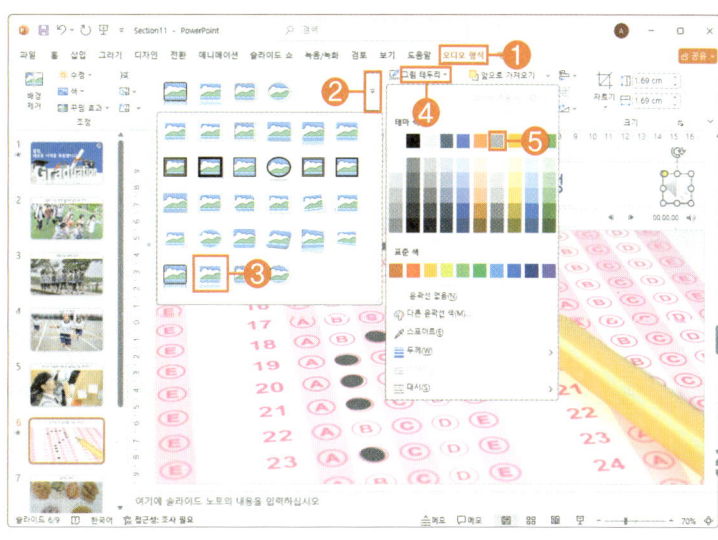

113

1 'Section11-기초-준비.pptx' 문서를 열고 다음 조건대로 작성해 보세요.

조건

① 1번 슬라이드에 'Story of the queen.mp3' 오디오를 삽입하세요.

② 오디오를 '자동 실행', '쇼 동안 숨기기'를 설정하세요.

③ 스피커 모양을 왼쪽 아래에 배치하세요.

2 1번 문제에 이어서 다음 조건대로 작성해 보세요.

조건

① 2번 슬라이드에 '보물 사냥꾼.mp3' 오디오를 삽입하고 왼쪽 아래에 배치하세요.

② 마우스 클릭 시 오디오가 재생되게 설정하세요.

1 'Section11-심화-준비.pptx' 문서를 열고 다음 조건대로 작성해 보세요.

조건

❶ 1번 슬라이드에 'Fly with Me.mp3' 오디오를 삽입하고 스피커 모양을 왼쪽 아래에 배치하세요.

❷ 오디오를 '자동 실행', '반복 재생', '모든 슬라이드에서 실행', '쇼 동안 숨기기'를 한꺼번에 설정하세요.

❸ 오디오 파일이 자연스럽게 시작되고 끝날 수 있도록 '페이드 인'과 '페이드 아웃'을 각각 '2초'로 설정하세요.

2 1번 문제에 이어서 다음 조건대로 작성해 보세요.

조건

❶ 1번 슬라이드에서 '모든 슬라이드에서 실행'을 체크 해제한 후 2번 슬라이드에 스피커를 복사하여 붙여넣으세요.

❷ 2번 슬라이드의 오디오 재생 간격을 '20초' 부분에서 시작하여 '1분 50초'까지만 재생하도록 설정하세요.

❸ 스피커 모양을 [빠른 스타일]의 '단순형 프레임, 흰색'으로 변경하세요.

12 SECTION 비디오가 삽입된 슬라이드 작성하기

비디오는 시각과 청각 정보를 함께 제공하므로 이해하기 쉽게 도와줍니다. 슬라이드에 비디오를 삽입하여 효과적으로 청중의 관심을 끌 수 있고 발표 시간을 절약할 수 있습니다. 오디오와 마찬가지로 비디오의 재생 옵션을 원하는 방식으로 설정하여 발표 흐름을 구성합니다. 온라인 비디오를 삽입하여 슬라이드에서 바로 재생할 수도 있습니다.

파일명 Section12-완성.pptx

MISSION

실습 1 비디오 삽입하기

실습 2 비디오 옵션과 트리밍 설정하기

CHECK POINT

포인트 1 비디오를 삽입하고 편집해 봅니다.

포인트 2 비디오의 재생 옵션과 트리밍을 설정해 봅니다.

실습 1 비디오 삽입하기

1 'Section12.pptx' 파일을 열고 ❶ 2번 슬라이드를 선택합니다. 비디오를 삽입하기 위해 ❷ [삽입] 탭의 [미디어] 그룹에서 ❸ [비디오]를 클릭한 후 ❹ '이 디바이스'를 선택합니다.

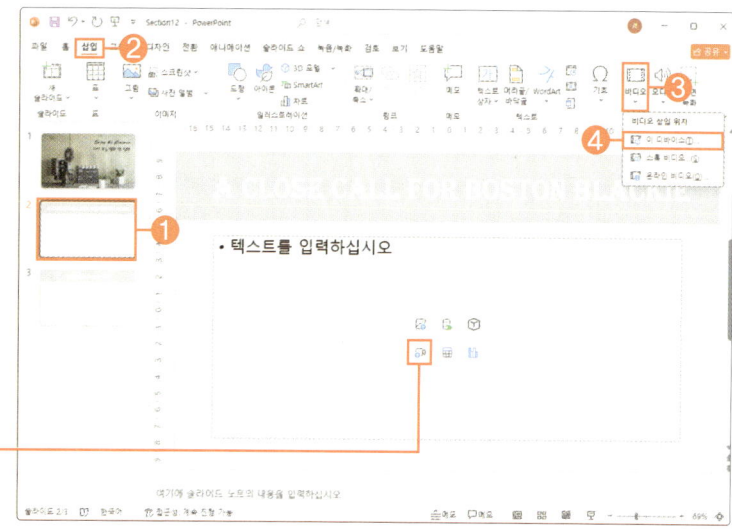

입력 틀에서 비디오 삽입(🎬)을 클릭하여 삽입할 수 있습니다.

2 [비디오 삽입] 대화상자가 열리면 ❶ 'movie-1.mp4' 파일을 선택한 후 ❷ [삽입]을 클릭합니다.

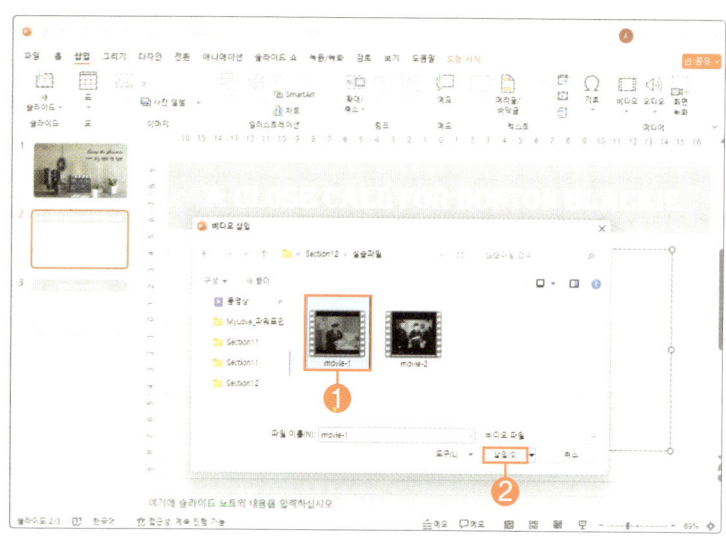

3 비디오가 삽입되면 ❶ 조절점을 드래그하여 슬라이드에 가득 차게 화면 크기를 조절한 후 ❷ [비디오 형식] 탭의 [정렬] 그룹에서 ❸ [뒤로 보내기]의 목록을 눌러 ❹ '맨 뒤로 보내기'를 클릭합니다.

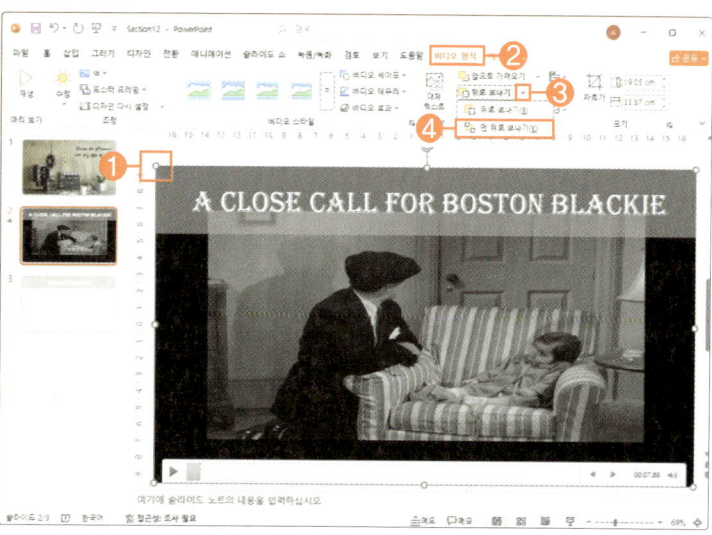

제목의 도형이 반투명으로 설정되어 있습니다.

4 동영상의 ❶ '재생' 버튼을 누르거나 [재생] 탭에서 [미리 보기] 그룹의 ❷ [재생]을 클릭해서 비디오를 실행합니다.

비디오 컨트롤 도구는 오디오 컨트롤 도구와 모양 및 기능이 동일합니다. 재생/일시 정지, 볼륨 조절 등의 기능을 선택할 수 있습니다.

5 슬라이드에 표시되는 비디오의 표지를 만들기 위해 비디오를 선택한 후 ❶ [비디오 형식] 탭의 [조정] 그룹에서 ❷ [포스터 프레임]의 ❸ '파일의 이미지'를 클릭합니다. [그림 삽입] 대화상자가 열리면 ❹ [파일에서]를 클릭한 후 ❺ 'movie-1-표지.jpg'를 선택하고 ❻ [삽입]을 누릅니다.

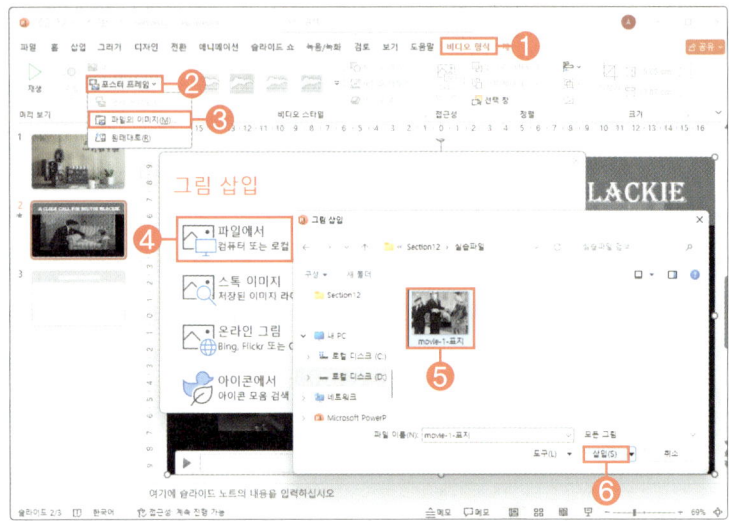

6 비디오의 표지가 완성됩니다. 비디오의 스타일을 설정하기 위해 비디오가 선택된 상태에서 ❶ [비디오 형식] 탭의 [비디오 스타일] 그룹에서 ❷ [비디오 스타일] 목록의 ❸ '은은한 효과: 단순 입체 사각형'을 선택합니다.

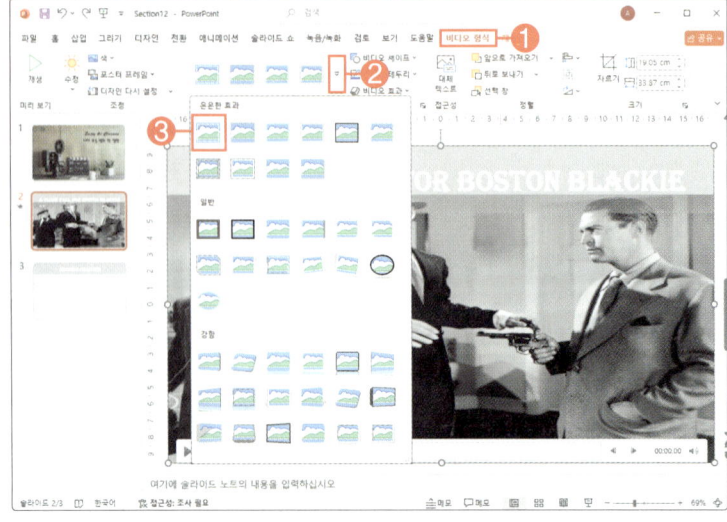

7 3번 슬라이드에 비디오를 삽입하기 위해 입력 틀의 ❶ [비디오 삽입]을 클릭한 후 ❷ 'movie-2.mp4'를 선택하고 ❸ [삽입]을 누릅니다.

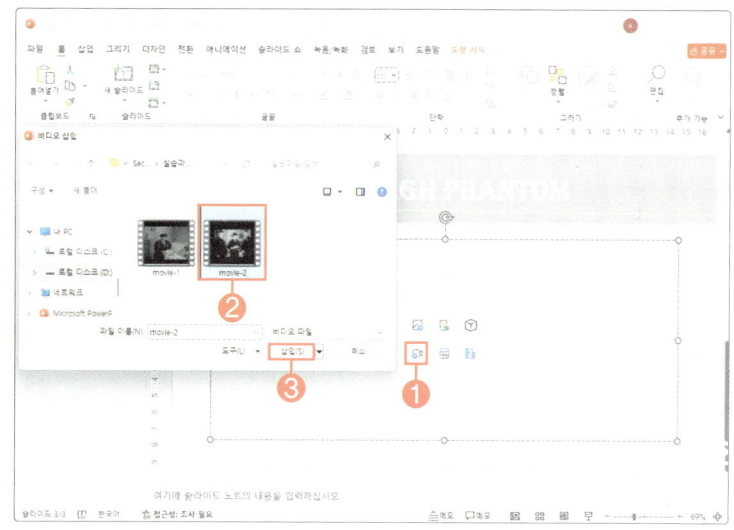

8 ❶ 크기 조절점을 드래그하여 슬라이드에 가득 차게 화면 크기를 조절한 후 ❷ [비디오 형식] 탭의 [정렬] 그룹에서 ❸ [뒤로 보내기]의 목록을 눌러 ❹ '맨 뒤로 보내기'를 클릭합니다.

마우스 오른쪽 버튼을 눌러 [빠른 메뉴]에서 '맨 뒤로 보내기'를 선택해도 됩니다.

9 이번에는 비디오의 한 장면을 슬라이드 표지로 만들어 봅니다. ❶ 비디오의 타임라인을 드래그하여 표지로 사용할 부분에서 정지합니다. ❷ [비디오 형식] 탭의 [조정] 그룹에서 ❸ [포스터 프레임]의 ❹ '현재 프레임'을 클릭하면 선택한 화면이 비디오의 표지가 됩니다. 2번 슬라이드와 마찬가지로 [비디오 스타일]을 '은은한 효과: 단순 입체 사각형'으로 설정합니다.

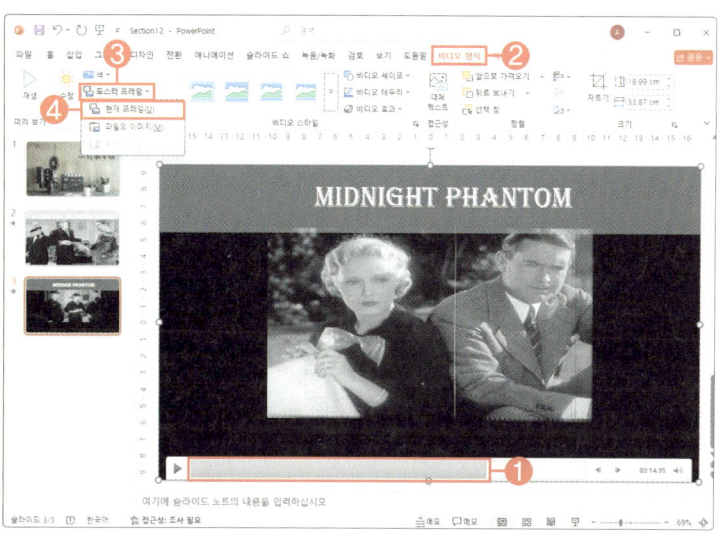

119

비디오 옵션과 트리밍 설정하기

1 슬라이드 쇼를 실행하면 자동으로 비디오가 재생되게 설정할 수 있습니다. 2번 슬라이드의 비디오가 선택된 상태에서 ❶ [재생] 탭의 [비디오 옵션] 그룹에서 ❷ '시작: 자동 실행'을 클릭합니다. 화면 아래쪽에 있는 ❸ [슬라이드 쇼]를 눌러 자동 실행되는지 확인합니다.

2 3번 슬라이드의 비디오를 선택하고 ❶ [재생] 탭의 [비디오 옵션] 그룹에서 ❷ '전체 화면 재생'과 '반복 재생'을 체크합니다.

> **TIP** **반복 재생** 비디오 재생이 끝나면 자동으로 처음부터 반복하여 재생됩니다.
> **재생 후 되감기** 비디오 재생이 끝난 뒤 자동으로 처음으로 되돌아가 준비 상태가 됩니다.

3 비디오의 시작과 끝을 다음 장면과 자연스럽게 이어지게 하는 기능으로 '페이드 인'과 '페이드 아웃'이 있습니다. 2번 슬라이드의 비디오를 선택하고 ❶ [재생] 탭의 [편집] 그룹에서 ❷ '페이드 인'과 '페이드 아웃' 시간을 '01.50'으로 각각 조절합니다. ❸ [재생]을 눌러 확인합니다.

4 트리밍 기능을 사용해 비디오의 원하는 부분만 재생할 수 있습니다. 3번 슬라이드의 비디오가 선택된 상태에서 ❶ [재생] 탭의 [편집] 그룹에서 ❷ [비디오 트리밍]을 클릭합니다. [비디오 트리밍] 대화상자에서 ❸ 슬라이더를 드래그하여 '시작 시간'과 '종료 시간'을 지정한 후 ❹ [확인]을 클릭합니다.

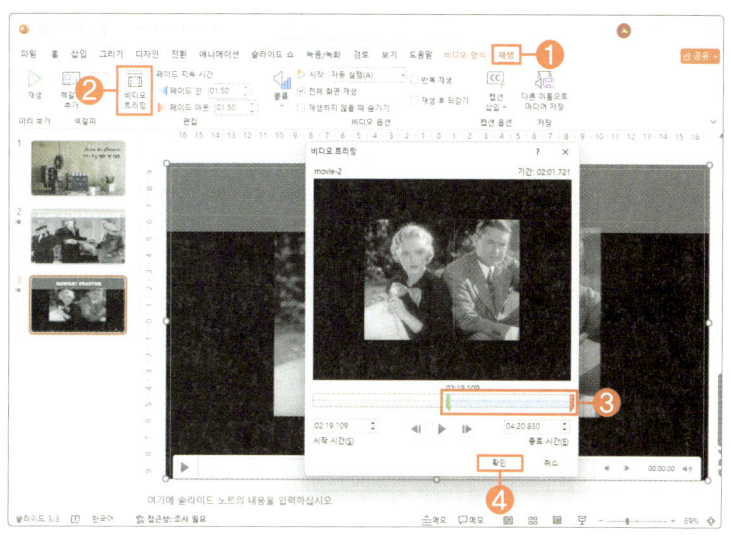

5 비디오의 편집이 완료되면 비디오가 선택된 상태에서 [재생] 탭의 [미리 보기] 그룹에서 ❶ [재생]을 눌러 확인합니다.

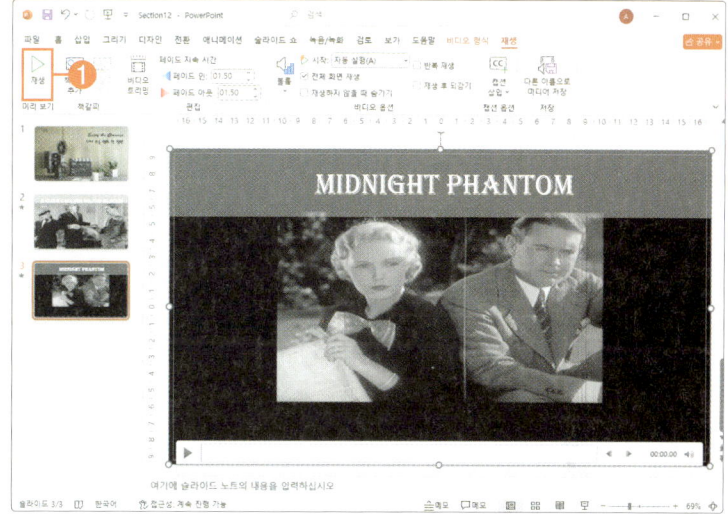

온라인 비디오와 스톡 비디오

[삽입] 탭의 [미디어] 그룹에서 [비디오]를 클릭하여 '스톡 비디오'와 '온라인 비디오'를 삽입할 수 있습니다.

온라인 비디오 인터넷에 연결되어 있지 않으면 재생이 되지 않으므로 발표 장소의 네트워크 환경을 반드시 확인하여야 합니다.

스톡 비디오 MS사에서 제공하는 비디오 클립을 검색하여 사용할 수 있습니다.

121

1 'Section12-기초-준비.pptx' 문서를 열고 다음 조건대로 작성해 보세요.

조건
❶ 슬라이드에 '우주선.mp4'를 삽입하고 슬라이드 오른쪽에 배치하세요.
❷ 비디오의 마지막 장면을 '포스터 프레임'으로 설정하세요.

2 1번 문제에 이어서 다음 조건대로 작성해 보세요.

조건
❶ 비디오를 '자동 실행', '반복 재생'으로 설정하세요.
❷ 비디오 스타일을 '일반: 모서리가 둥근 입체 사각형'으로 설정하세요.

심화 문제 풀어보기

1 'Section12-심화-준비.pptx' 문서를 열고 다음 조건대로 작성해 보세요.

조건
1. 슬라이드에 '스케이트.mp4'를 삽입하고 슬라이드 오른쪽에 배치하세요.
2. 비디오를 '마우스 클릭 시' 시작하고 '반복 재생'되도록 설정하세요.
3. 비디오 세이프에 '기본 도형: 타원', 비디오 효과에 '입체 효과: 둥글게'를 적용하세요.

2 1번 문제에 이어서 다음 조건대로 작성해 보세요.

조건
1. 비디오의 페이드 인과 페이드 아웃을 '01.25'로 설정하세요.
2. 비디오의 2초부터 12초까지만 재생될 수 있도록 트리밍하세요.
3. 비디오 스타일을 '강함: 입체 원근감(왼쪽)'으로 설정하세요.

13 SECTION 화면 전환 효과와 자동 실행

슬라이드에서 슬라이드로 넘어갈 때 흐름을 연결하는 전환 효과를 사용할 수 있습니다. 화면 전환 효과의 스타일을 다양하게 적용할 수 있으며 전환 속도도 조절할 수 있습니다. 자동 실행을 설정하면 발표자의 개입 없이 화면이 전환되는 효과가 있으며 전환 시 효과음 삽입이 가능합니다.

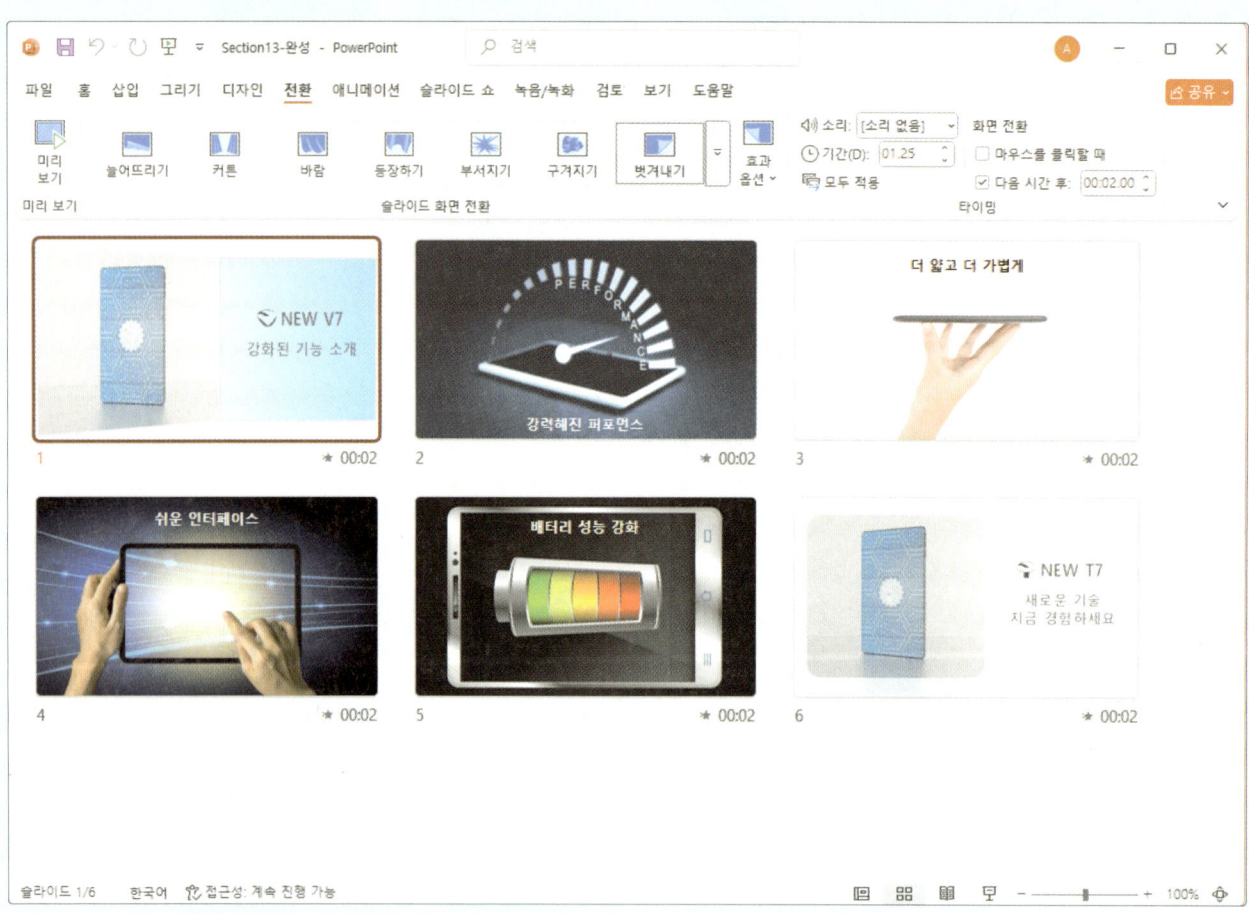

파일명 Section13-완성.pptx

MISSION

실습 1 화면 전환 효과 설정하기

실습 2 화면 전환 효과음 삽입하기

실습 3 자동 실행 설정하기

CHECK POINT

포인트 1 슬라이드를 자연스럽게 전환하는 효과를 삽입해 봅니다.

포인트 2 화면 전환할 때 효과음을 삽입해 봅니다.

포인트 3 자동 실행 타이밍을 설정해 자동으로 화면이 전환되도록 설정해 봅니다.

실습 1 화면 전환 효과 설정하기

1 'Section13.pptx' 파일을 열고 ❶ 1번 슬라이드를 선택한 후 ❷ [전환] 탭의 [슬라이드 화면 전환] 그룹에서 ❸ [화면 전환 효과] 목록을 클릭합니다.

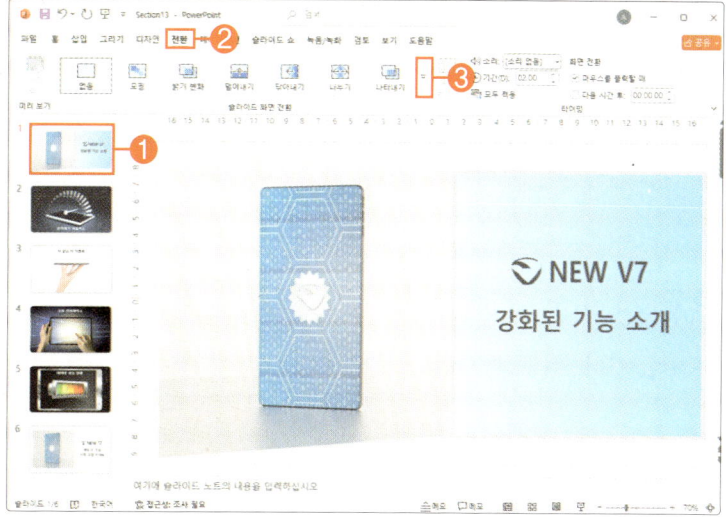

2 [화면 전환 효과] 목록에서 ❶ '화려한 효과: 벗겨내기'를 선택합니다.

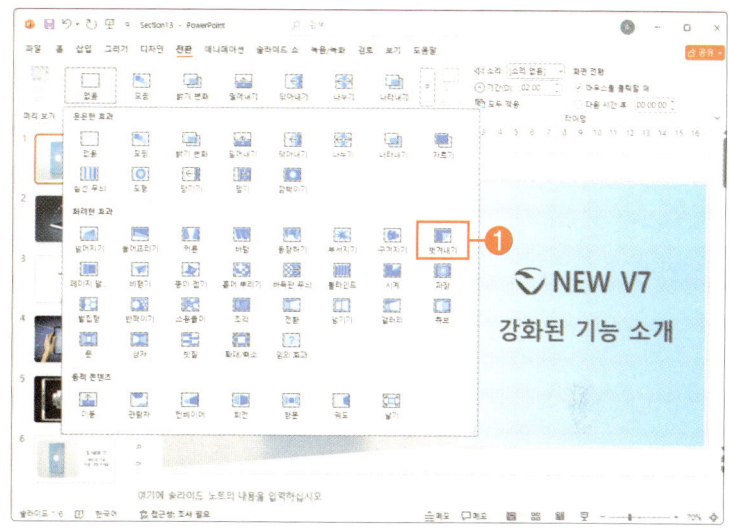

3 바로 이어서 ❶ [효과 옵션]을 클릭한 후 ❷ '오른쪽으로'를 선택합니다.

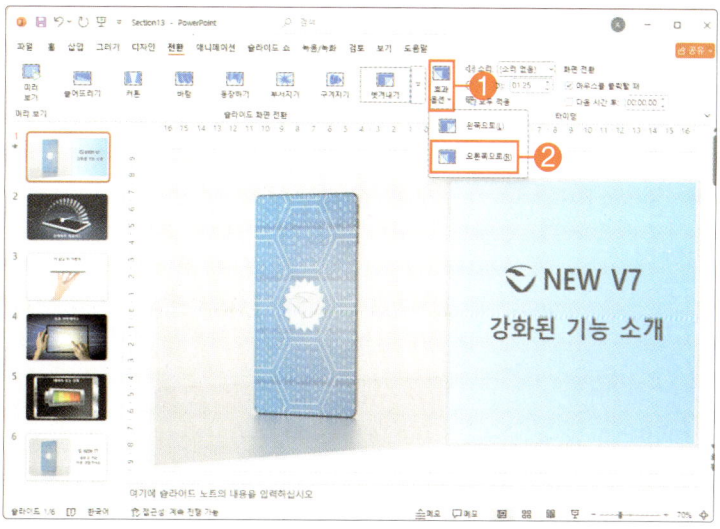

4 왼쪽의 슬라이드 축소창에서 ❶ 2번 슬라이드를 선택한 후 Shift 키를 누른 채 6번 슬라이드를 클릭하여 동시에 선택합니다. ❷ [전환] 탭의 [슬라이드 화면 전환] 그룹에서 [화면 전환 효과] 중 ❸ '화려한 효과: 큐브'를 선택합니다.

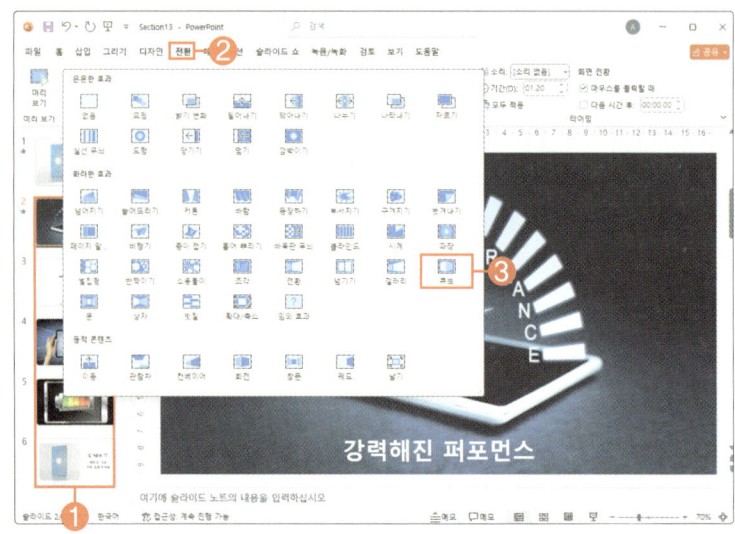

5 전환 효과에 따라 효과 옵션이 달라집니다. 2번 슬라이드부터 6번 슬라이드가 선택된 상태에서 [전환] 탭의 [슬라이드 화면 전환] 그룹에서 ❶ [효과 옵션]의 ❷ '왼쪽에서'를 선택합니다. 2번 슬라이드부터 6번 슬라이드까지 동일한 효과가 적용됩니다.

모든 슬라이드에 같은 전환 효과를 넣으려면 [전환] 탭에서 [타이밍] 그룹의 '모두 적용'을 클릭합니다.

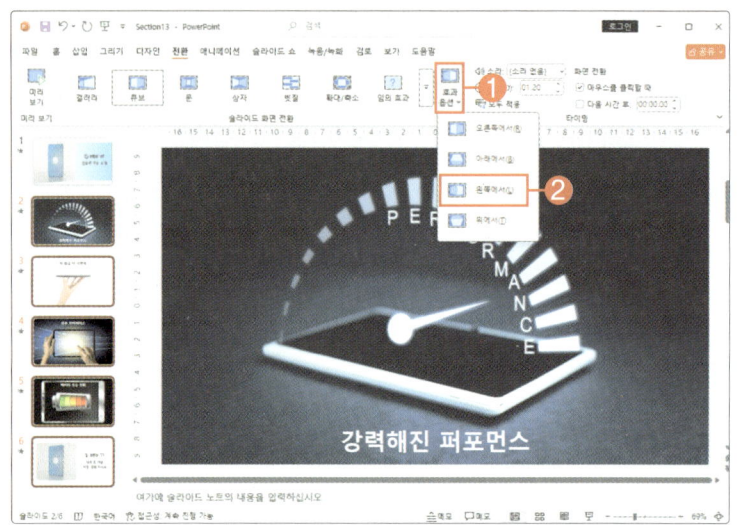

6 이어서 ❶ '기간'을 '01:50'로 설정합니다. 시간이 길수록 전환 속도가 느립니다. 전환 효과가 적용되면 슬라이드 번호 아래에 ★ 이 표시됩니다.

슬라이드에 적용된 전환 효과를 삭제하려면 [전환] 탭에서 [화면 전환 목록]의 '없음'을 선택하면 됩니다.

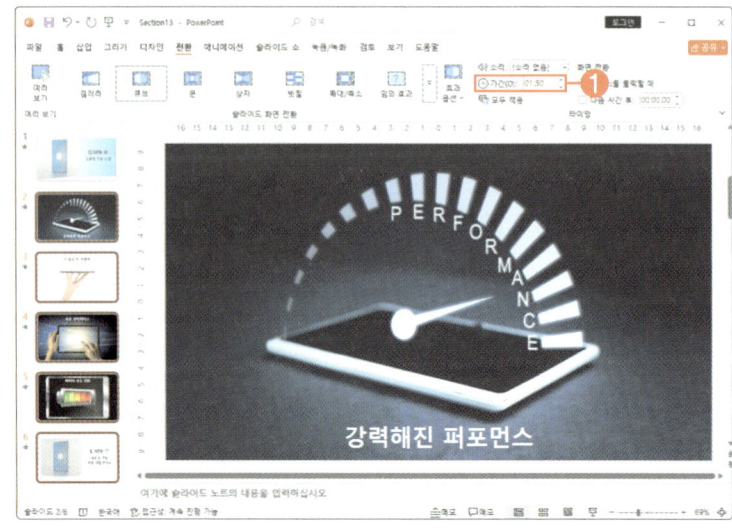

실습 2 화면 전환 효과음 삽입하기

1 ❶ 3번 슬라이드를 선택한 후 ❷ [전환] 탭의 [타이밍] 그룹에서 ❸ [소리]를 눌러 ❹ '바람'을 클릭합니다.

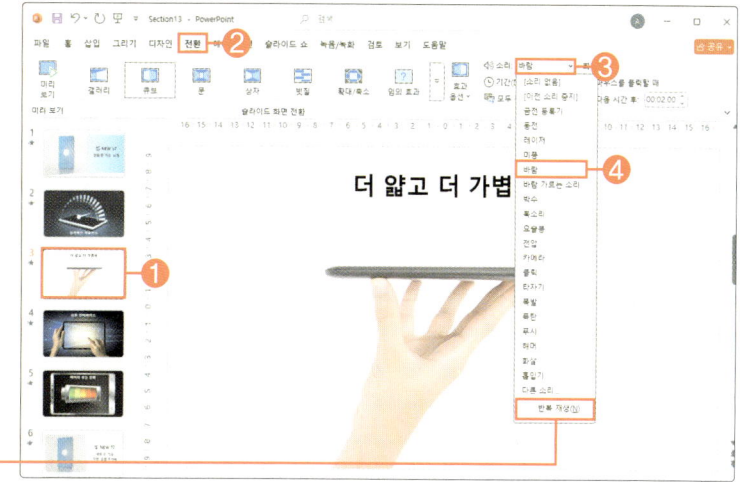

소리를 반복해서 나오게 하려면 '반복 재생'을 체크합니다.

2 ❶ 6번 슬라이드를 선택한 후 이번에는 ❷ [전환] 탭의 [타이밍] 그룹에서 ❸ [소리]를 눌러 ❹ '박수'를 클릭합니다.

다른 소리 사용하기

wav 파일을 불러와 슬라이드 전환 시 함께 재생할 수 있습니다. ❶ [전환] 탭의 [타이밍] 그룹에서 ❷ [소리]를 눌러 ❸ '다른 소리…'를 클릭한 후 [오디오 추가] 대화상자가 열리면 ❹ '트럼펫.wav' 파일을 선택하고 ❺ [확인]을 누릅니다. 소리 목록에 ❻ '트럼펫.wav'가 추가된 것을 확인할 수 있습니다.

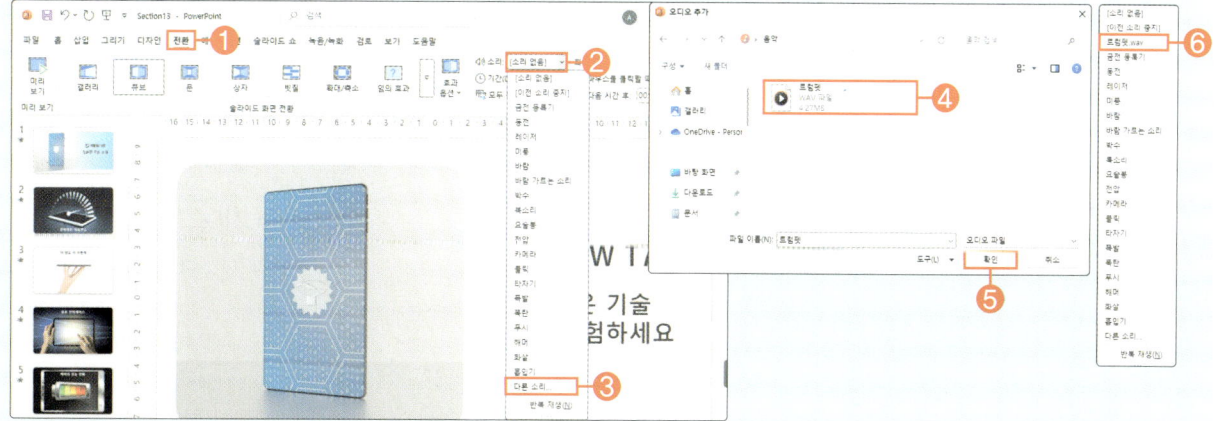

실행 단추에 효과음 삽입하기

슬라이드에 삽입된 실행 단추에 소리를 삽입할 수 있습니다.

❶ [삽입] 탭의 [일러스트레이션] 그룹
에서 ❷ [도형]을 클릭한 후 ❸ '실행 단
추: 홈으로 이동'을 선택합니다.

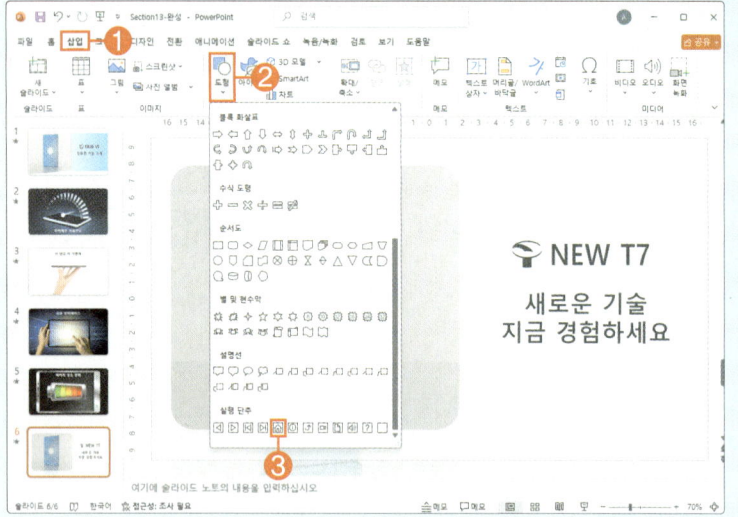

실행 단추를 선택하여 ❶ 슬라이드에
드래그하면 [실행 설정] 대화상자가 열
립니다. ❷ [마우스를 클릭 할 때] 탭에
서 ❸ '하이퍼링크 – 첫째 슬라이드'를
선택합니다. 이어서 ❹ '소리 재생'을 체
크한 후 원하는 소리를 선택한 다음,
❺ [확인]을 누릅니다.

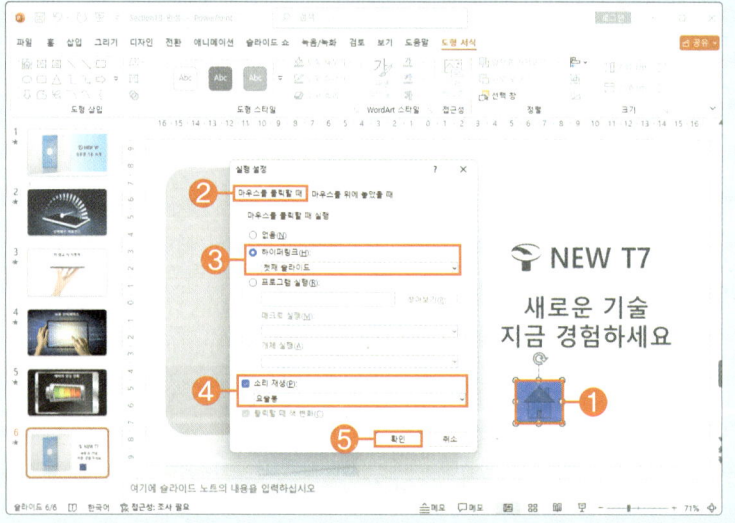

슬라이드 쇼를 실행할 때 ❶ 실행 단추
를 누르면 효과음과 함께 1번 슬라이드
로 이동합니다.

자동 실행 설정하기

1 일정한 시간이 지나면 자동으로 화면이 전환되게 설정할 수 있습니다. ❶ 4번 슬라이드를 선택하고 ❷ [전환] 탭의 [타이밍] 그룹에서 ❸ '마우스를 클릭할 때' 체크를 해제합니다. ❹ '다음 시간 후'를 체크하고 시간은 '2초'로 설정합니다.

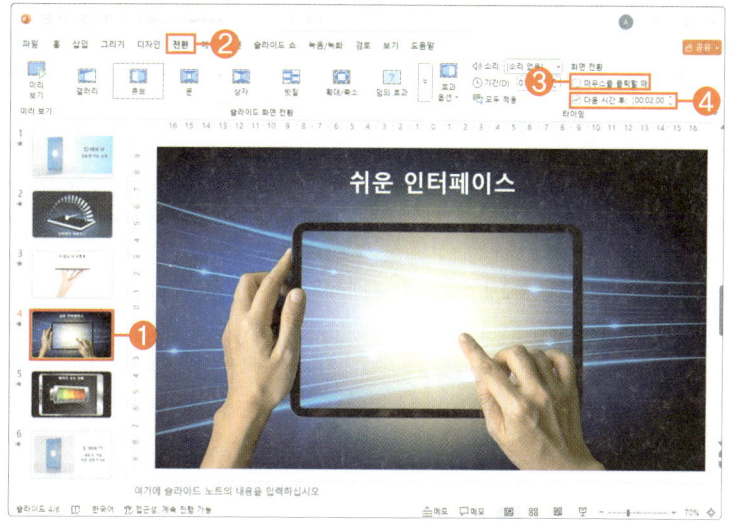

2 모든 슬라이드에 똑같이 적용하려면 [타이밍] 그룹의 ❶ '모두 적용'을 클릭합니다. 단, '모두 적용'을 클릭하면 1번 슬라이드의 전환 효과도 변경이 되므로 기존의 '화려한 효과: 벗겨내기' 효과를 그대로 두려면 슬라이드 1을 재설정해 주어야 합니다.

TIP 처음부터 슬라이드 쇼 실행 F5
현재 슬라이드부터 쇼 실행 Shift + F5

3 화면 아래쪽의 ❶ [슬라이드 쇼]를 클릭하여 화면 전환 결과를 확인합니다. 마우스를 클릭하지 않아도 지정된 시간이 지나면 자동으로 화면이 전환됩니다.

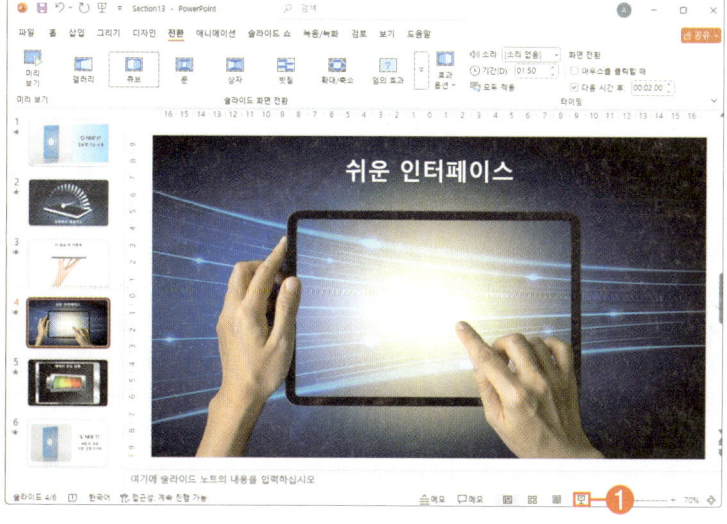

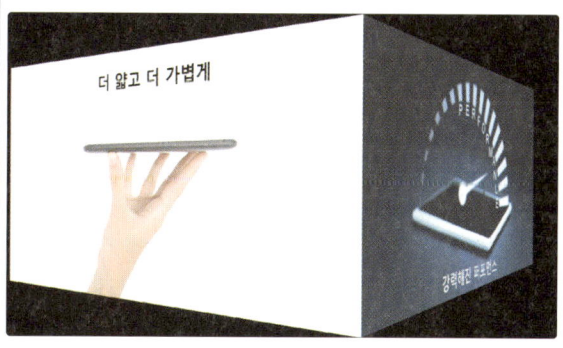

1 'Section13-기초-준비.pptx' 문서를 열고 다음 조건대로 작성해 보세요.

조건

❶ 3번과 5번 슬라이드에 '화려한 효과: 흩어 뿌리기' 전환 효과를 설정하세요.

❷ 슬라이드 실행 기간을 '0.75'로 설정하세요.

2 1번 문제에 이어서 다음 조건대로 작성해 보세요.

조건

❶ 1번, 2번, 4번 슬라이드에 '은은한 효과: 밀어내기' 전환 효과를 설정하세요.

❷ '효과 옵션: 왼쪽에서'를 설정하세요.

❸ '슬라이드 쇼' 보기로 확인하세요.

1 'Section13−심화−준비.pptx' 문서를 열고 다음 조건대로 작성해 보세요.

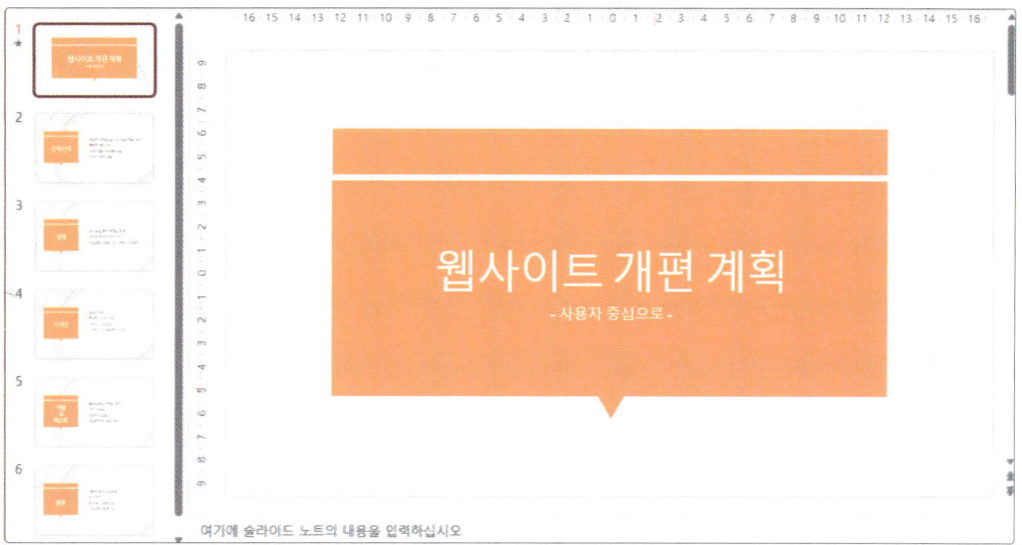

조건

❶ 1번 슬라이드에 '화려한 효과: 시계' 전환 효과를 설정하세요.

❷ '효과 옵션: V자형'을 설정하세요.

❸ '슬라이드 쇼' 보기로 확인하세요.

2 1번 문제에 이어서 다음 조건대로 작성해 보세요.

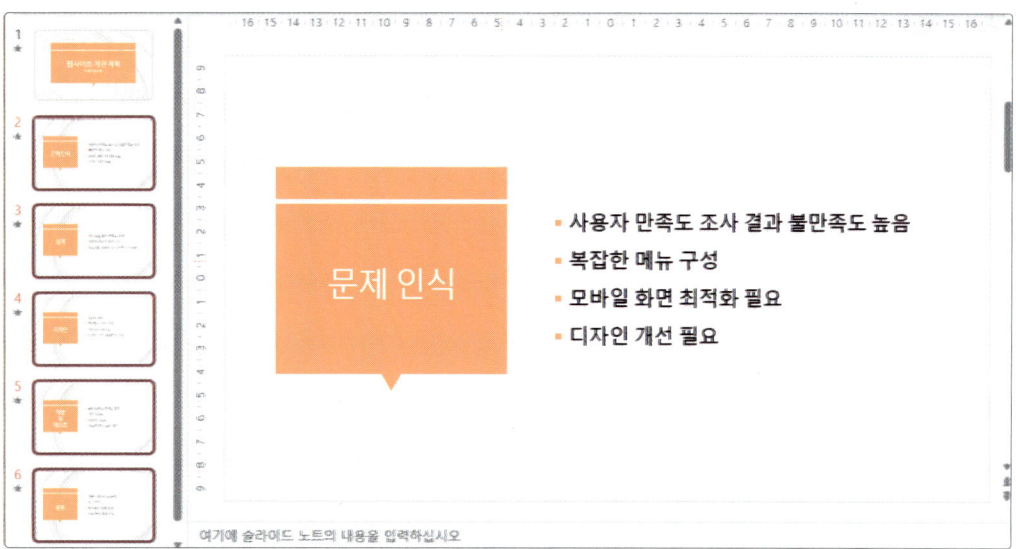

조건

❶ 2번부터 6번슬라이드까지 '동적 컨텐츠: 궤도' 전환 효과를 설정하세요.

❷ '효과 옵션: 오른쪽에서'를 설정하세요.

❸ 화면 전환할 때 '바람' 소리를 삽입하세요.

❹ 슬라이드를 자동으로 화면 전환하고 시간을 '02:00'로 설정하세요.

14 SECTION 애니메이션 슬라이드 작성하기

애니메이션 효과는 슬라이드에 움직이는 효과를 주는 기능입니다. 텍스트나 이미지가 나타나거나 사라지게 할 때, 시각적으로 강조할 때 효과적입니다. 순차적으로 내용을 나타낼 때도 많이 사용합니다. 사용자가 원하는 대로 나타내기, 강조, 끝내기 등의 애니메이션을 적용하여 슬라이드를 구성할 수 있습니다.

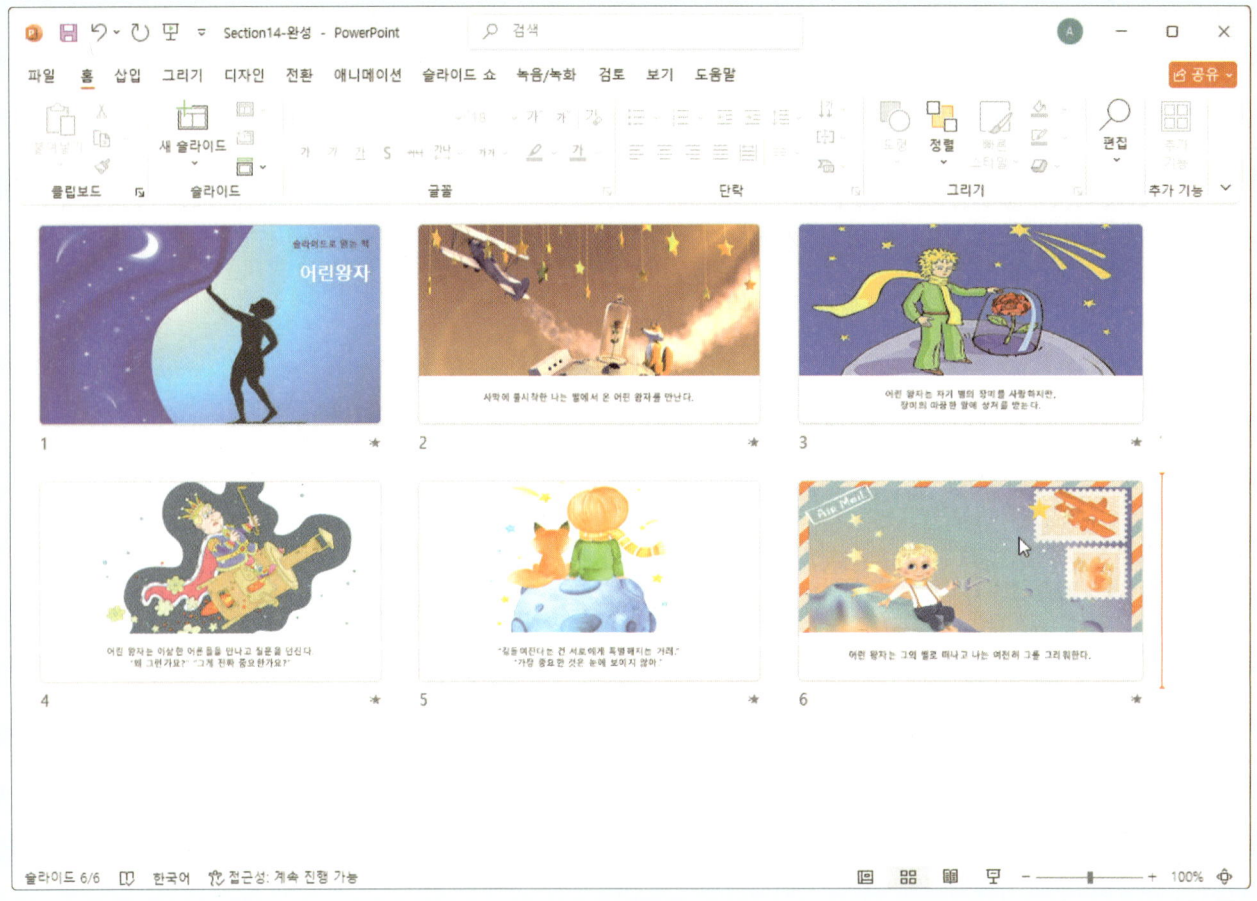

파일명 Section14-완성.pptx

CHECK POINT

포인트 1 애니메이션 효과를 삽입하고 타이밍을 설정해 봅니다.

포인트 2 애니메이션을 복사하고 강조 애니메이션을 설정해 봅니다.

포인트 3 사용자가 원하는 경로로 움직이는 애니메이션을 설정해 봅니다.

애니메이션 효과와 타이밍 옵션

1 'Section14.pptx' 파일을 열고 1번 슬라이드에 삽입된 ❶ 이미지를 클릭한 후 ❷ [애니메이션] 탭의 [애니메이션] 그룹에서 ❸ [애니메이션 스타일] 목록을 클릭합니다.

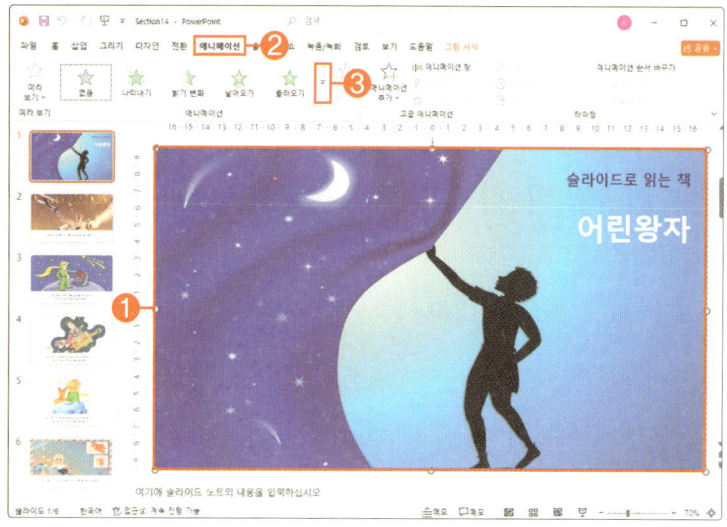

2 [애니메이션 스타일] 목록이 열리면 ❶ '나타내기: 실선 무늬'를 선택합니다.

> **TIP** 발표 대상에 따라 애니메이션 스타일을 선택합니다. 어린이가 청중일 때는 화려한 애니메이션, 전문가가 청중일 때는 간결한 애니메이션이 더 효과적일 수 있습니다.

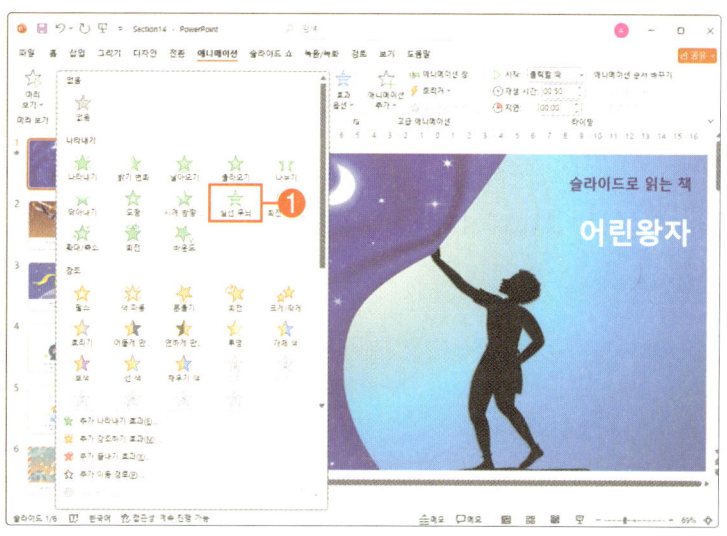

3 이어서 ❶ [효과 옵션]을 클릭한 후 ❷ '세로'를 선택합니다.

> **TIP** 애니메이션의 스타일에 따라 '효과 옵션'의 종류가 달라집니다. [미리 보기]를 클릭하여 적용한 애니메이션을 확인합니다.

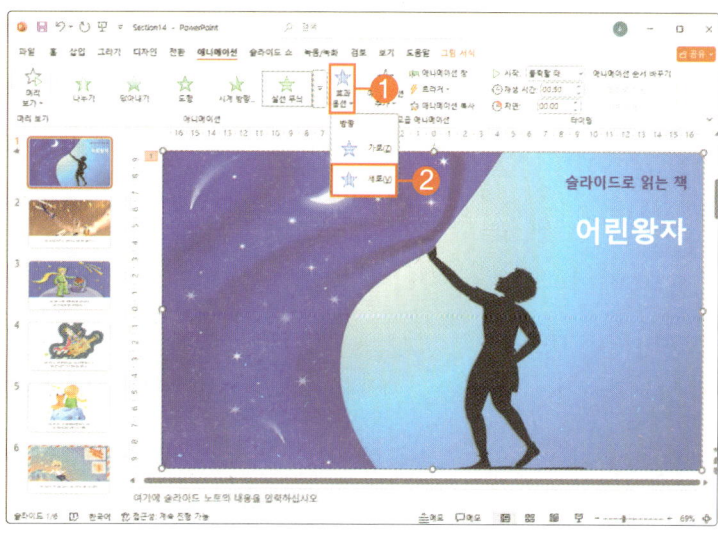

4   2번 슬라이드의 **①** 이미지를 클릭한 후 **②** [애니메이션] 탭의 [애니메이션] 그룹에서 **③** [애니메이션 스타일]의 '나타내기: 닦아내기'를 선택합니다.

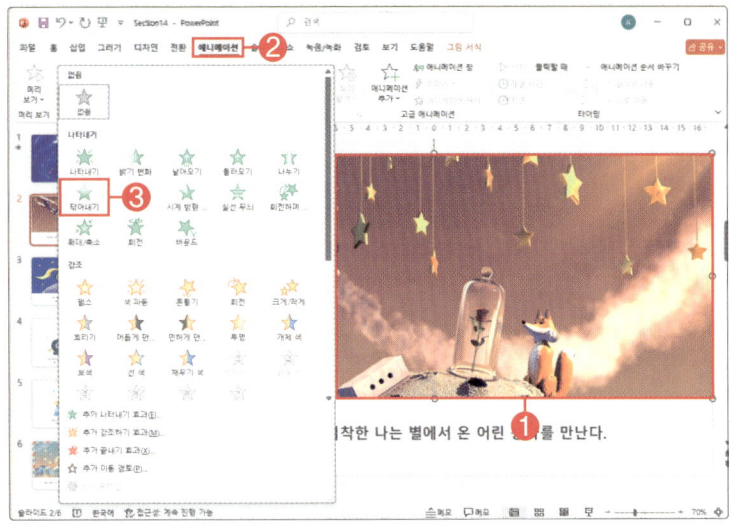

5   **①** [효과 옵션]을 클릭한 후 **②** '위에서'를 선택합니다. 애니메이션이 재생되는 시간을 설정하기 위해 [타이밍] 그룹에서 **③** '재생 시간: 02.00'으로 설정합니다.

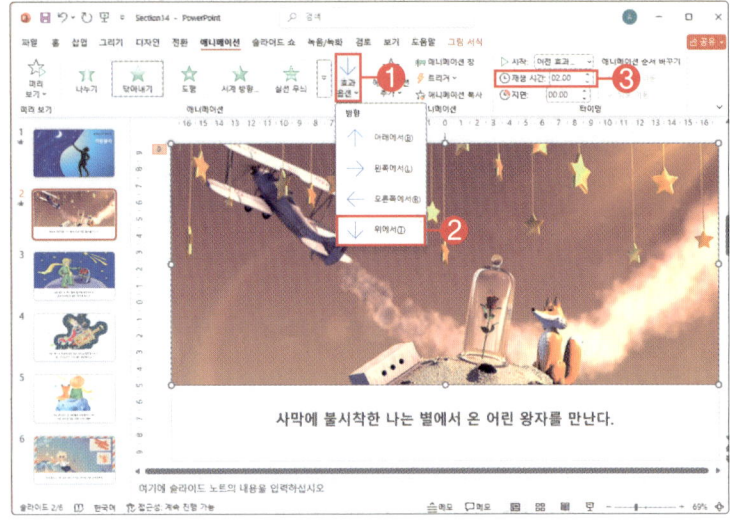

> **TIP** 재생 시간이 길수록 애니메이션 재생 속도가 느려집니다.

6   **①** 텍스트 상자를 클릭한 후 **②** [애니메이션] 탭의 [애니메이션] 그룹에서 **③** [애니메이션 스타일]의 '나타내기: 닦아내기'를 선택합니다. [타이밍] 그룹에서 **④** '시작: 이전 효과 다음에'를 선택하여 이미지에 적용된 애니메이션이 끝나면 자동으로 실행되도록 합니다.

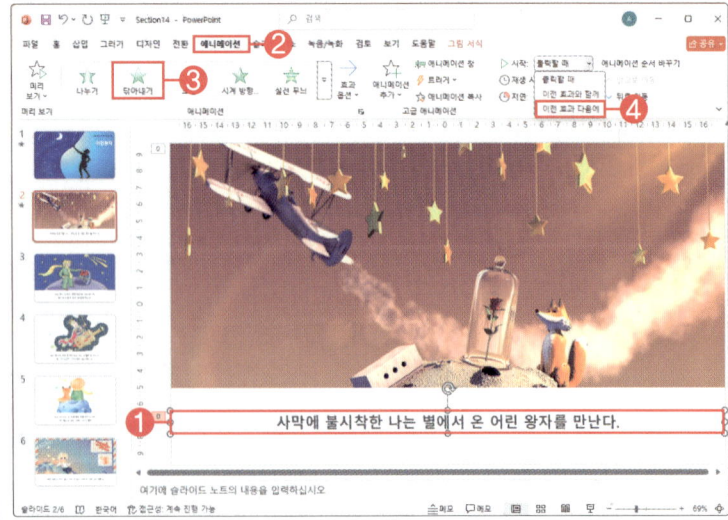

> **TIP** '이전 효과와 함께'를 선택하면 이미지에 적용한 애니메이션과 동시에 재생됩니다.

7 3번 슬라이드의 ❶ 이미지를 클릭한 후 [애니메이션] 탭의 [애니메이션] 그룹에서 [애니메이션 스타일]의 ❷ '나타내기: 밝기 변화'를 선택합니다. [타이밍] 그룹에서 ❸ '재생 시간: 02.00'로 설정합니다.

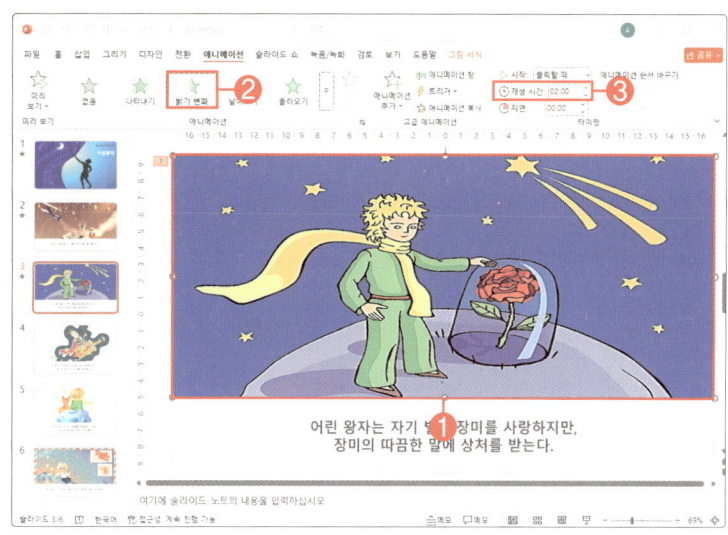

8 ❶ 텍스트 상자를 클릭한 후 ❷ [애니메이션] 탭의 [애니메이션] 그룹에서 [애니메이션 스타일]의 ❸ '나타내기: 밝기 변화'를 선택합니다. [타이밍] 그룹에서 ❹ '시작: 이전 효과 다음에'를 선택하고 '지연 시간: 01.00'으로 설정합니다. 이미지에 설정한 애니메이션이 끝나고 '1초' 후에 텍스트 상자의 애니메이션이 시작됩니다.

지연 시간 해당 애니메이션이 시작할 때의 지연 시간을 의미합니다.

9 ❶ [애니메이션] 탭의 [고급 애니메이션] 그룹에서 ❷ [애니메이션 창]을 클릭하면 오른쪽에 창이 열립니다. [애니메이션 창]에서 ❸ '모두 재생'을 클릭하면 설정한 애니메이션이 차례대로 실행됩니다.

1 3번 슬라이드에 적용한 애니메이션을 복사하여 4번 슬라이드부터 6번 슬라이드까지 적용해 봅니다. 애니메이션을 복사하기 위해 ❶ 이미지를 선택한 후 ❷ [애니메이션] 탭의 [고급 애니메이션] 그룹에서 ❸ '애니메이션 복사'를 더블클릭합니다.

> TIP '애니메이션 복사'를 한 번만 적용하려면 한 번 클릭, 여러 번 적용하려면 더블클릭합니다.

2 ❶ 4번 슬라이드를 선택한 후 마우스 커서 모양이 ⬚인 상태에서 ❷ 이미지를 클릭합니다. 복사된 애니메이션이 바로 적용됩니다.

3 같은 방법으로 5번 슬라이드와 6번 슬라이드에도 적용합니다. 복사하기를 마치려면 Esc 키를 누릅니다. ❶ 3번 슬라이드의 텍스트 상자에 적용한 애니메이션을 4번부터 6번 슬라이드의 텍스트 상자에도 복사해서 적용해 봅니다.

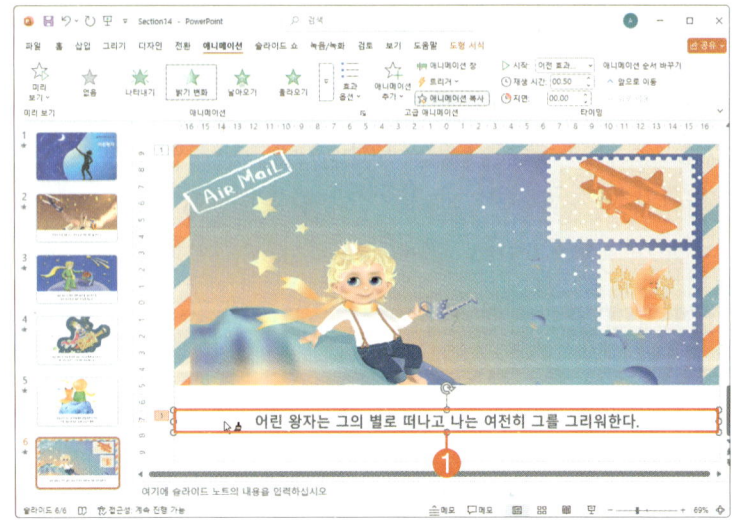

4 슬라이드의 텍스트를 강조하기 위해 5번 슬라이드의 ❶ 텍스트 상자를 클릭합니다. ❷ [애니메이션] 탭의 [애니메이션] 그룹에서 ❸ [추가 효과 옵션 표시]를 클릭합니다.

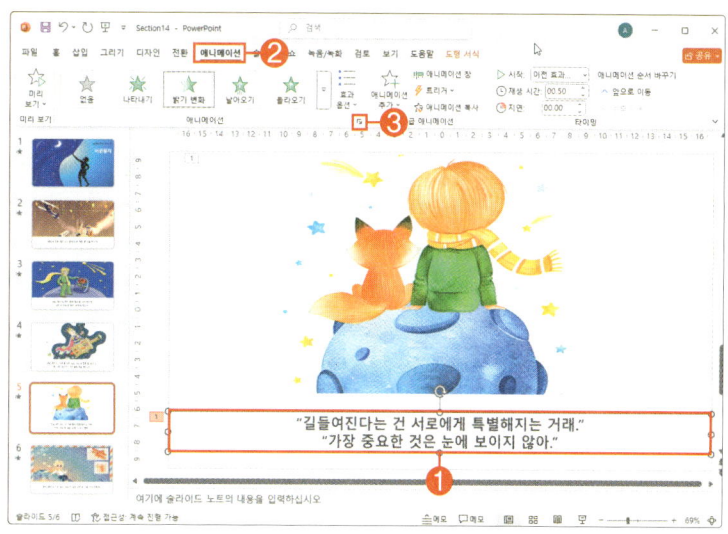

5 [밝기 변화] 대화상자가 열리면 ❶ [효과] 탭에서 ❷ '텍스트 애니메이션: 문자 단위로'를 선택하고 ❸ '30% 문자 사이 지연'으로 설정한 후 ❹ [확인]을 클릭합니다.

TIP 애니메이션의 종류에 따라 추가로 지정할 수 있는 옵션의 대화상자도 달라집니다.

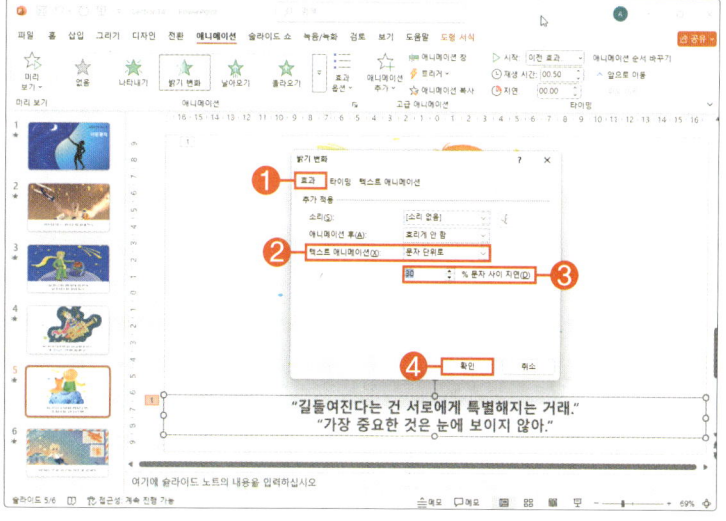

6 ❶ [미리 보기]를 클릭하여 설정된 애니메이션을 확인합니다.

실습3 · 경로 지정 애니메이션

1 ❶ 여섯 번째 슬라이드를 선택한 후 ❷ [삽입] 탭의 [일러스트레이션] 그룹에서 ❸ [도형]의 ❹ '별 및 현수막 – 별: 꼭짓점 5개'를 클릭합니다.

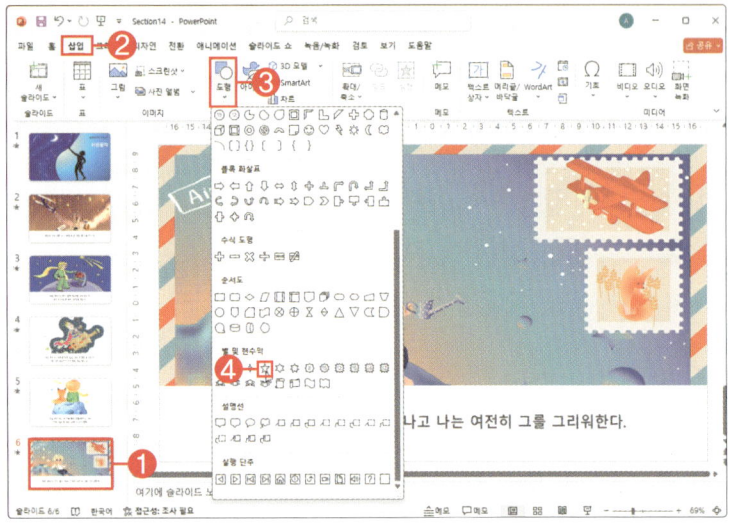

2 ❶ 다음과 같이 오른쪽 위쪽에 마우스를 드래그하여 별을 그린 후 별이 선택된 상태에서 ❷ [도형 서식] 탭의 [도형 스타일] 그룹에서 ❸ [빠른 스타일] 목록을 선택한 후 ❹ '강한 효과 – 황금색, 강조 4'를 클릭합니다.

3 별이 선택된 상태에서 ❶ [애니메이션] 탭의 [애니메이션] 그룹에서 [애니메이션 스타일]의 ❷ '나타내기: 밝기 변화'를 선택하고 [타이밍] 그룹에서 ❸ '시작: 클릭할 때', '재생 시간: 03.00'으로 설정합니다.

4 별이 사용자가 지정한 경로를 따라 움직이게 만들어 봅니다. 별이 선택된 상태에서 ❶ [애니메이션] 탭의 [애니메이션] 그룹에서 ❷ [애니메이션 스타일] 목록을 클릭한 후 ❸ '이동 경로: 사용자 지정 경로'를 선택합니다.

5 마우스 포인터가 십자(+) 모양으로 바뀌면 다음과 같이 ❶ 포물선 모양으로 드래그하여 그린 후 더블클릭하거나 Esc 키를 누릅니다.

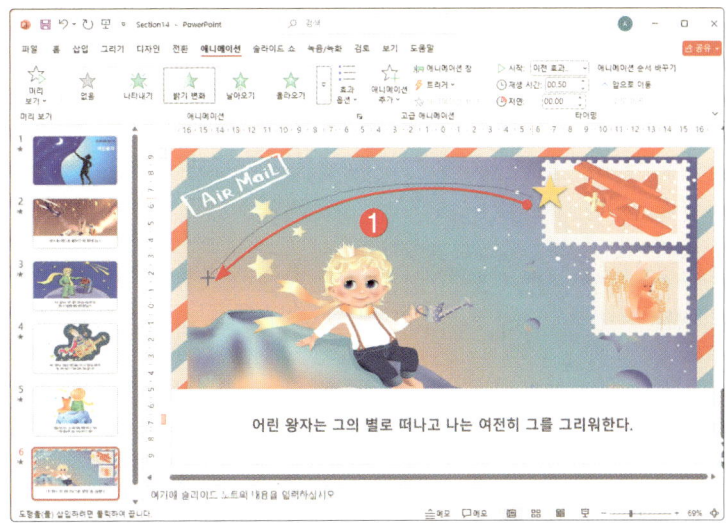

6 '사용자 지정 경로' 애니메이션을 설정하면 해당 슬라이드에 ❶ 시작점은 '초록 화살표(▼)', ❷ 끝점은 '빨강 화살표(▼)'로 표시됩니다. 이 화살표를 드래그하여 경로를 수정할 수 있습니다.

1 'Section14-기초-준비.pptx' 문서를 열고 다음 순서대로 작성해 보세요.

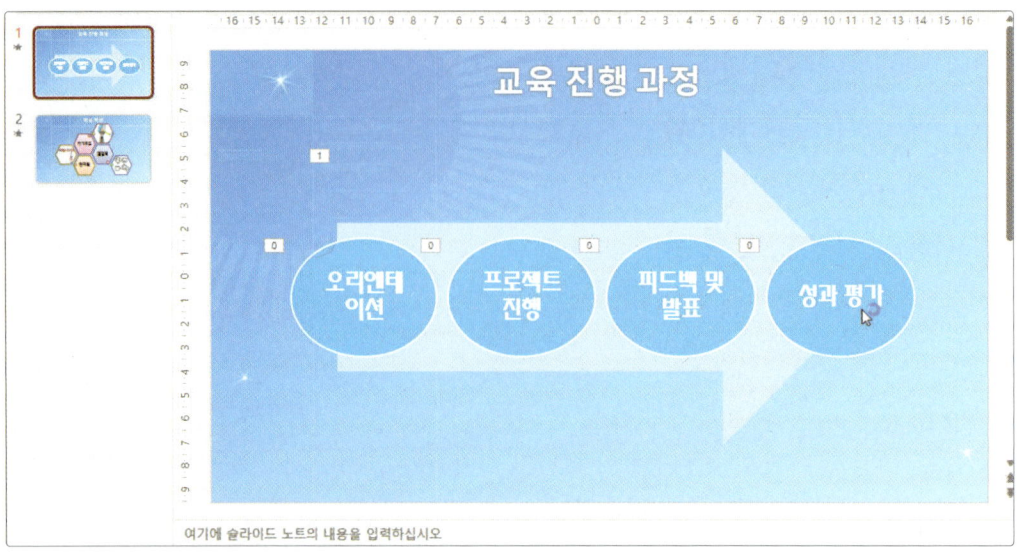

조건

❶ 1번 슬라이드의 첫 번째 원에 다음 애니메이션을 설정하세요.

• 나타내기 올라오기　• 효과 옵션 서서히 위로　• 시작 이전 효과 다음에　• 재생 시간 01.50

❷ 첫 번째 원의 애니메이션을 복사하여 나머지 원에 모두 적용하세요.

❸ 화살표에 다음 애니메이션을 설정하세요.

• 나타내기 날아오기　• 효과 옵션 왼쪽에서　• 시작 이전 효과 다음에

2 1번 문제에 이어서 다음 조건대로 작성해 보세요.

조건

❶ 그림이 삽입된 육각형 도형을 모두 선택한 후 다음 애니메이션을 설정하세요.

• 나타내기 도형　• 시작 이전 효과와 함께

❷ 텍스트가 삽입된 육각형 도형을 모두 선택한 후 다음 애니메이션을 설정하세요.

• 나타내기 바운드　• 시작 이전 효과 다음에　• 재생 시간 02.00

1 'Section14−심화−준비.pptx' 문서를 열고 다음 조건대로 작성해 보세요.

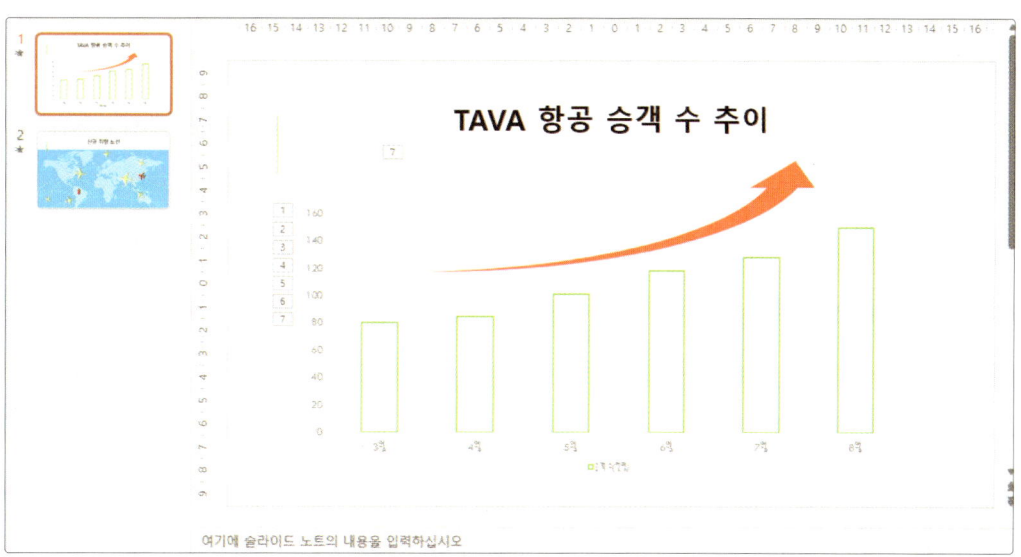

조건 ❶ 1번 슬라이드의 차트에 다음 애니메이션을 설정하세요.

· **나타내기** 닦아내기　· **효과 옵션** 아래에서, 항목별로　· **시작** 이전 효과 다음에

❷ 화살표 도형에 애니메이션을 설정하세요.

· **나타내기** 닦아내기　· **효과 옵션** 왼쪽에서　· **시작** 이전 효과 다음에　· **재생 시간** 03.00

2 1번 문제에 이어서 다음 조건대로 작성해 보세요.

조건 ❶ 2번 슬라이드의 전구 모양(💡)의 도형에 다음 애니메이션을 설정하세요.

· **강조** 크게/작게　· **시작** 클릭할 때

❷ 빨간색 비행기가 전구 모양의 지점에 도달하도록 다음 애니메이션을 설정하세요.

· **애니메이션** 사용자 지정 경로　· **시작** 이전 효과와 함께　· **재생 시간** 05.00

15

SECTION

하이퍼링크 활용하기

하이퍼링크는 다른 위치로 빠르게 연결해 주는 기능입니다. 하이퍼링크를 설정하면 한 슬라이드에서 다른 슬라이드로 빠르게 이동할 수 있고, 다른 문서나 웹 사이트로 연결하여 편리하게 자료를 보충할 수 있습니다. 텍스트, 도형, 그림뿐만 아니라 실행 단추에 하이퍼링크를 추가할 수 있습니다.

파일명 Section15-완성.pptx

MISSION

실습 1 텍스트를 이용한 하이퍼링크 설정

실습 2 이미지를 이용한 하이퍼링크 설정

실습 3 실행 단추를 이용한 하이퍼링크 설정

CHECK POINT

포인트 1 텍스트에 하이퍼 링크를 연결하여 특정 슬라이드로 이동해 봅니다.

포인트 2 그림에 하이퍼링크를 연결하여 특정 웹사이트로 이동해 봅니다.

포인트 3 실행 단추를 이용하여 슬라이드 간 이동을 설정해 봅니다.

텍스트를 이용한 하이퍼링크 설정

1 'Section15.pptx' 파일을 열고 2번 슬라이드에서 목차를 클릭하면 각각 연결된 슬라이드로 이동하는 하이퍼링크를 만듭니다. ❶ '독일 – 옥토버페스트'를 드래그하여 블록 지정한 후 ❷ [삽입] 탭의 [링크] 그룹에서 ❸ [링크]를 클릭합니다.

> **TIP** 텍스트를 블록 지정한 후 마우스 오른쪽 버튼을 눌러 [빠른 메뉴]에서 [하이퍼링크]를 클릭해도 됩니다.

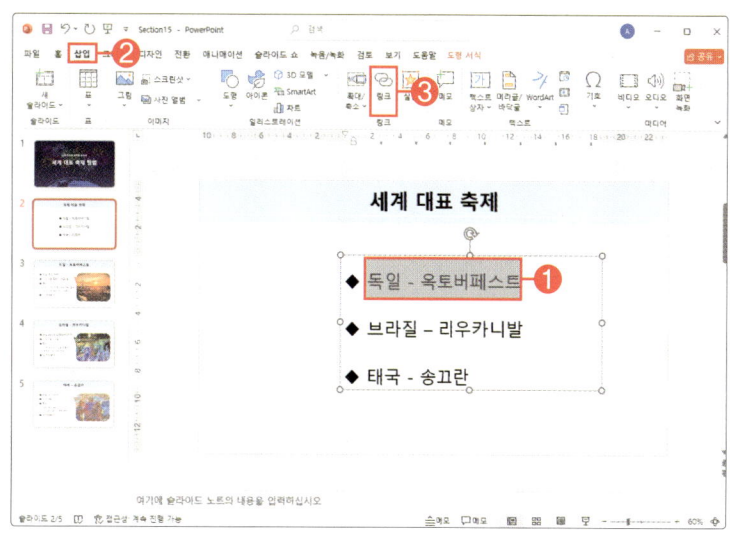

2 [하이퍼링크 삽입] 대화상자가 열리면 ❶ '현재 문서'의 ❷ '3. 독일 – 옥토버페스트'를 선택한 후 ❸ [확인]을 클릭합니다.

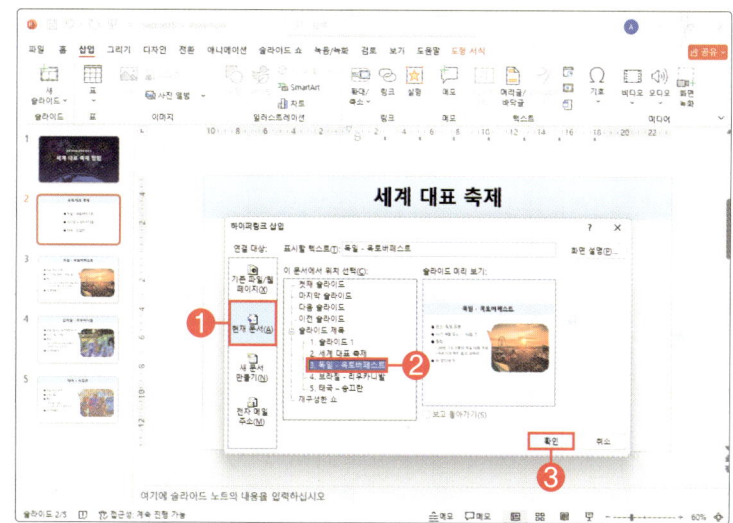

3 ❶ 하이퍼링크가 추가된 텍스트는 파란색 밑줄이 표시됩니다. 하이퍼링크를 설정하고 슬라이드 쇼를 실행하면 텍스트 위로 마우스를 갖다 대었을 때 손 모양이 나타나는데 이를 클릭하면 '3. 독일 – 옥토버페스트' 슬라이드로 이동합니다.

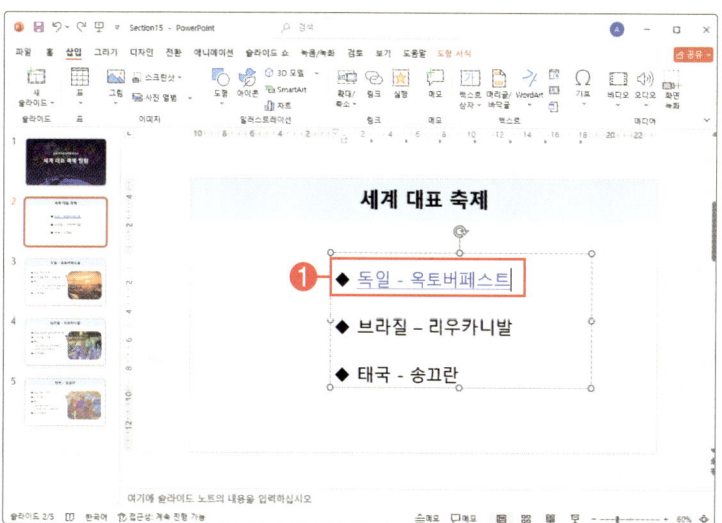

4 ❶ 두 번째 목차인 '브라질 – 리우카니발'을 드래그하여 블록 지정한 후 ❷ [삽입] 탭의 [링크] 그룹에서 ❸ [링크]를 클릭합니다. [하이퍼링크 삽입] 대화상자가 열리면 ❹ '현재 문서'의 ❺ '4. 브라질 – 리우카니발'을 선택한 후 ❻ [확인]을 클릭합니다.

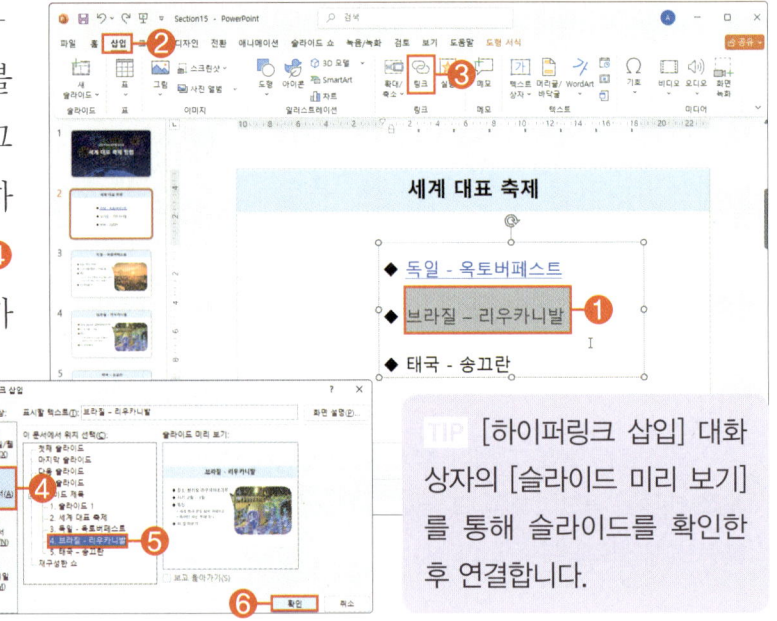

> **TIP** [하이퍼링크 삽입] 대화상자의 [슬라이드 미리 보기]를 통해 슬라이드를 확인한 후 연결합니다.

5 ❶ 세 번째 목차인 '태국 – 송끄란'에도 같은 방법으로 드래그하여 블록 지정한 후 ❷ [삽입] 탭의 [링크] 그룹에서 ❸ [링크]를 클릭합니다. [하이퍼링크 삽입] 대화상자가 열리면 ❹ '현재 문서'의 ❺ '5. 태국 – 송끄란'을 선택한 후 ❻ [확인]을 클릭합니다.

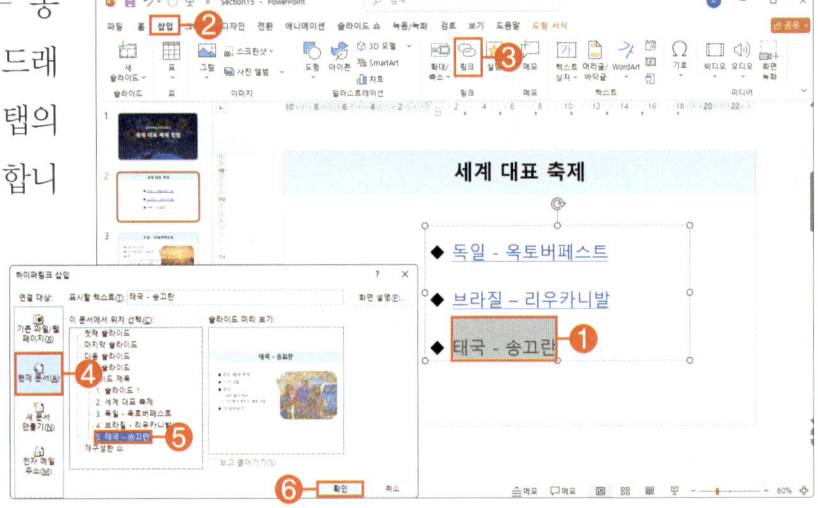

6 하이퍼링크가 잘못 연결되었을 때는 '링크 편집'을 이용해 수정 가능합니다. 하이퍼링크가 연결된 텍스트 위에서 ❶ 마우스 오른쪽 버튼을 누른 후 [빠른 메뉴]에서 ❷ '링크 편집'을 클릭합니다. [하이퍼링크 편집] 대화상자에서 링크를 수정하거나 제거할 수 있습니다.

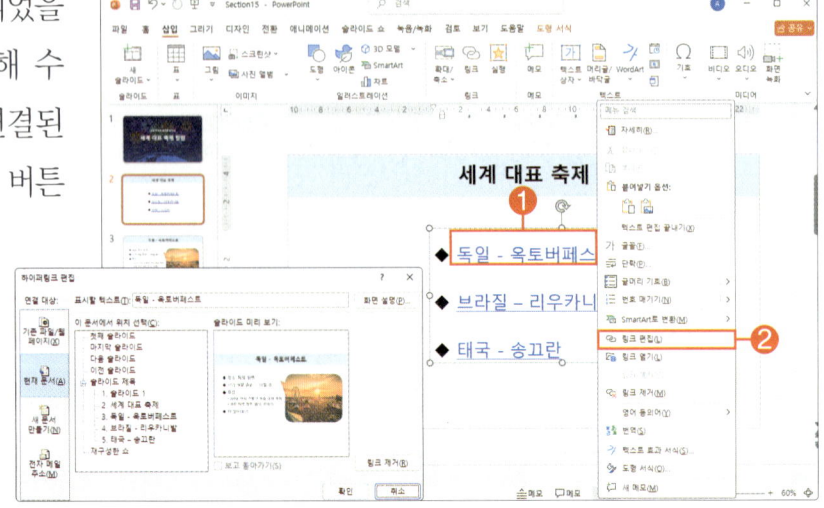

144

이미지를 이용한 하이퍼링크 설정

1 이미지에 하이퍼링크를 삽입하기 위해 3번 슬라이드의 ❶ 이미지를 선택한 후 ❷ [삽입] 탭의 [링크] 그룹에서 ❸ [링크]를 클릭합니다. [하이퍼링크 삽입] 대화상자가 열리면 ❹ '기존 파일/웹 페이지'를 클릭하고 '주소' 입력란에 ❺ "https://www.oktoberfest.de/"를 입력한 후 ❻ [확인]을 클릭합니다.

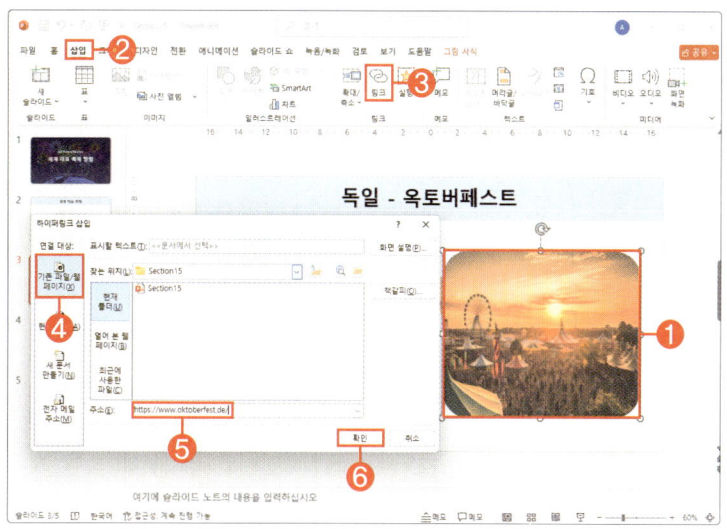

2 슬라이드 쇼를 실행하지 않고 하이퍼링크를 열 수 있습니다. 이미지 위에서 ❶ 마우스 오른쪽 버튼을 누른 후 [빠른 메뉴]에서 ❷ '링크 열기'를 클릭합니다. 새 창이 뜨면서 웹 사이트가 열립니다.

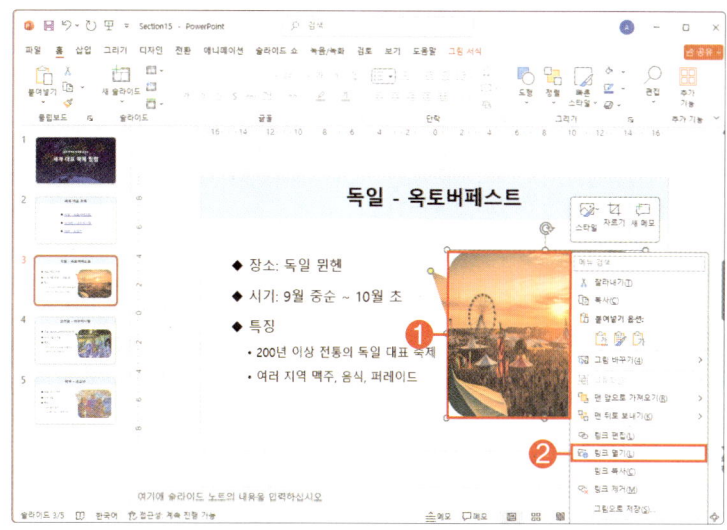

3 4번 슬라이드의 ❶ 이미지를 선택한 후 ❷ [삽입] 탭의 [링크] 그룹에서 ❸ [링크]를 클릭합니다. [하이퍼링크 삽입] 대화상자가 열리면 ❹ '기존 파일/웹 페이지'를 클릭하고 '주소' 입력란에 ❺ "https://visitbrasil.com/"을 입력한 후 ❻ [확인]을 누릅니다.

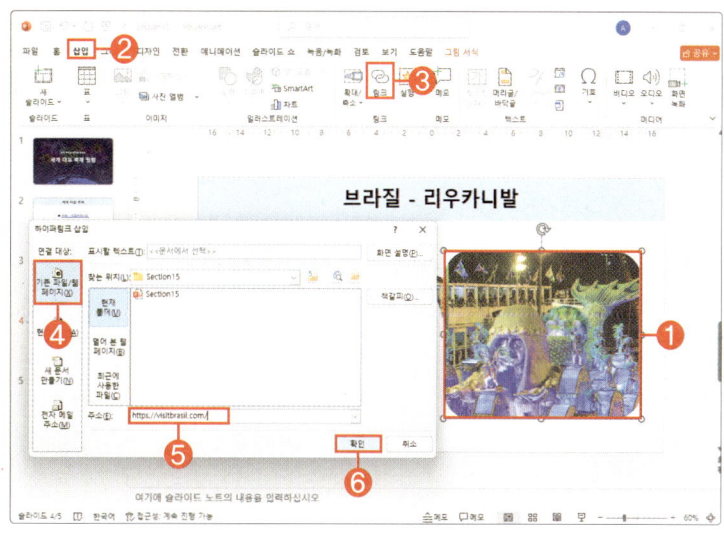

4 같은 방법으로 5번 슬라이드의 ❶ 이미지를 선택한 후 ❷ [삽입] 탭의 [링크] 그룹에서 ❸ [링크]를 클릭합니다. [하이퍼링크 삽입] 대화상자가 열리면 ❹ '기존 파일/웹 페이지'를 클릭하고 '주소' 입력란에 ❺ "https://www.visitthailand.or.kr/"을 입력한 후 ❻ [확인]을 누릅니다.

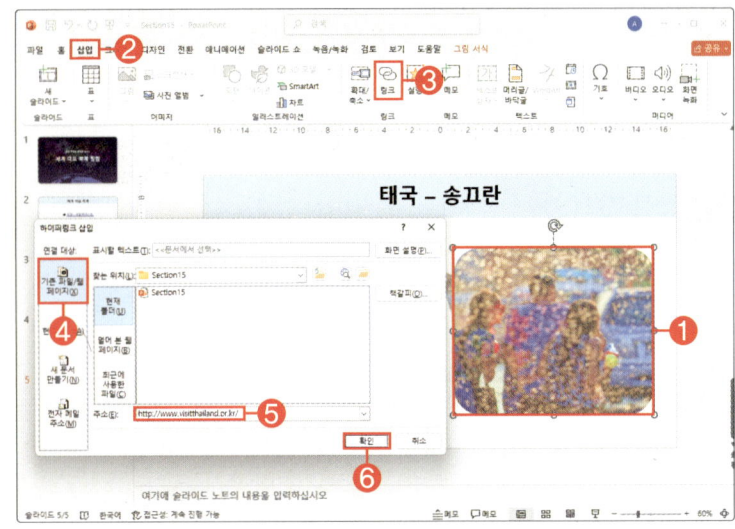

5 이미지에 삽입된 하이퍼링크를 편집, 삭제, 복사할 수 있습니다. 이미지 위에서 ❶ 마우스 오른쪽 버튼을 누른 후 [빠른 메뉴]에서 ❷ 하이퍼링크 관련 메뉴를 클릭합니다.

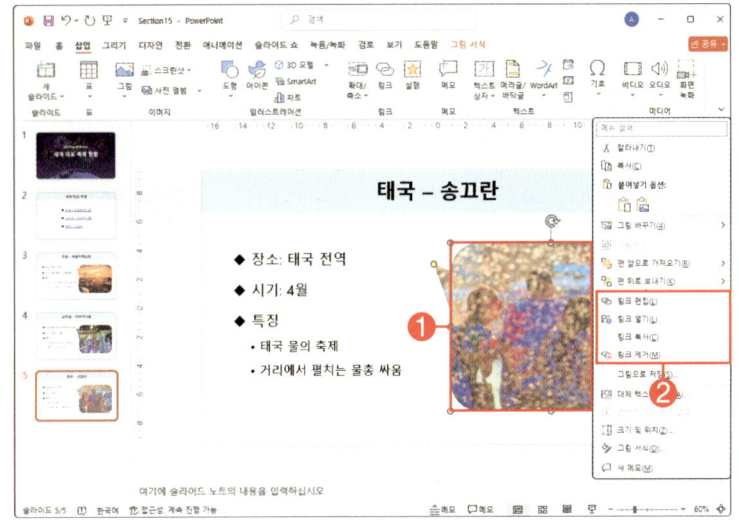

LEARN MORE

'실행'을 이용한 링크 삽입

개체에 링크를 삽입할 때 '실행'을 이용하면 편리합니다.

❶ [삽입] 탭의 [링크] 그룹에서 ❷ [실행]을 클릭한 후 [실행 설정] 대화상자에서 ❸ '하이퍼링크'를 눌러 연결을 설정할 수 있습니다. 또한 마우스를 클릭하지 않고 '마우스를 위에 놓았을 때' 하이퍼링크로 연결할 수도 있습니다.

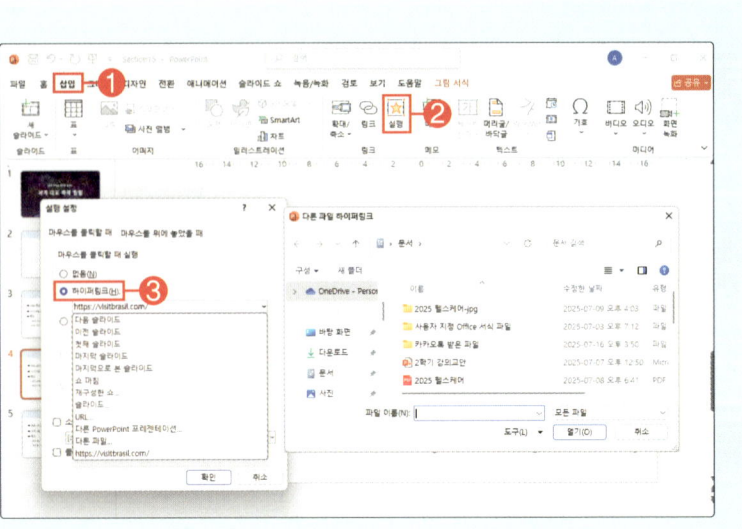

실행 단추를 이용한 하이퍼링크 설정

1 각 슬라이드에서 목차가 있는 2번 슬라이드로 이동하기 위한 하이퍼링크를 만들어 봅니다. 먼저 ❶ 3번 슬라이드를 선택합니다. ❷ [삽입] 탭의 [일러스트레이션] 그룹에서 ❸ [도형]을 클릭한 후 ❹ '실행 단추 – 실행 단추: 돌아가기(↩)'를 선택합니다.

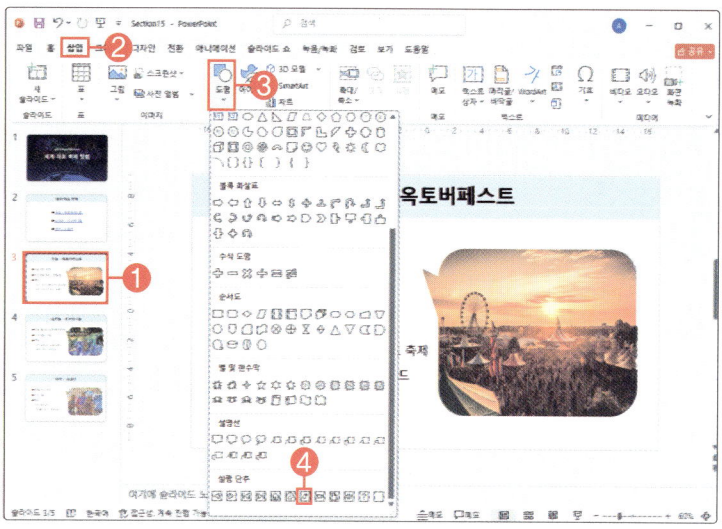

2 슬라이드에 ❶ 드래그하여 '돌아가기' 도형을 그리면 [실행 설정] 대화상자가 열립니다. ❷ '하이퍼링크'의 목록에서 ❸ '슬라이드'를 클릭합니다. [슬라이드 하이퍼링크] 대화상자가 열리면 ❹ '2. 세계 대표 축제'를 선택하고 ❺ [확인]을 클릭합니다. [실행 설정] 대화상자로 돌아오면 ❻ [확인]을 클릭합니다.

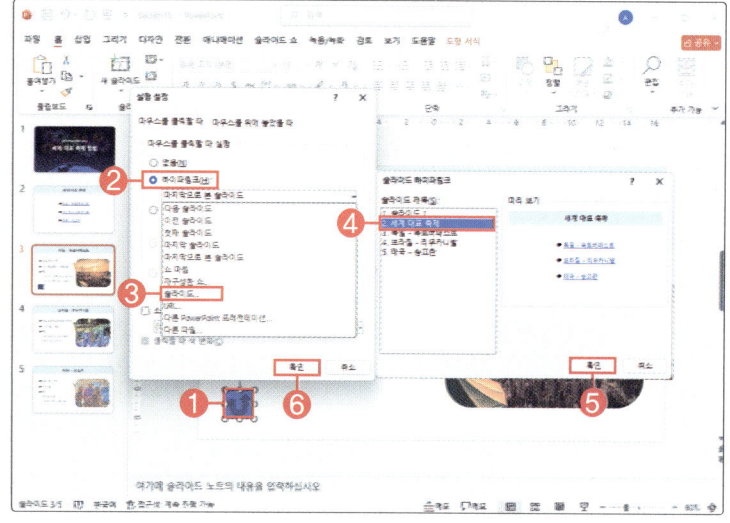

3 '돌아가기' 도형을 선택한 후 ❶ [도형 서식] 탭의 [도형 스타일] 그룹에서 ❷ [도형 채우기]는 '채우기 없음'을 선택하고 ❸ [도형 윤곽선] 목록을 눌러 ❹ '주황'을 클릭합니다.

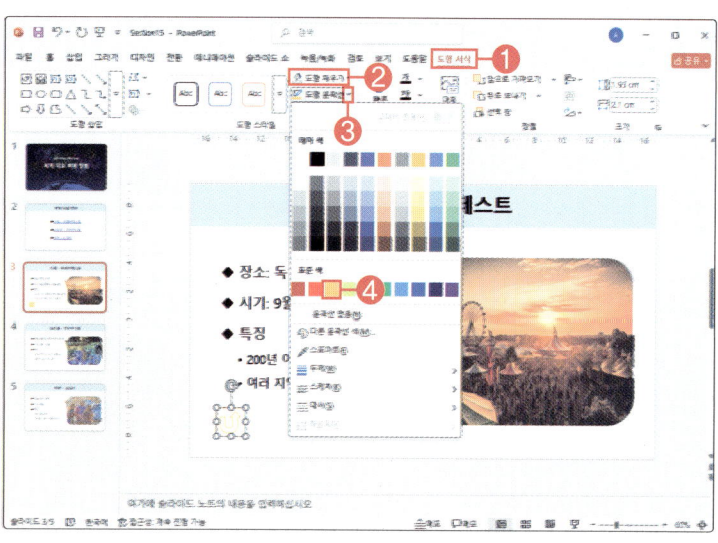

4 슬라이드 쇼에서 ❶ '돌아가기' 실행 단추 위로 마우스를 갖다 대면 마우스 포인터가 손 모양으로 바뀝니다. 이를 클릭하면 '2. 세계 대표 축제'가 있는 2번 슬라이드로 이동합니다.

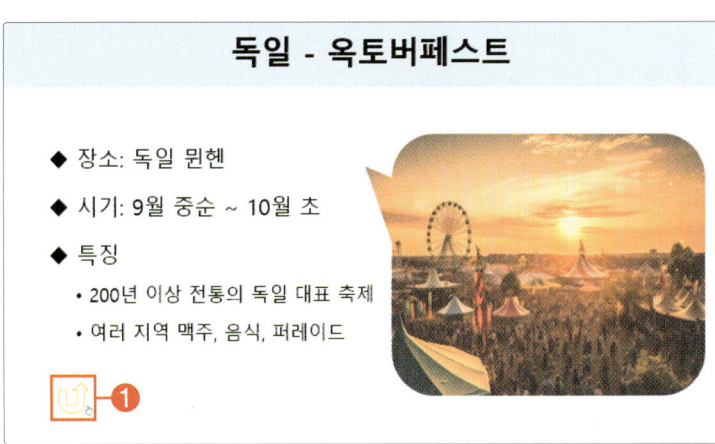

5 실행 단추를 복사하기 위해 '돌아가기' 도형 위에서 마우스 오른쪽 버튼을 누른 후 [빠른 메뉴]에서 ❶ '복사'를 클릭합니다.

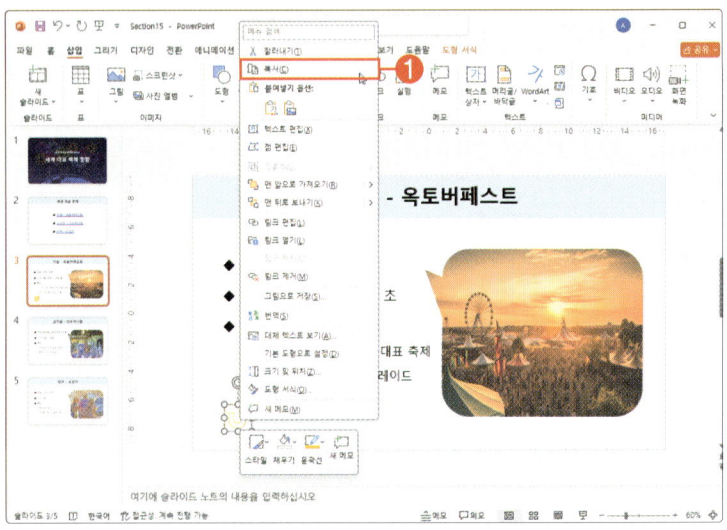

6 복사한 실행 단추를 4번 슬라이드와 5번 슬라이드에 넣기 위해 마우스 오른쪽 버튼을 눌러 [빠른 메뉴]에서 ❶ '붙여넣기'를 클릭합니다.

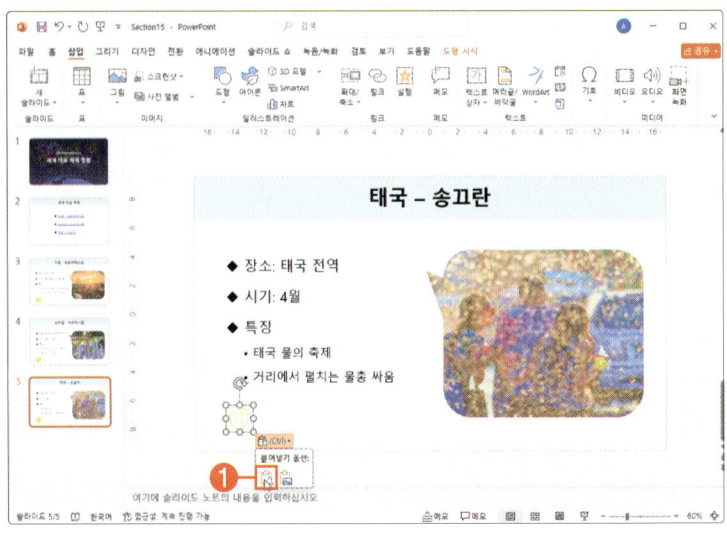

LEARN MORE

슬라이드 확대/축소

'슬라이드 확대/축소' 기능은 슬라이드에 삽입한 슬라이드 이미지를 클릭하면 해당하는 슬라이드 이미지가 확대되듯이 전환되었다가 원래 위치로 자연스럽게 축소되는 효과입니다.

❶ [삽입] 탭의 [링크] 그룹에서 ❷ [확대/축소]의 ❸ '슬라이드 확대/축소'를 클릭합니다.

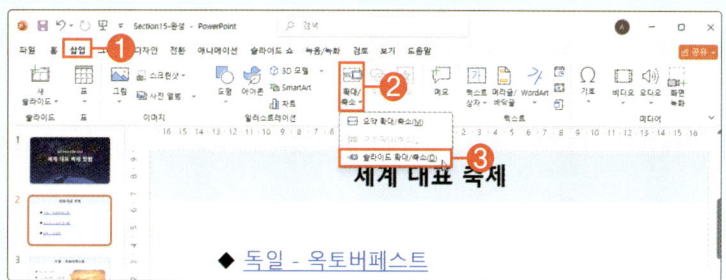

[슬라이드 확대/축소 삽입] 대화상자가 열리면 ❶ 슬라이드를 선택한 후 ❷ [삽입]을 클릭합니다. 슬라이드가 삽입되면 ❸ 위치와 크기를 조절합니다.

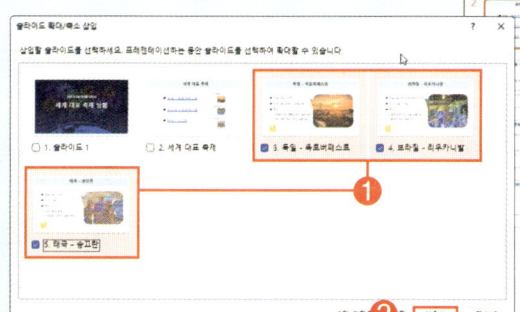

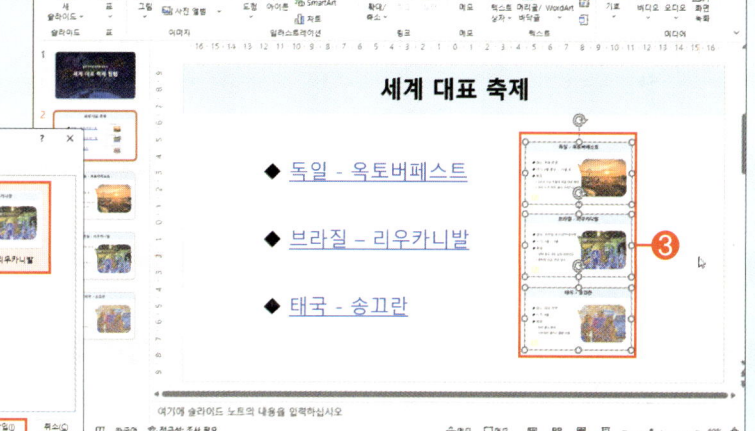

삽입된 슬라이드를 ❶ 선택한 후 ❷ [확대/축소] 탭의 [확대/축소 옵션] 그룹에서 ❸ '확대/축소로 돌아가기'를 체크합니다. 슬라이드 쇼를 실행하고 해당 슬라이드 이미지 위로 마우스를 올리면 ❹ 마우스 포인터가 손 모양으로 바뀝니다. 이를 클릭하면 슬라이드가 확대되듯이 전환되고, 다시 한 번 클릭하면 축소되어 원래 모양으로 돌아갑니다.

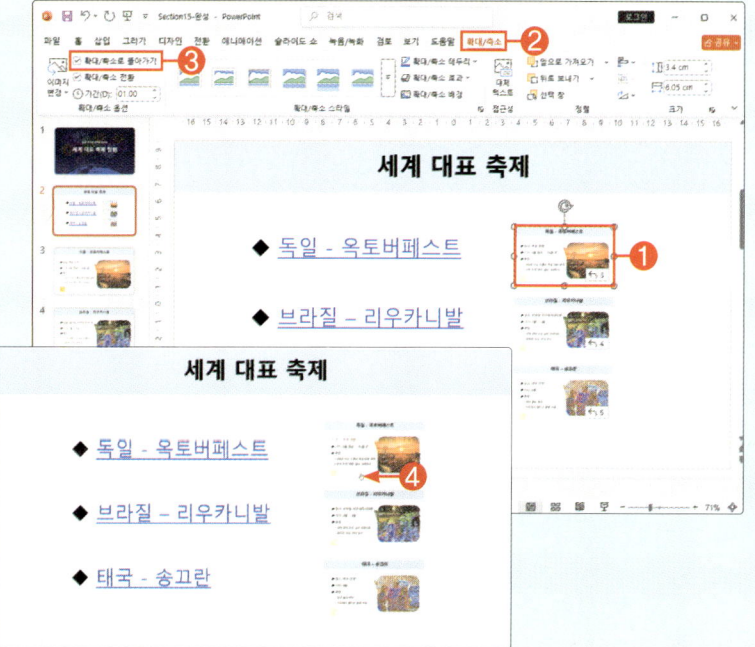

1 'Section15-기초-준비.pptx' 문서를 열고 다음 조건대로 작성해 보세요.

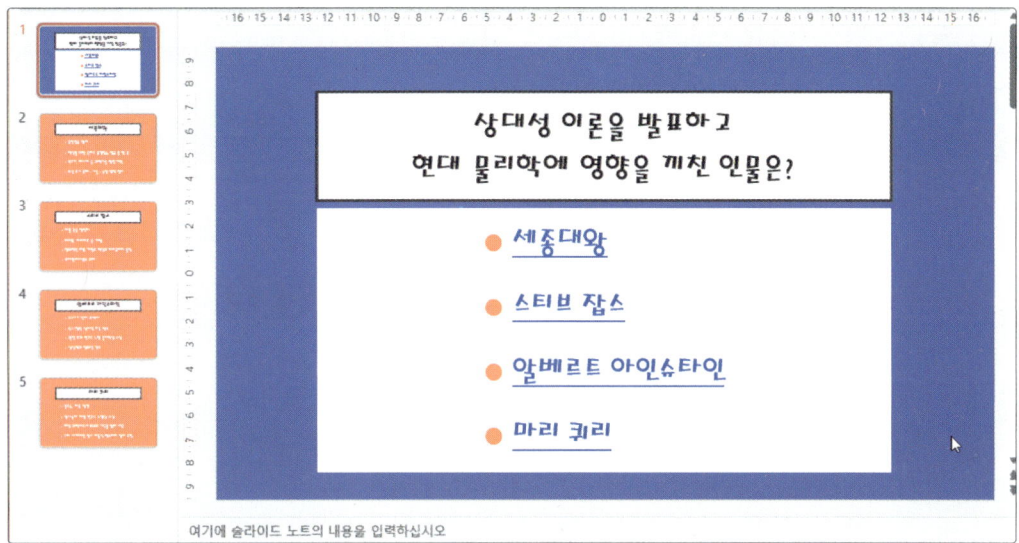

조건

❶ 1번 슬라이드에서 하이퍼링크를 설정하여 각각의 인물 소개 슬라이드로 이동하도록 연결하세요.

❷ 슬라이드 쇼를 실행하여 하이퍼링크 설정을 확인하세요.

2 1번 문제에 이어서 다음 조건대로 작성해 보세요.

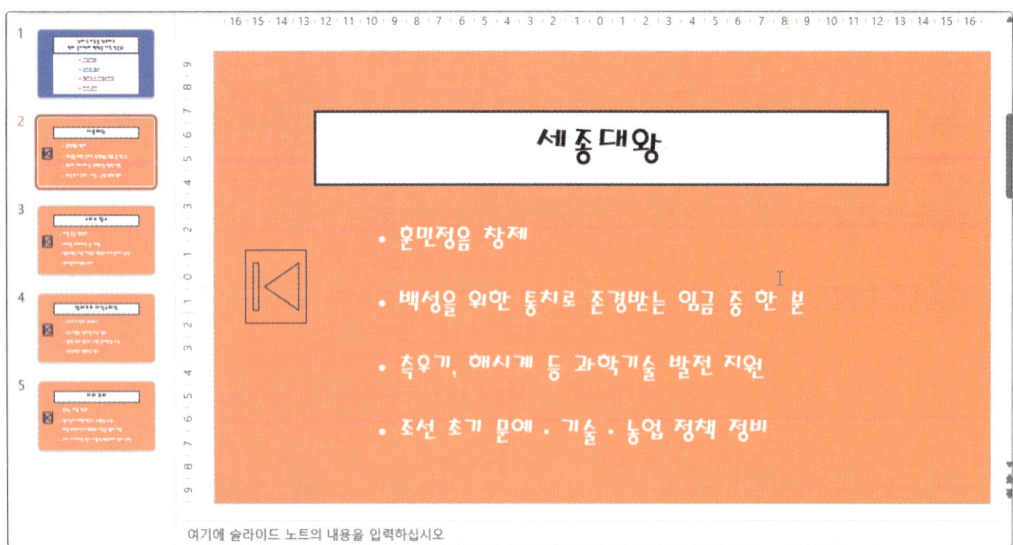

조건

❶ 2번 슬라이드에 '실행 단추: 처음으로 이동'을 삽입하고, 도형 서식은 '채우기 없음'으로 지정하세요.

❷ 실행 단추를 클릭했을 때 1번 슬라이드로 이동하도록 하이퍼링크를 설정하세요.

❸ 3번부터 5번 슬라이드까지 동일한 실행 단추를 삽입하세요.

1 'Section15-심화-준비.pptx' 문서를 열고 다음 조건대로 작성해 보세요.

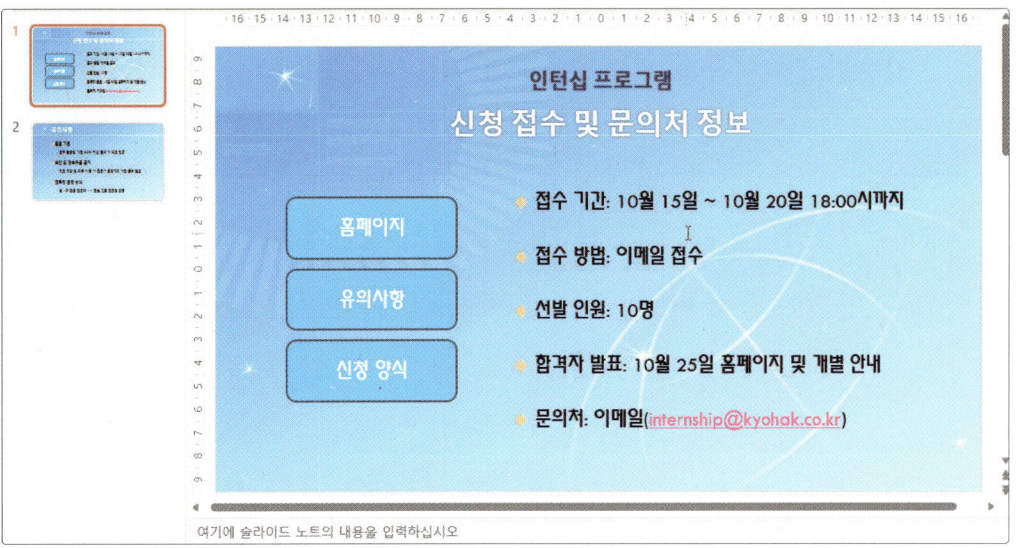

조건
❶ 문의처의 이메일 주소에 하이퍼링크를 설정하세요.
❷ 1번 슬라이드 왼쪽의 네모 도형에 하이퍼링크를 설정하세요.
• 홈페이지 https://www.kyohak.co.kr/
• 유의사항 2번 슬라이드 • 신청 양식 인턴십 프로그램 신청서.hwp 문서

2 1번 문제에 이어서 다음 조건대로 작성해 보세요.

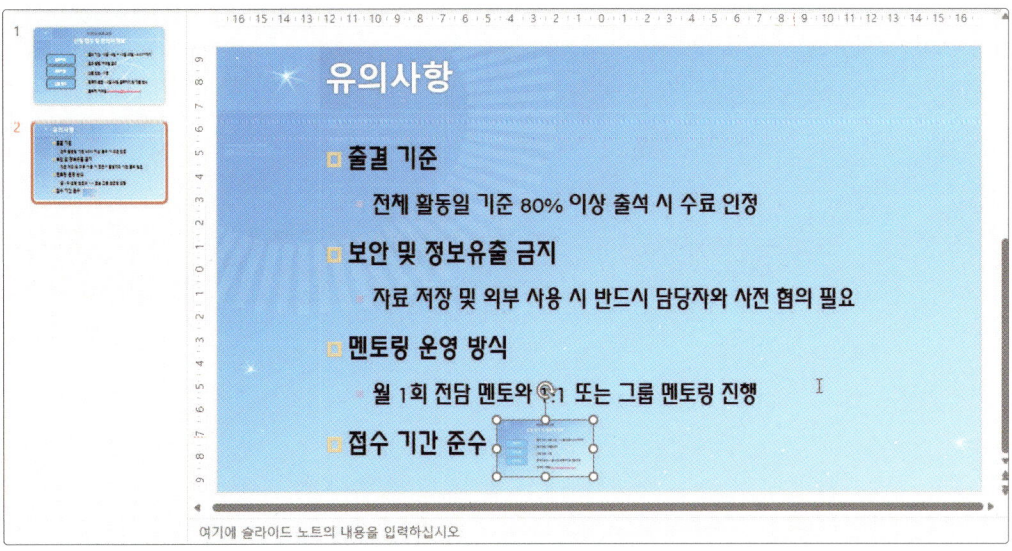

조건
❶ 2번 슬라이드의 '접수 기간 준수'에 옆에 1번 슬라이드가 확대/축소되도록 설정하세요.
❷ 클릭하면 확대되고 다시 한 번 클릭하면 축소되도록 설정하세요.

16 슬라이드 마스터

SECTION

마스터는 슬라이드의 레이아웃과 디자인을 일괄적으로 적용하는 기능입니다. 반복적으로 사용되는 이미지, 글꼴, 효과 등이 한꺼번에 슬라이드에 반영되므로 작업 시간이 단축되고 슬라이드의 일관성을 유지할 수 있습니다.

파일명 Section16-완성.pptx

MISSION

실습 1 동일한 양식 설정과 로고 넣기

실습 2 개별 슬라이드 디자인

실습 3 사용자 지정 마스터

실습 4 서식 파일 저장과 불러오기

CHECK POINT

포인트 1 모든 슬라이드에 동일한 양식을 설정해 봅니다.

포인트 2 개별 레이아웃의 디자인을 설정해 봅니다.

포인트 3 필요 없는 슬라이드는 삭제하고 원하는 레이아웃을 새로 작성해 봅니다.

포인트 4 작성한 레이아웃을 서식 파일로 저장하고 활용해 봅니다.

동일한 양식 설정과 로고 넣기

1 [새 프레젠테이션]을 실행하고 ❶ [보기] 탭의 [마스터 보기] 그룹에서 ❷ [슬라이드 마스터]를 클릭합니다.

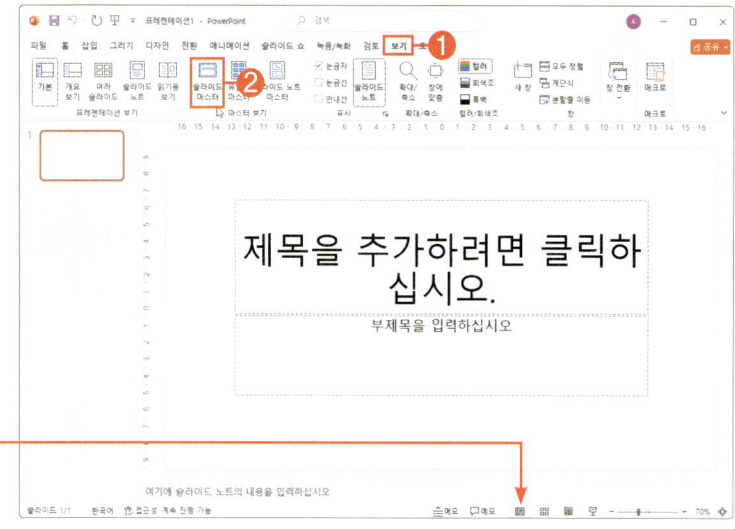

> TIP Shift 키를 누르고 화면 하단의 '기본 보기'를 클릭해도 마스터로 전환됩니다.

2 모든 슬라이드의 배경을 동일하게 설정하기 위해 왼쪽 슬라이드 축소창에서 ❶ 'Office 테마 슬라이드 마스터'를 선택합니다. ❷ [슬라이드 마스터] 탭의 [배경] 그룹에서 ❸ '배경 서식'을 클릭합니다.

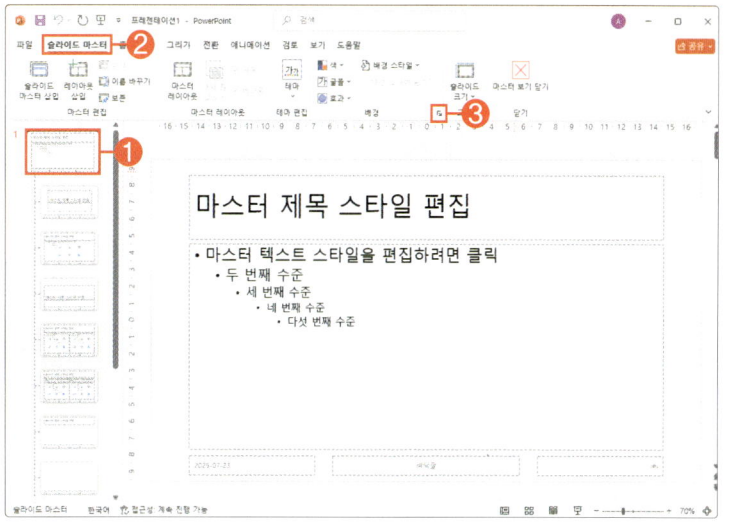

3 오른쪽에 '배경 서식' 창이 열립니다. ❶ [패턴 채우기]를 클릭한 후 ❷ '점선: 5%'를 선택하고, ❸ '전경색: 주황, 배경: 흰색'을 선택합니다. '배경 서식' 창의 ❹ × 를 눌러 창을 닫습니다. 'Office 테마 슬라이드 마스터'와 함께 모든 슬라이드에 배경이 적용됩니다.

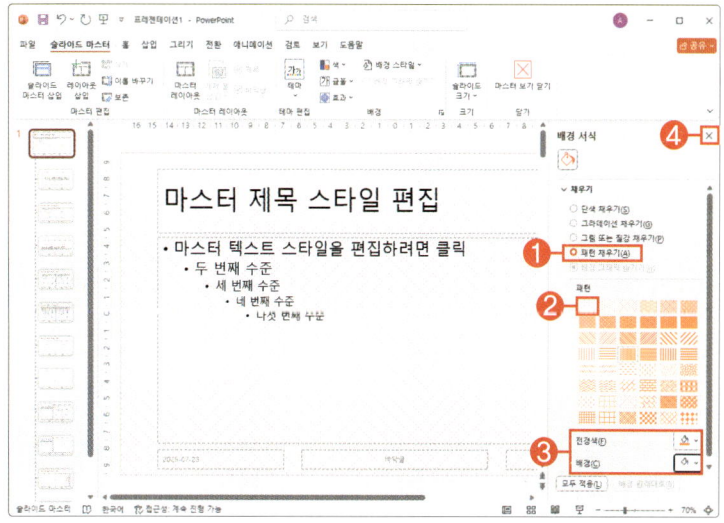

4 'Office 테마 슬라이드 마스터'에 ❶ '직사각형'을 다음과 같이 삽입한 후 ❷ [도형 서식] 탭의 [도형 스타일] 그룹에서 ❸ '도형 채우기: 주황, 강조 2', '도형 윤곽선: 윤곽선 없음'으로 지정하고 [정렬] 그룹에서 ❹ '뒤로 보내기' 목록을 눌러 '맨 뒤로 보내기'를 클릭합니다.

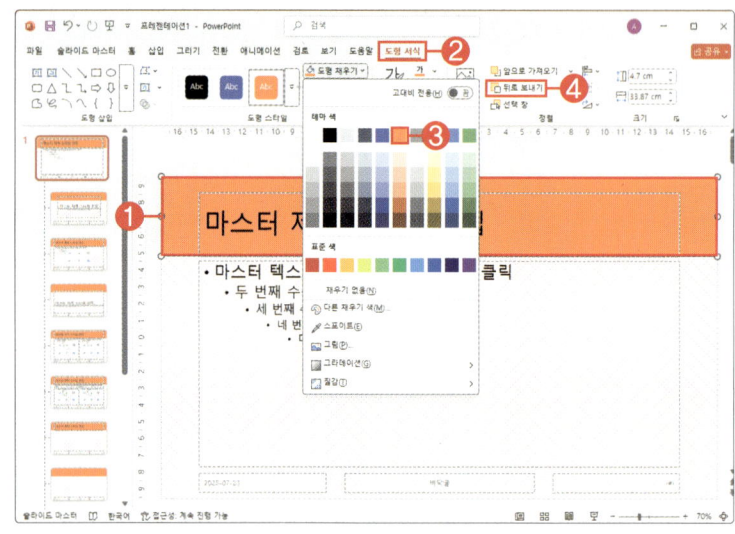

5 ❶ '마스터 제목 스타일 편집' 틀을 선택한 후 ❷ [홈] 탭의 [글꼴] 그룹에서 ❸ '글꼴: 맑은 고딕'과 '글꼴 크기: 42pt', '진하게', '글꼴 색: 검정, 텍스트 1, 15% 더 밝게'로 지정합니다. 틀의 크기와 위치를 조절합니다.

> TIP 슬라이드 마스터에서 입력 틀의 글꼴과 단락을 설정해 두면 모든 슬라이드에 적용되므로 슬라이드 작성 시 텍스트의 글꼴과 단락을 따로 설정하지 않아도 됩니다.

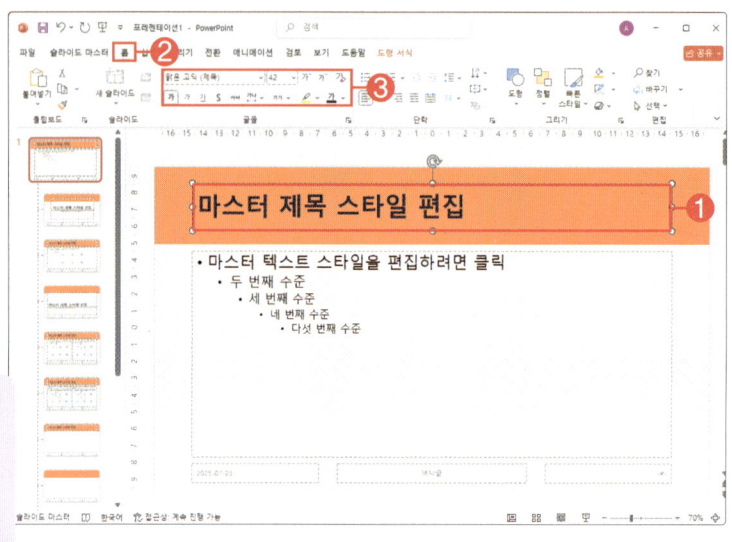

6 내용 입력 틀의 ❶ 첫 번째 단락을 드래그하여 블록 지정한 후 ❷ [홈] 탭의 [글꼴] 그룹에서 ❸ '글꼴 크기: 30pt', [단락] 그룹에서 ❹ '글머리 기호: 대조표 글머리 기호'를 선택합니다. 두 번째 단락 수준도 글꼴과 글머리 기호를 설정합니다.

> TIP 두 번째 수준 단락의 '글꼴 크기: 26pt', '글머리 기호: 속이 찬 정사각형 글머리 기호'

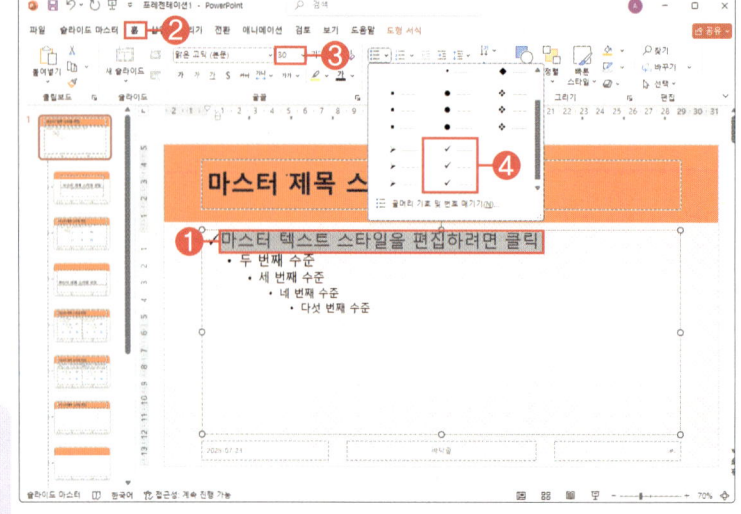

7 모든 슬라이드에 로고를 삽입하기 위해 'Office 테마 슬라이드 마스터'를 선택한 후 ❶ [삽입] 탭의 [이미지] 그룹에서 ❷ [그림]을 선택하고 ❸ '이 디바이스'를 클릭합니다. [그림 삽입] 대화상자가 열리면 ❹ '로고.gif' 파일을 선택한 후 ❺ [삽입]을 클릭합니다.

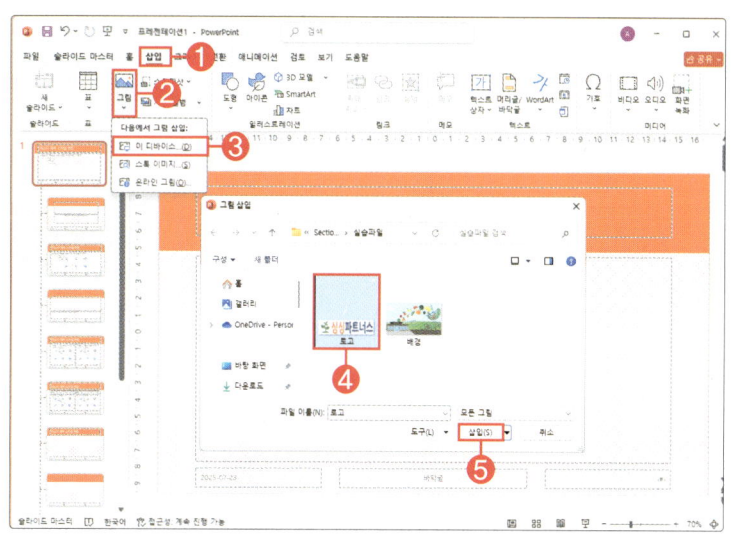

8 ❶ 삽입된 로고의 크기를 조절한 후 오른쪽 위쪽에 배치합니다. 모든 슬라이드에 로고가 삽입됩니다.

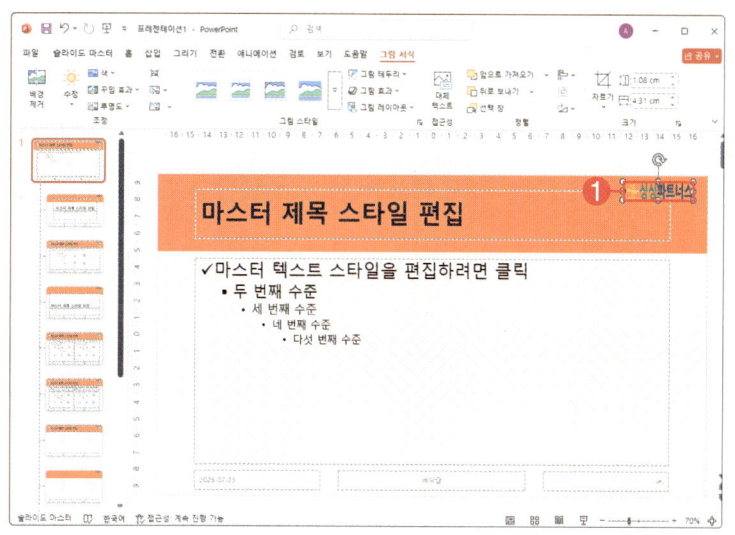

TIP 삽입된 로고를 수정하려면 [슬라이드 마스터]에서 합니다.

9 마스터를 종료하고 슬라이드 편집 화면으로 돌아가려면 ❶ [슬라이드 마스터] 탭의 [닫기] 그룹에서 ❷ [마스터 보기 닫기]를 클릭합니다.

TIP 화면 아래의 '기본 보기'를 클릭해도 슬라이드 편집 화면으로 전환됩니다. 마스터 슬라이드에서 날짜, 바닥글, 페이지 번호도 삽입할 수 있습니다.

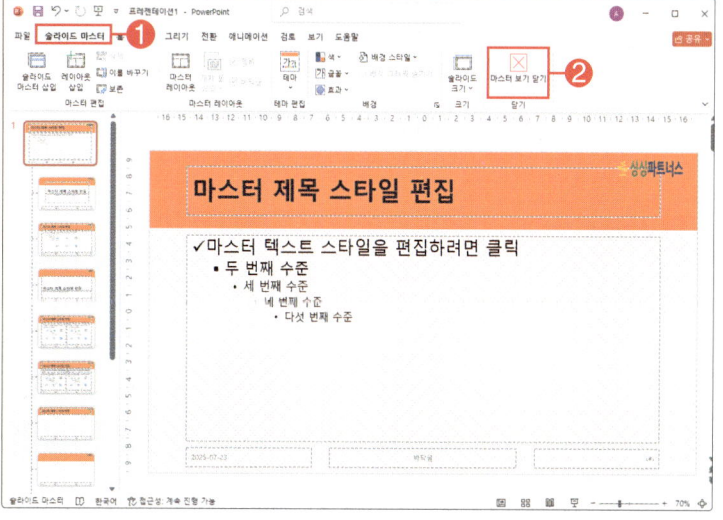

1 슬라이드 마스터별로 디자인할 수 있습니다. 제목 슬라이드를 변경하기 위해 ❶ [보기] 탭의 [마스터 보기] 그룹에서 ❷ [슬라이드 마스터]를 클릭합니다.

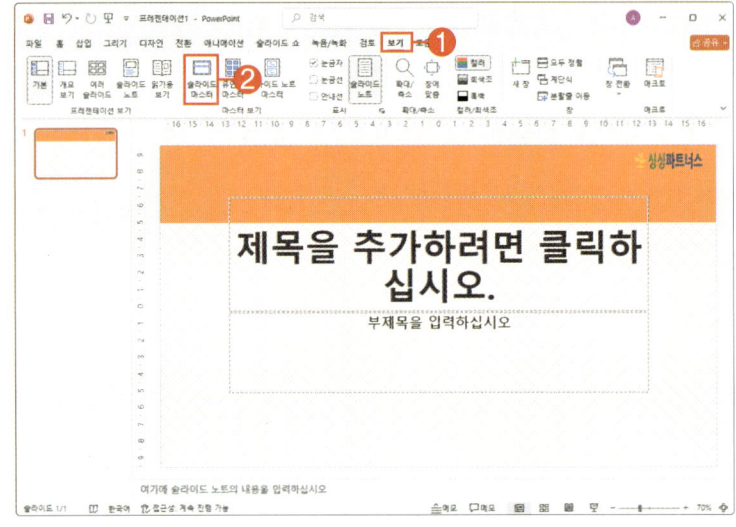

2 슬라이드 마스터로 전환이 되면 ❶ '제목 슬라이드 레이아웃'을 선택한 후 ❷ [슬라이드 마스터] 탭의 [배경] 그룹에서 ❸ [배경 서식]을 클릭합니다.

TIP 모든 슬라이드에 동일한 디자인을 적용하고자 할 때는 'Office 테마 슬라이드 마스터' 레이아웃에서 작성하고, 개별 디자인을 적용하고자 할 때는 '테마 슬라이드' 하위 수준에 있는 레이아웃에서 작성합니다.

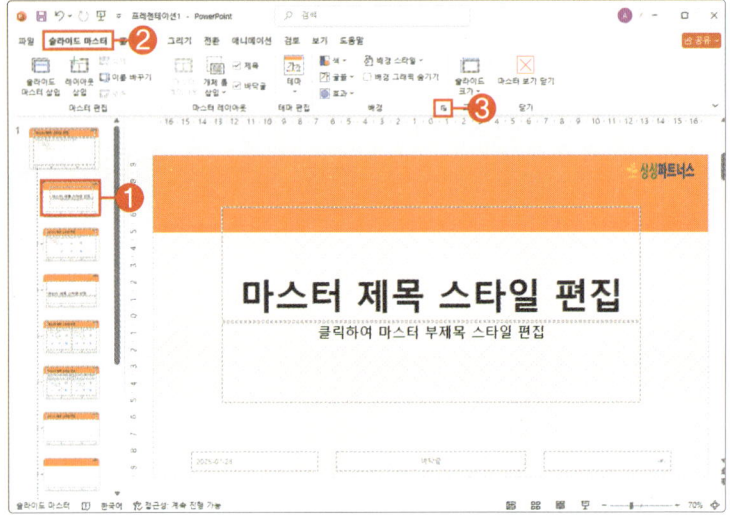

3 [배경 서식] 창이 열리면 ❶ '그림 또는 질감 채우기'에서 ❷ '삽입'을 클릭합니다. ❸ [그림 삽입]에서 [파일에서]를 클릭한 후 [그림 삽입] 대화상자가 열리면 ❹ '배경.jpg' 파일을 선택하고 ❺ [삽입]을 누릅니다.

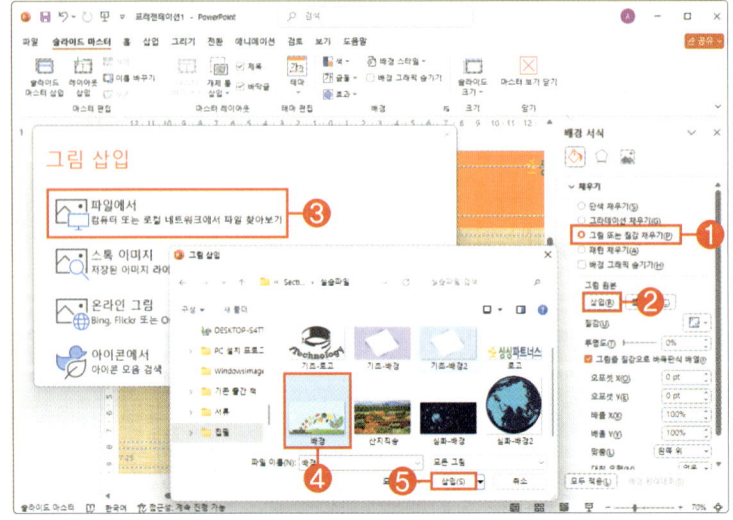

4 '제목 슬라이드 레이아웃'에만 이미지가 삽입됩니다. 제목 슬라이드 상단에 적용된 도형과 로고를 삭제하기 위해 ❶ '배경 그래픽 숨기기'를 클릭한 후 ❷ ✕를 눌러 배경 서식 창을 닫습니다.

> TIP 'Office 테마 슬라이드 마스터'의 하위 수준에 있는 레이아웃은 개별로 디자인이 가능합니다.

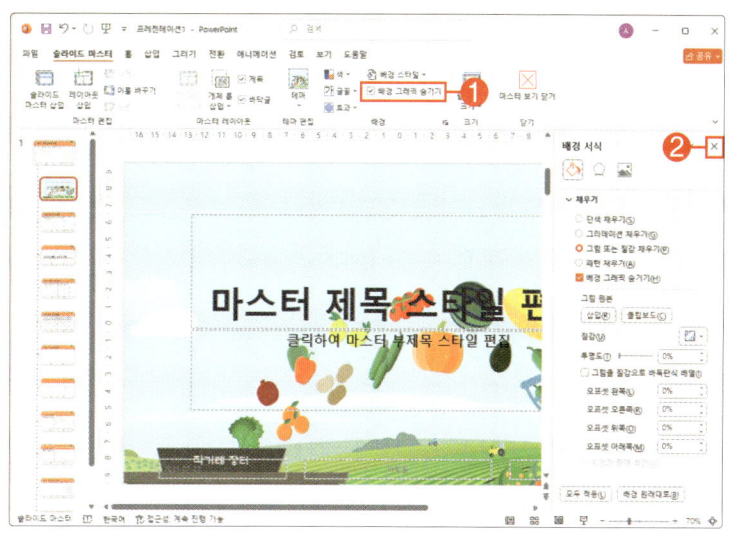

5 ❶ 직사각형을 삽입한 후 ❷ [도형 서식] 탭의 [도형 스타일] 그룹에서 ❸ [빠른 스타일] 목록을 클릭한 후 '반투명 – 파랑, 강조 5, 윤곽선 없음'을 선택합니다.

> TIP 도형은 [삽입]탭의 [일러스트레이션] 그룹에서 [도형]의 '사각형 – 직사각형'을 선택하여 드래그합니다.

6 ❶ '마스터 제목 스타일 편집' 틀을 선택한 후 마우스 오른쪽 버튼을 눌러 [빠른 메뉴]에서 ❷ '맨 앞으로 가져오기'를 클릭한 후 틀을 드래그하여 위치를 조절합니다.

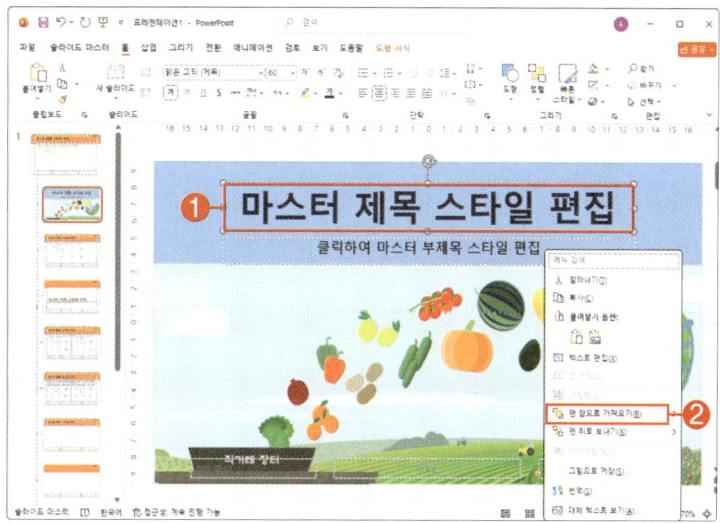

7 '제목 슬라이드 레이아웃, 제목 및 내용 레이아웃, 구역 머리글 레이아웃, 제목만 레이아웃' 이외에 ① 사용하지 않는 레이아웃을 선택한 후 마우스 오른쪽 버튼을 눌러 [빠른 메뉴] 에서 ② '레이아웃 삭제'를 클릭합니다.

TIP 슬라이드를 선택한 후 Delete 키를 눌러 삭제할 수 있습니다.

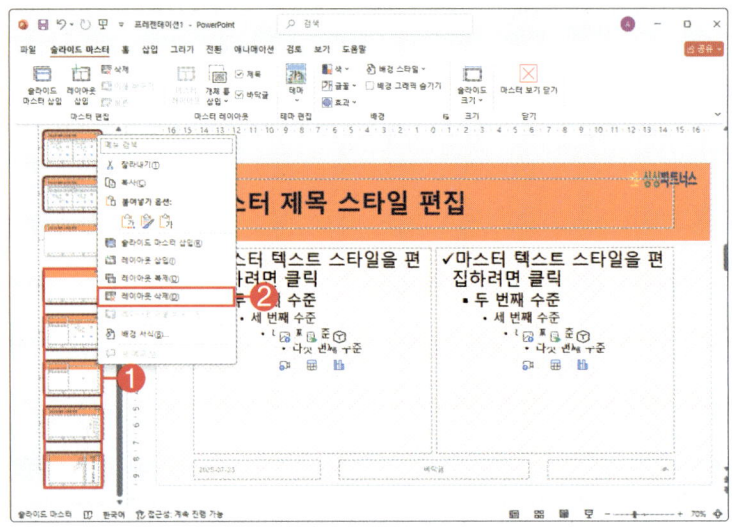

8 중간 목차 슬라이드를 만들기 위해 왼쪽의 슬라이드 축소창 에서 ① '구역 머리글 레이아웃'을 선택합니다. ② [슬라이드 마스터] 탭의 [배경] 그룹에서 ③ '배경 그래픽 숨기기'를 체크하여 삽입된 도형과 로고가 보이지 않게 설정합니다.

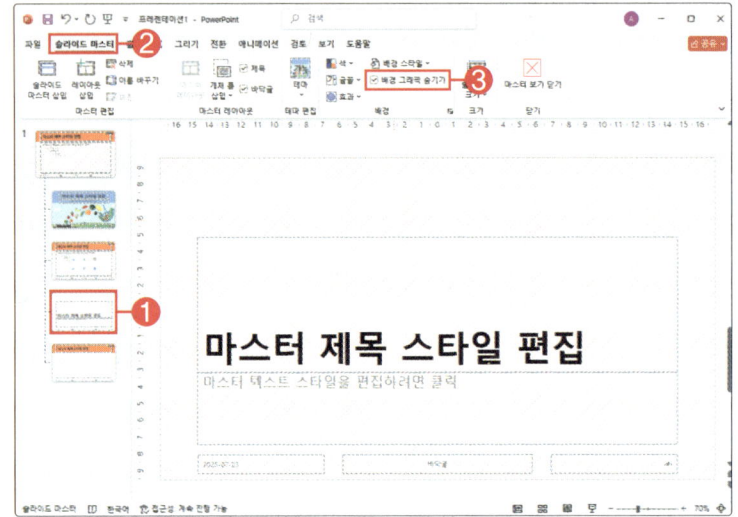

9 다시 한 번 '배경.jpg'를 삽입한 후 이미지가 선택된 상태에서 ① [그림 서식] 탭의 [조정] 그룹에서 ② [꾸밈 효과]는 ③ '네온 가장자리' 를, [투명도]는 '80%'을 선택합니다. 슬라이드 아래쪽의 ④ '기본(回)'을 클릭하여 마스터 창을 닫습니다.

TIP '배경.jpg' 이미지를 삽입하는 과정은 앞에서 설명한 2번과 3번 과정을 참고합니다.

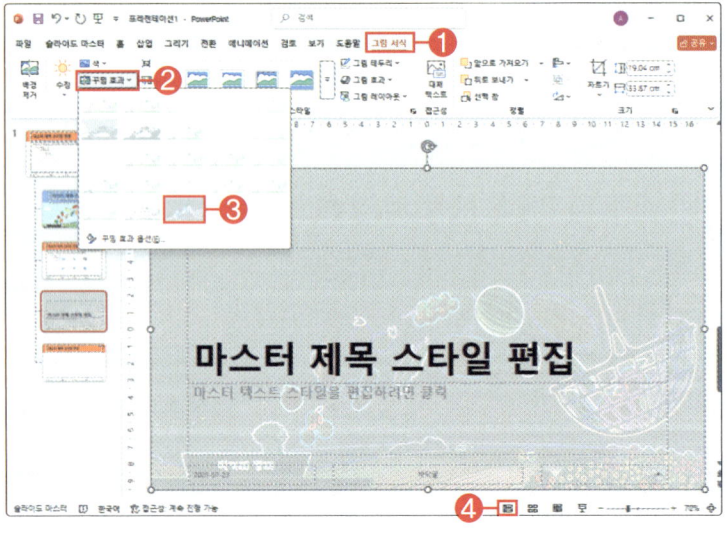

사용자 지정 마스터

1 사용자가 원하는 대로 레이아웃을 작성할 수 있습니다. [보기] 탭의 [마스터 보기] 그룹에서 [슬라이드 마스터]를 눌러 ❶ '제목만 레이아웃' 슬라이드를 클릭한 후 [슬라이드 마스터] 탭의 [마스터 레이아웃] 그룹에서 ❷ [개체 틀 삽입]의 ❸ '그림'을 선택합니다.

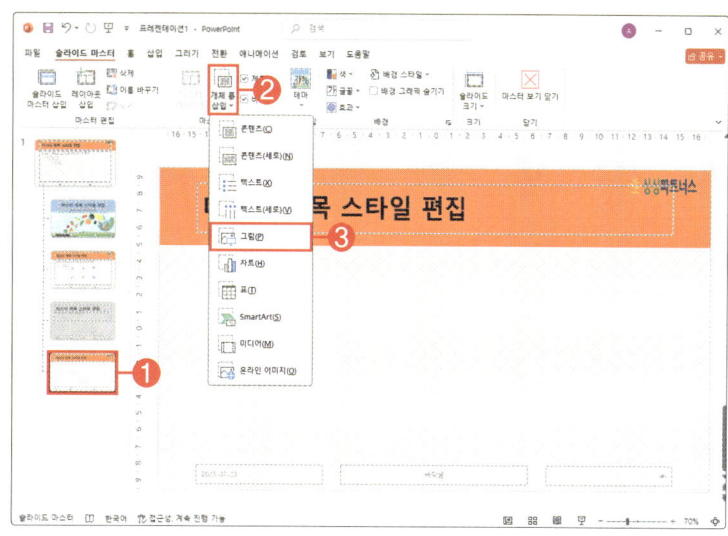

2 ❶ 슬라이드의 왼쪽에 그림이 들어갈 영역을 드래그하여 지정해 줍니다.

> **TIP** 레이아웃이 삭제된 경우 다시 삽입할 수 있습니다. [마스터 편집] 그룹의 [레이아웃 삽입]을 클릭합니다.

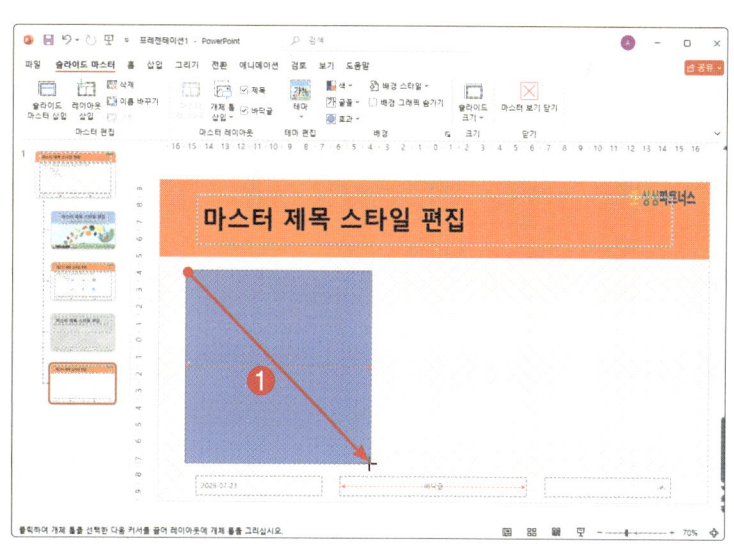

3 [삽입] 탭의 [일러스트레이션] 그룹에서 [도형]의 ❶ '사각형 – 직사각형'을 선택하고 드래그하여 도형을 그립니다. ❷ [도형 서식] 탭의 [도형 스타일] 그룹에서 ❸ '도형 채우기: 연한 회색', '도형 윤곽선: 윤곽선 없음'을 설정한 후 [정렬] 그룹에서 ❹ '뒤로 보내기' 목록의 '맨 뒤로 보내기'를 클릭합니다.

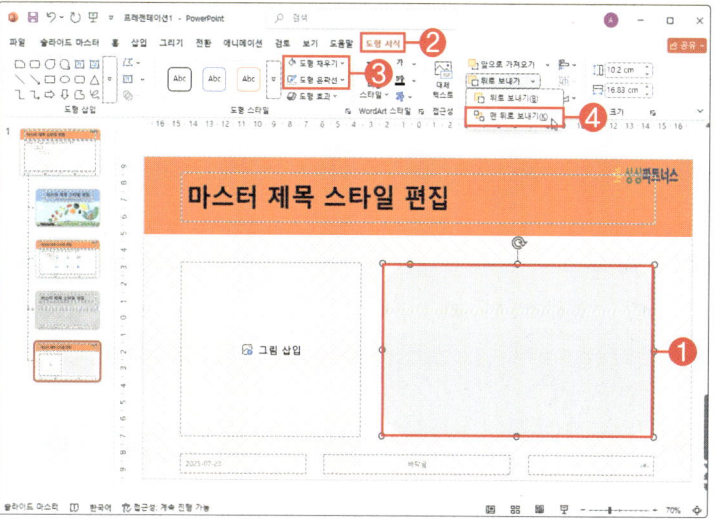

4 텍스트를 입력할 틀을 삽입하기 위해 ❶ [슬라이드 마스터] 탭의 [마스터 레이아웃] 그룹에서 ❷ [개체 틀 삽입]의 ❸ '텍스트'를 선택합니다.

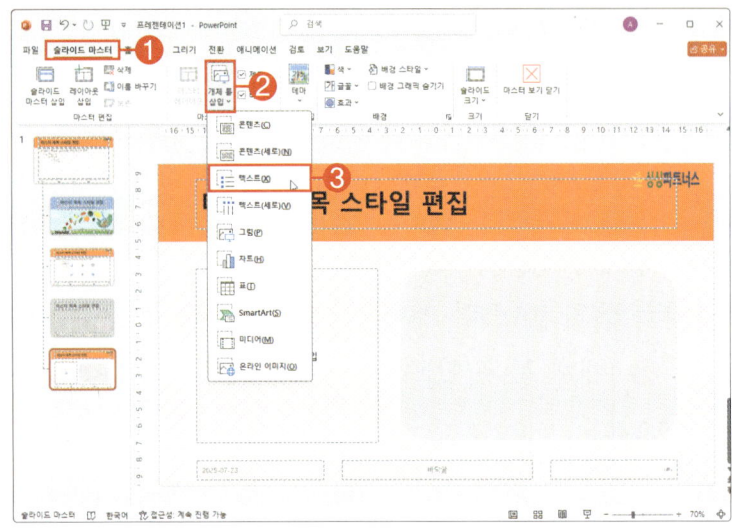

5 ❶ 도형 위에 드래그하여 텍스트 틀을 삽입합니다. ❷ 첫 번째 단락을 드래그하여 블록 지정한 후 [홈] 탭의 [글꼴 그룹]에서 ❸ '글꼴: 맑은 고딕', '크기: 32pt'로 설정합니다.

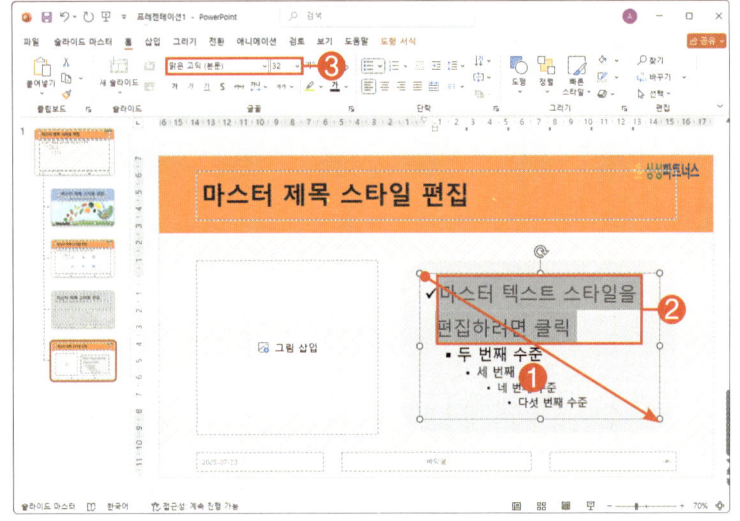

6 슬라이드 축소창에서 마지막 슬라이드 레이아웃을 선택한 후 ❶ Ctrl + D 키를 눌러 슬라이드 레이아웃을 복제합니다. ❷ 복제된 슬라이드 레이아웃을 선택하고 ❸ 도형을 클릭한 뒤 [도형 서식] 탭의 [도형 스타일] 그룹에서 ❹ '도형 채우기'를 '녹색, 강조 6, 80% 더 밝게'로 설정합니다. 슬라이드 마스터 보기를 닫기 위해 ❺ '기본(▣)'을 클릭합니다.

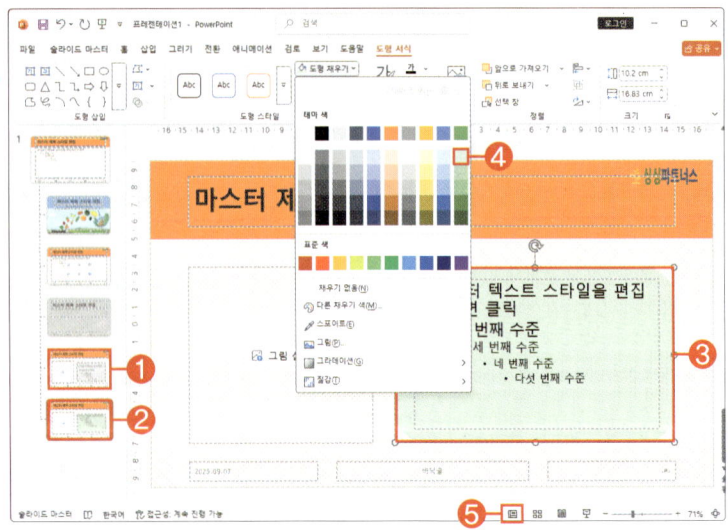

7 ❶ [홈] 탭의 [슬라이드] 그룹에서 ❷ [새 슬라이드] 목록을 클릭한 후 ❸ 연한 회색 도형이 있는 '제목만' 슬라이드를 클릭합니다.

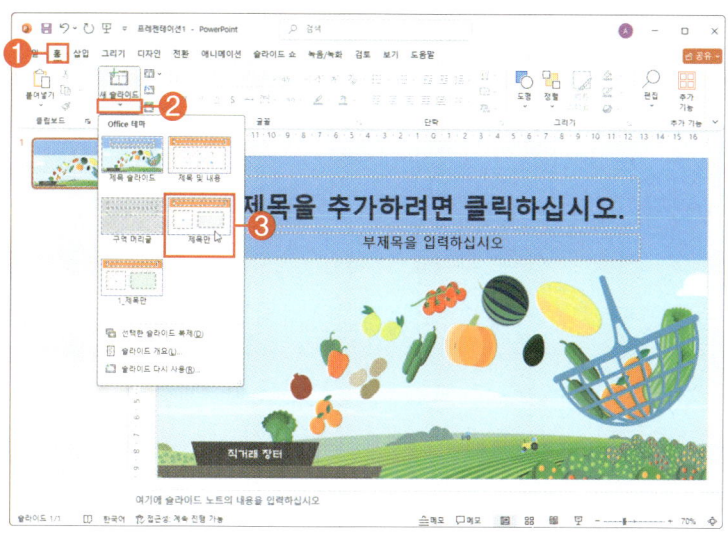

8 슬라이드의 ❶ '그림 삽입'의 '시작 장치'를 클릭합니다. [그림 삽입] 대화상자에서 ❷ '산지직송.jpg'를 선택하고 ❸ [삽입]을 누릅니다.

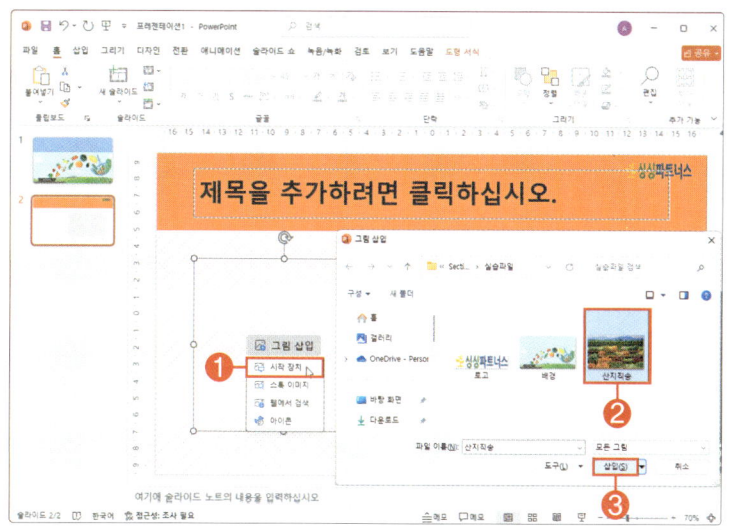

9 ❶ 다음과 같이 텍스트를 입력합니다. 슬라이드 마스터에서 지정한 서식대로 텍스트가 입력됩니다.

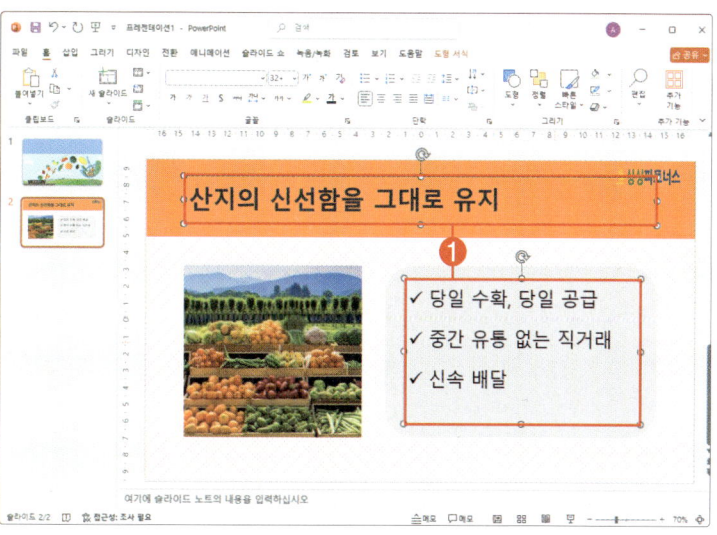

실습 4 서식 파일 저장과 불러오기

1 슬라이드 마스터를 이용하여 디자인한 서식을 저장해 두었다가 필요할 때 다시 꺼내어 쓸 수 있습니다. [파일] 탭의 ❶ [다른 이름으로 저장]을 클릭한 후 ❷ '이 PC'를 더블클릭합니다. [다른 이름으로 저장] 대화상자에서 ❸ '파일 이름'은 "본문 디자인 서식"으로 입력하고 ❹ '파일 형식'은 'PowerPoint 서식 파일'로 선택한 후 ❺ [저장]을 클릭합니다.

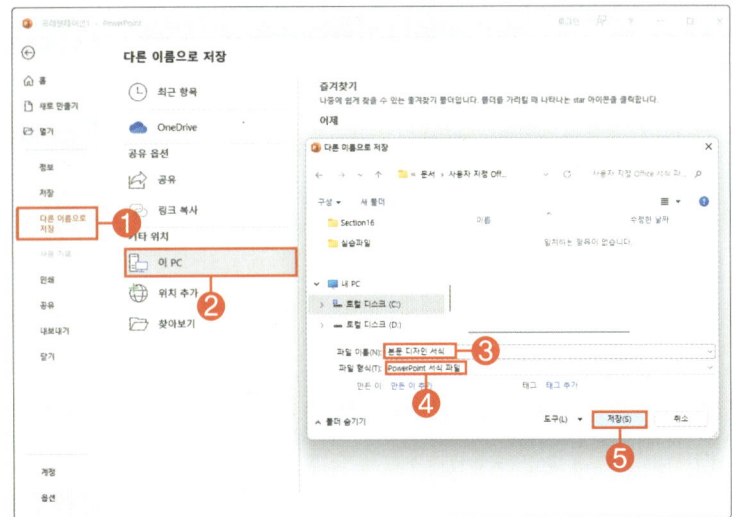

TIP 파워포인트 서식 파일의 확장자명은 .potx입니다.

2 저장한 서식 파일을 새 프레젠테이션에 적용해 봅니다. ❶ [파일]탭의 [새로 만들기]에서 ❷ [개인] 탭을 클릭한 후 ❸ '본문 디자인 서식'을 선택합니다.

3 ❶ [만들기]를 클릭합니다.

4 저장된 서식 파일이 적용됩니다. 필요한 슬라이드를 삽입하여 내용을 작성하고, 슬라이드 마스터에서 수정하여 사용할 수 있습니다.

5 저장된 서식 파일을 테마로 저장할 수 있습니다. ❶ [디자인] 탭의 [테마] 그룹에서 [테마] 목록을 클릭한 후 ❷ [현재 테마 저장]을 선택합니다. [현재 테마 저장] 대화상자가 열리면 폴더 경로는 그대로 둔 채 ❸ '파일 이름'을 "직거래"로 입력한 후 ❹ [저장]을 클릭합니다.

6 ❶ 저장한 서식이 [디자인] 탭의 [테마] 그룹에서 저장되어 있으므로 언제든지 [테마] 목록에서 선택하여 사용할 수 있습니다.

TIP 자주 사용하는 테마 또는 서식을 '기본 슬라이드'로 지정할 수 있습니다. 서식 또는 테마 위에 마우스 오른쪽 버튼을 눌러 [빠른 메뉴]에서 '기본 테마로 설정'을 클릭합니다.

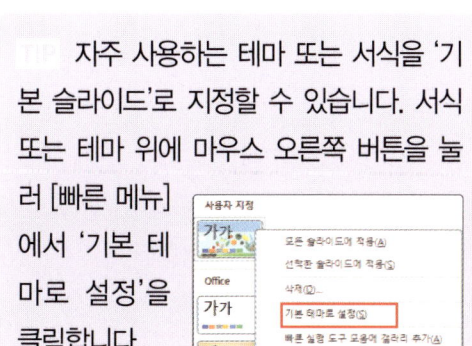

1 [새 프레젠테이션]을 실행하여 다음 조건대로 슬라이드 마스터를 작성해 보세요.

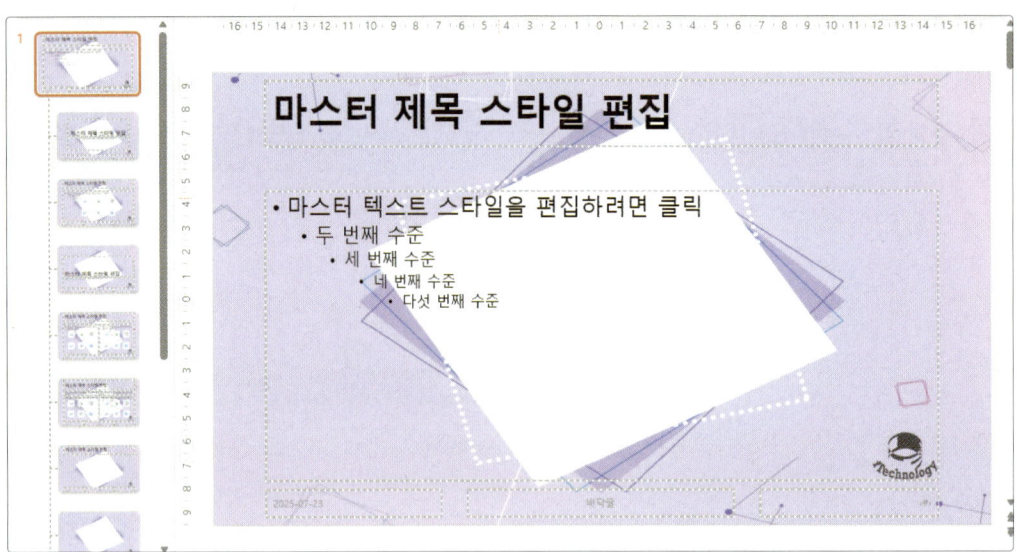

조건

❶ 'Office 테마 슬라이드 마스터'의 '배경 서식'에서 '기초-배경.jpg'를 배경 이미지로 삽입하세요.

❷ 'Office 테마 슬라이드 마스터'의 '마스터 제목 스타일 편집'을 '글꼴: 맑은 고딕, 글꼴 크기: 45pt, 진하게'로 설정하세요.

❸ 'Office 테마 슬라이드 마스터'의 오른쪽 아래에 '기초-로고.gif'를 삽입하세요.

2 1번 문제에 이어서 다음 조건대로 슬라이드 마스터를 작성해 보세요.

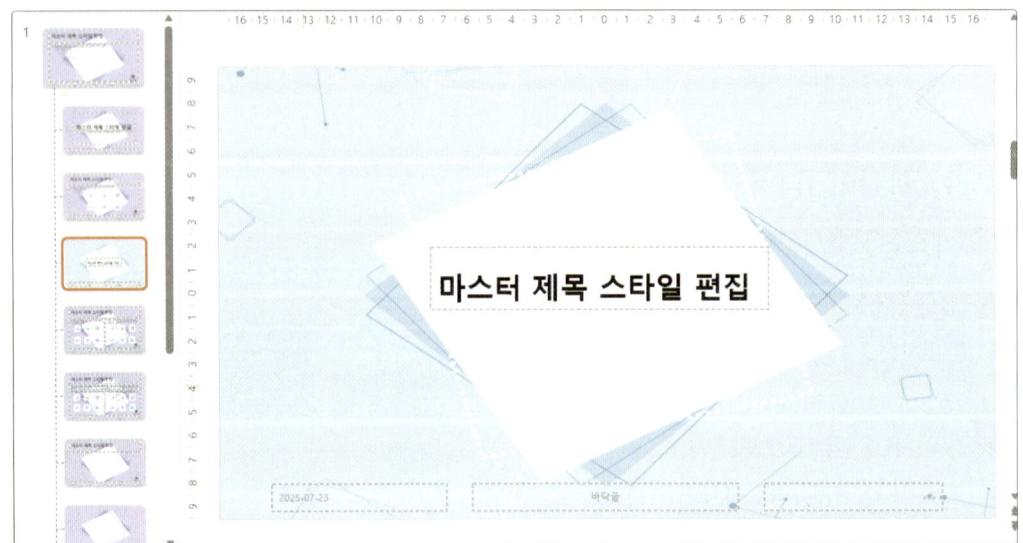

조건

❶ '제목 슬라이드 레이아웃'과 '구역 머리글 레이아웃'에 삽입된 로고를 숨기세요.

❷ '구역 머리글 레이아웃'의 배경을 '기초-배경2.jpg'로 설정하세요.

❸ '제목 슬라이드 레이아웃'의 '마스터 제목 스타일 편집'을 '글꼴 크기: 35pt'로 지정하고 슬라이드 가운데로 배치하세요.

1 [새 프레젠테이션]을 실행하여 다음 조건대로 슬라이드 마스터를 작성해 보세요.

조건
① 'Office 테마 슬라이드 마스터'에서 '제목 슬라이드', '제목 및 내용', '구역 머리글' 레이아웃만 남기세요.

② '제목 슬라이드 레이아웃'에 '심화-배경.jpg'를 배경 이미지로 삽입하세요.

③ '제목 슬라이드 레이아웃'에 '직사각형'을 삽입하고 '빠른 스타일: 반투명, 파랑, 강조 5, 윤곽선 없음'을 적용한 후 맨 뒤로 정렬하세요.

④ '제목 및 내용 슬라이드'에는 '심화-배경.jpg' 이미지를 삽입한 후 '투명도: 50%'를 적용하세요.

2 1번 문제에 이어서 다음 조건대로 슬라이드 마스터를 작성해 보세요.

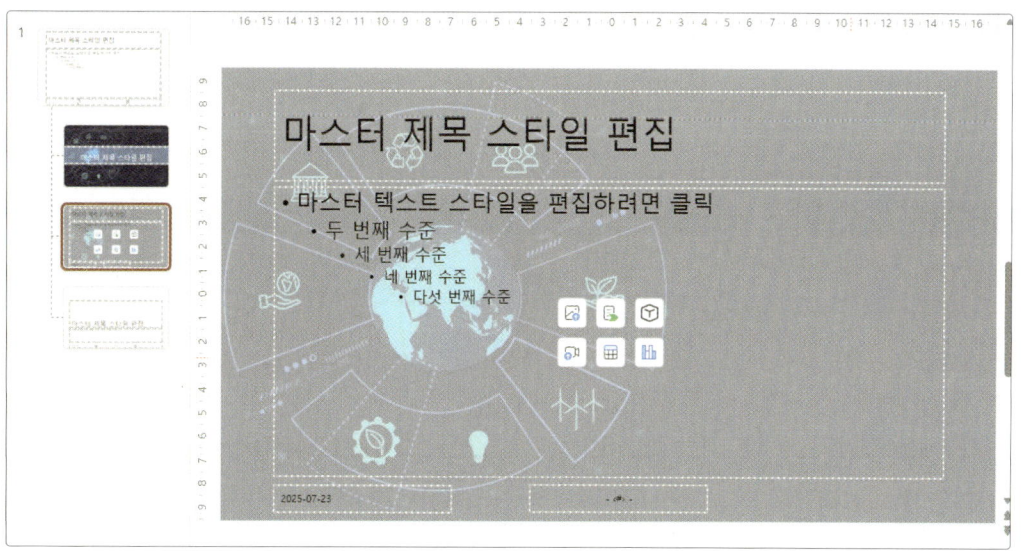

조건
① '제목 슬라이드 레이아웃'에는 바닥글이 표시되지 않도록 하세요.

② '제목 및 내용 슬라이드 레이아웃'은 슬라이드 번호를 가운데로 이동하고 슬라이드 번호 앞뒤로 '-'을 추가하세요.

③ 서식 파일을 'esg.potx'로 저장하세요.

④ 작성한 서식을 테마로 저장하세요.

17 발표 준비하기

SECTION

슬라이드 쇼는 작성한 파워포인트 문서를 청중에게 보여줄 때 사용하는 기능입니다. 다양한 도구와 옵션을 활용하여 발표자의 의도를 효과적으로 전달할 수 있도록 슬라이드를 재구성합니다.

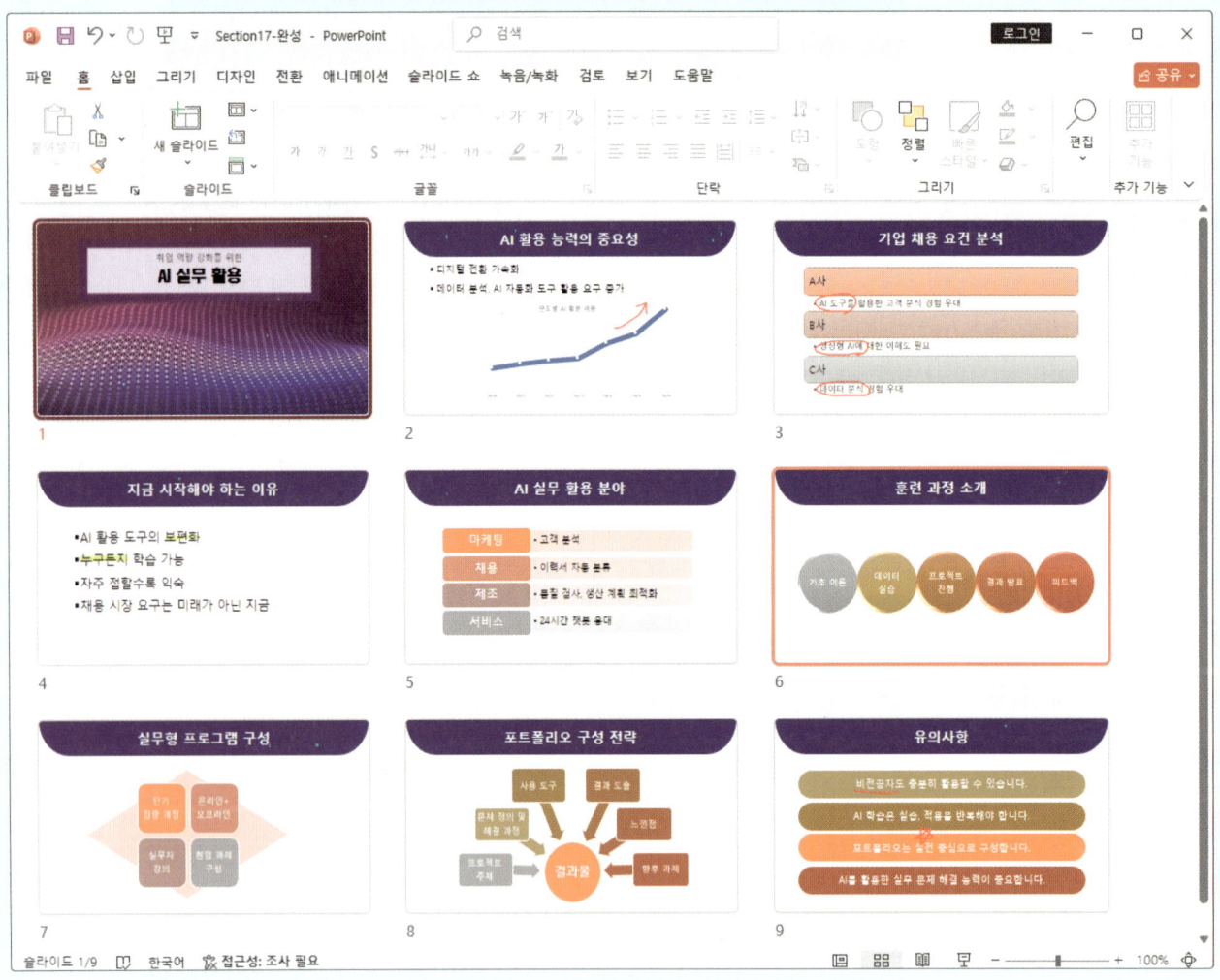

파일명 Section17-완성.pptx

MISSION

실습 1 슬라이드 쇼와 슬라이드 재구성

실습 2 슬라이드 숨기기와 슬라이드 쇼 설정

CHECK POINT

포인트 1 슬라이드 쇼를 진행하고, 펜을 이용해 필기를 해 봅니다.

포인트 2 청중에 따라 슬라이드를 재구성하고 불필요한 슬라이드는 숨깁니다.

실습 1 · 슬라이드 쇼와 슬라이드 재구성

1 'Section17.pptx' 파일을 열고 슬라이드 발표를 위해 ❶ [슬라이드 쇼] 탭의 [슬라이드 쇼 시작] 그룹에서 ❷ [처음부터]를 클릭합니다. 1번 슬라이드부터 슬라이드 쇼가 진행됩니다.

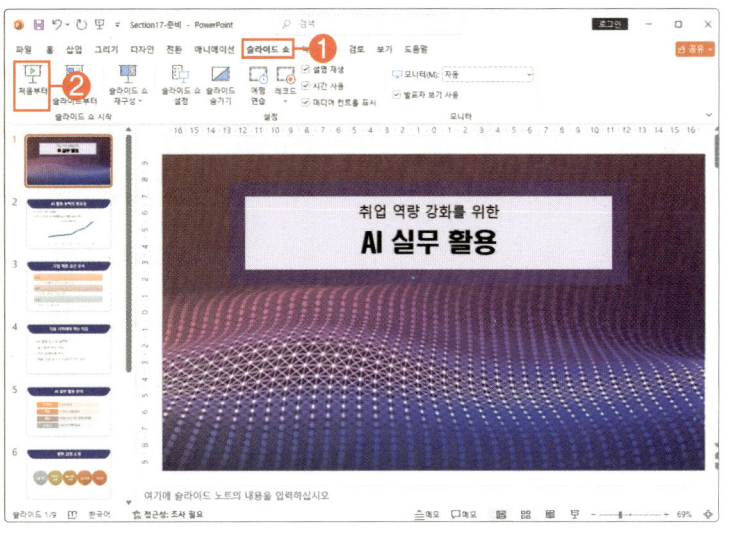

TIP 처음부터 슬라이드 쇼 시작하기 `F5`

2 슬라이드 쇼가 진행되면 `Enter` 키 또는 방향키나 마우스를 이용하여 슬라이드를 넘길 수 있습니다. 슬라이드 쇼 도중 마우스 오른쪽 버튼을 눌러 [빠른 메뉴]가 열리면 ❶ '포인터 옵션'을 클릭하여 ❷ '펜'을 선택하면 ❸ 필기를 할 수 있습니다.

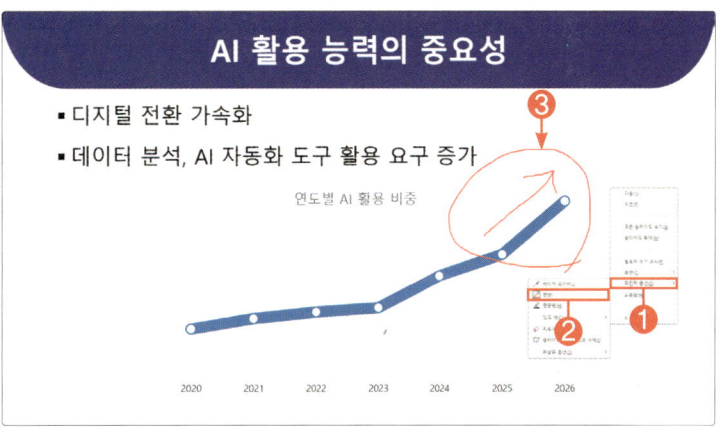

TIP 펜 색 변경 슬라이드 쇼 상태에서 마우스 오른쪽 버튼을 눌러 [빠른 메뉴]에서 '포인터 옵션'의 '잉크색'에서 변경합니다.

3 슬라이드 쇼가 끝나면 '잉크 주석을 유지하겠습니까?'라는 메시지가 나옵니다. ❶ [예]를 누릅니다.

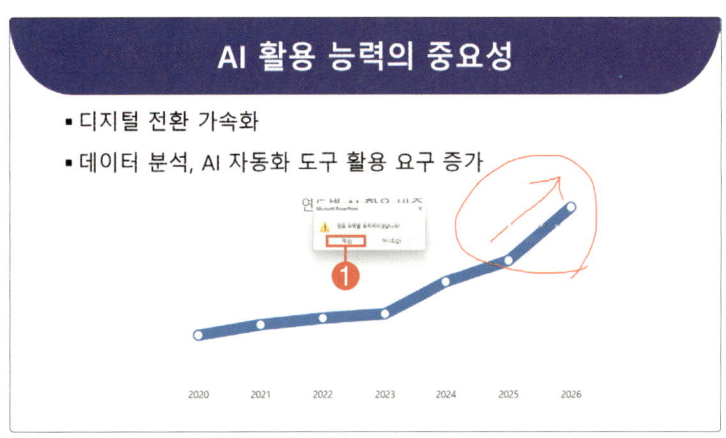

4 슬라이드 편집 창에 '잉크 주석'이 남습니다. 잉크 주석을 지우려면 클릭하여 선택한 후 ❶ Delete 키를 누릅니다.

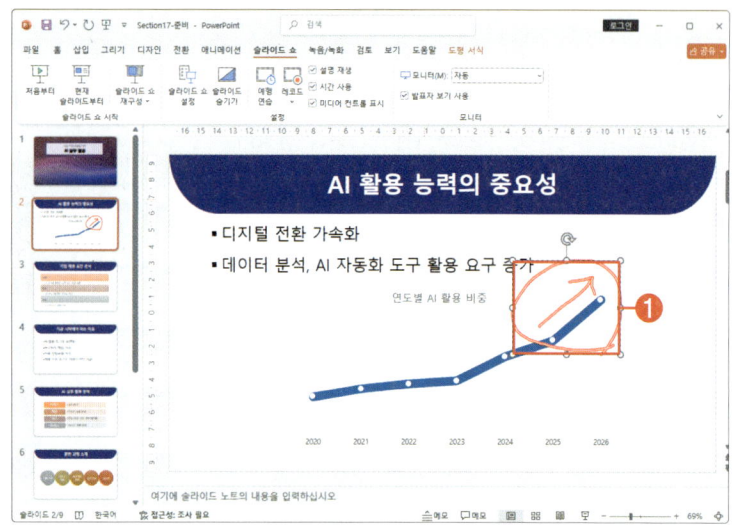

5 현재 창의 슬라이드부터 쇼를 시작하려면 ❶ [슬라이드 쇼] 탭의 [슬라이드 쇼 시작] 그룹에서 ❷ [현재 슬라이드부터]를 클릭합니다. 현재 선택된 슬라이드부터 쇼가 진행됩니다.

TIP 현재 슬라이드부터 슬라이드 쇼 시작하기 Shift + F5

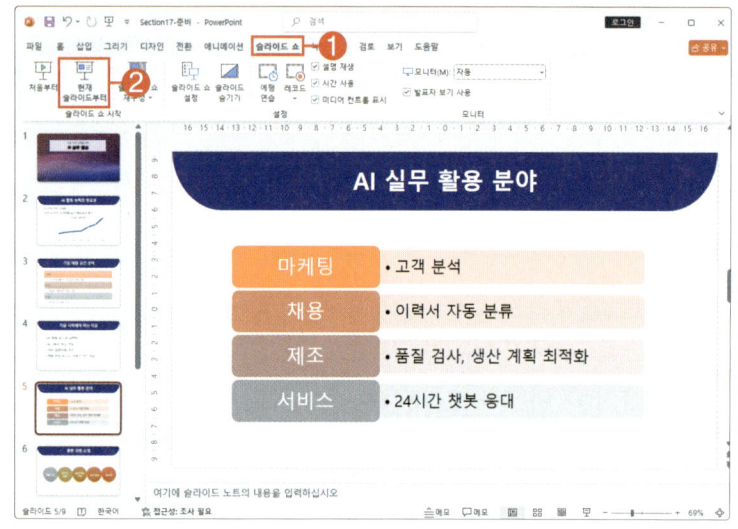

6 청중에 따라 슬라이드를 재구성할 수 있습니다. ❶ [슬라이드 쇼] 탭의 [슬라이드 쇼 시작] 그룹에서 ❷ [슬라이드 쇼 재구성]의 ❸ '쇼 재구성'을 클릭합니다. [쇼 재구성] 대화상자에서 ❹ '새로 만들기'를 클릭합니다.

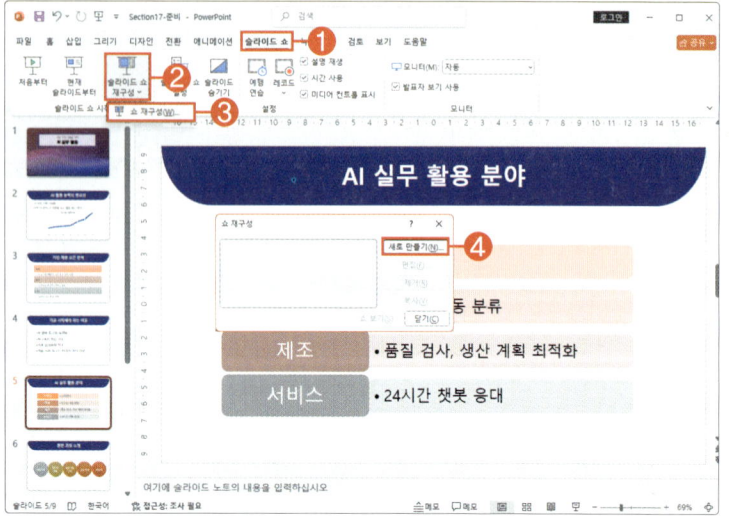

7 [쇼 재구성하기] 대화상자가 열리면 '슬라이드 쇼 이름'에 ❶ "교육 내용"을 입력합니다. '프레젠테이션에 있는 슬라이드'에서 ❷ 재구성할 슬라이드에 체크한 후 ❸ [추가]를 누릅니다. '재구성한 쇼에 있는 슬라이드'에 추가되면 ❹ [확인]을 클릭합니다.

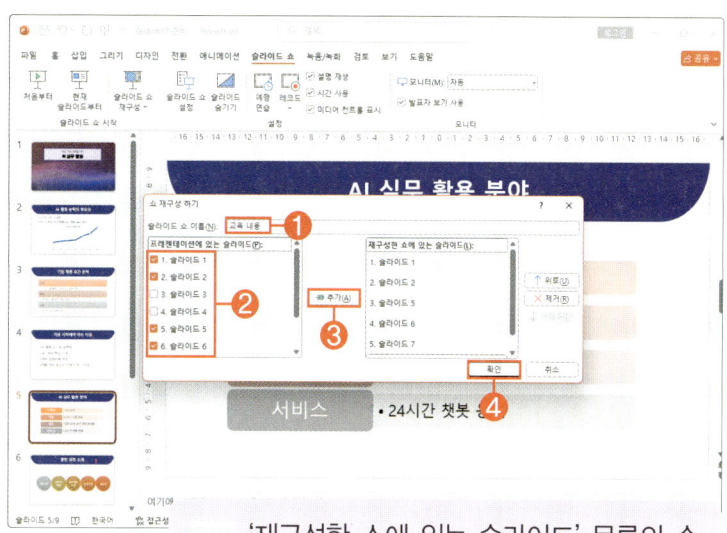

'재구성한 쇼에 있는 슬라이드' 목록의 순서를 변경하거나 목록에서 삭제할 수 있습니다.

8 [쇼 재구성] 대화상자에서 ❶ '교육 내용'을 선택한 후 ❷ '쇼 보기'를 클릭합니다. 재구성한 슬라이드만 슬라이드 쇼가 진행됩니다. 슬라이드 쇼를 마치려면 Esc 키를 누릅니다.

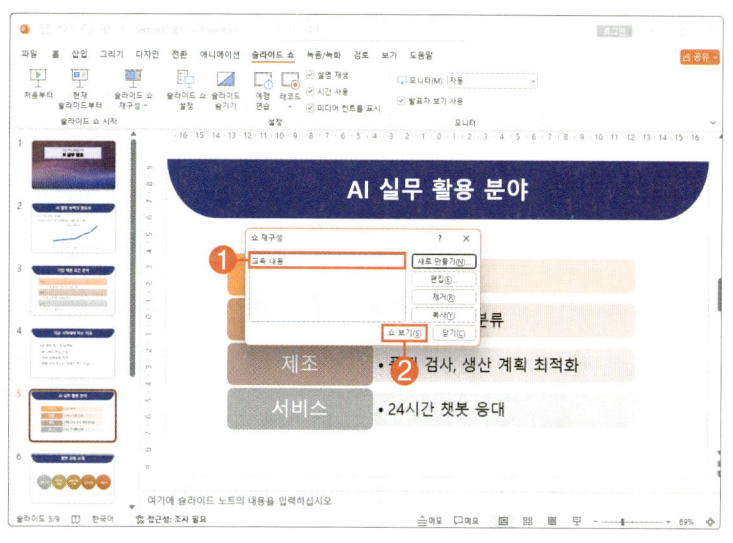

9 슬라이드를 여러 가지로 재구성해 두었다면 [슬라이드 쇼] 탭의 [슬라이드 쇼 시작] 그룹에서 ❶ [슬라이드 쇼 재구성]을 눌러 ❷ 목록에서 원하는 슬라이드를 선택하여 슬라이드 쇼를 신행할 수 있습니다.

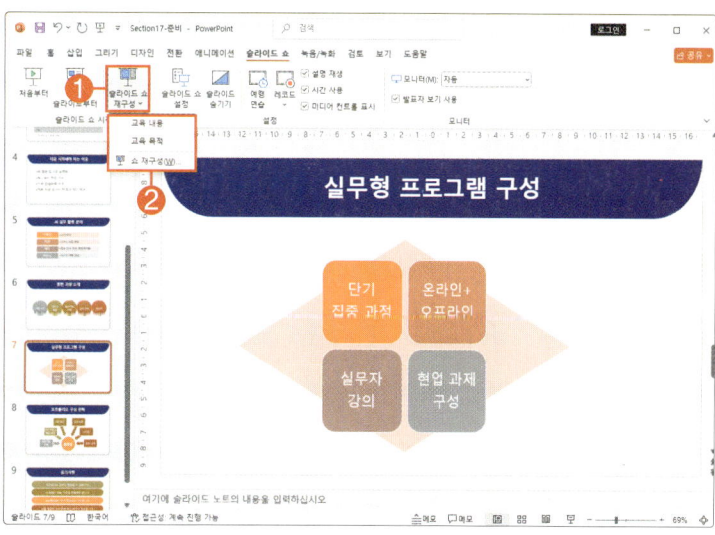

1 슬라이드를 재구성하면서 필요에 따라 슬라이드를 숨겨 놓을 수 있습니다. [화면 보기] 메뉴에서 ❶ '여러 슬라이드'를 클릭합니다.

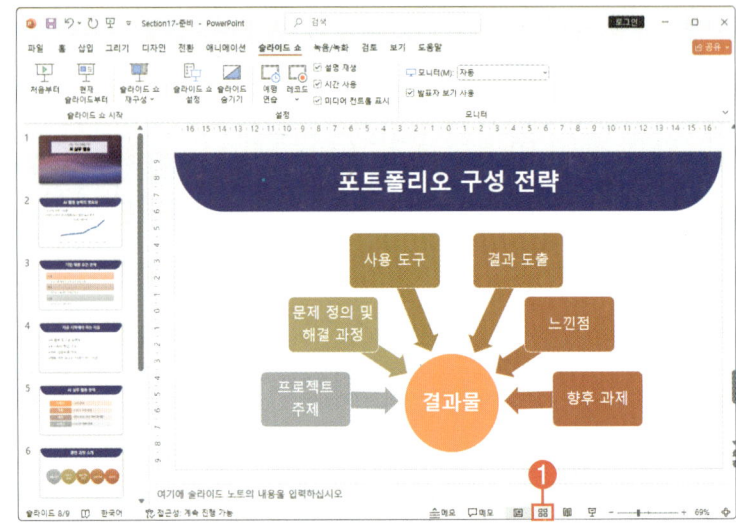

2 '여러 슬라이드' 보기에서 ❶ 숨길 슬라이드를 클릭합니다. 숨길 슬라이드가 여러 개일 때는 ❷ Ctrl 키를 누른 상태로 슬라이드를 선택한 후 ❸ [슬라이드 쇼] 탭의 [설정] 그룹에서 ❹ [슬라이드 숨기기]를 클릭합니다.

TIP 슬라이드를 선택한 후 마우스 오른쪽 버튼을 눌러 [빠른 메뉴]에서 '슬라이드 숨기기'를 클릭해도 됩니다. 선택한 슬라이드를 취소할 때는 Ctrl 키를 누른 상태에서 다시 한 번 클릭하면 선택이 해제됩니다.

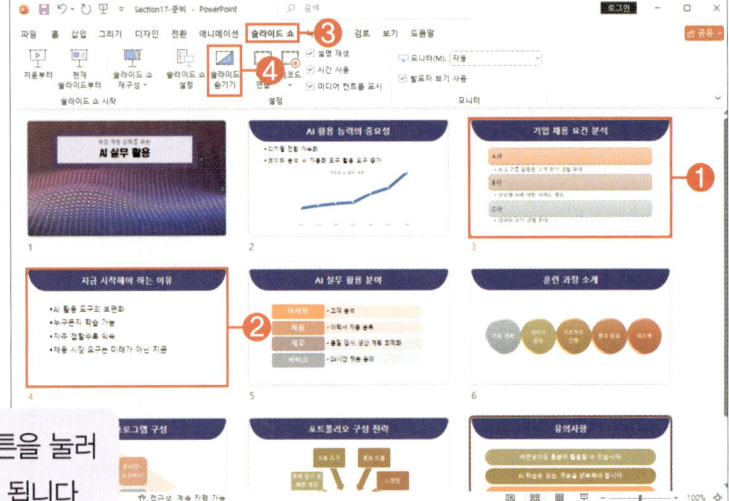

3 ❶ 숨긴 슬라이드 번호에는 '＼'가 표시됩니다. [슬라이드 쇼] 탭의 [슬라이드 쇼 시작] 그룹에서 ❷ '처음부터'를 클릭합니다. 숨긴 슬라이드는 슬라이드 쇼에서 제외됩니다.

TIP 슬라이드 숨기기를 취소하려면 숨긴 슬라이드를 선택한 상태에서 [슬라이드 쇼] 탭의 [슬라이드 쇼 시작] 그룹에서 [슬라이드 숨기기]를 클릭합니다.

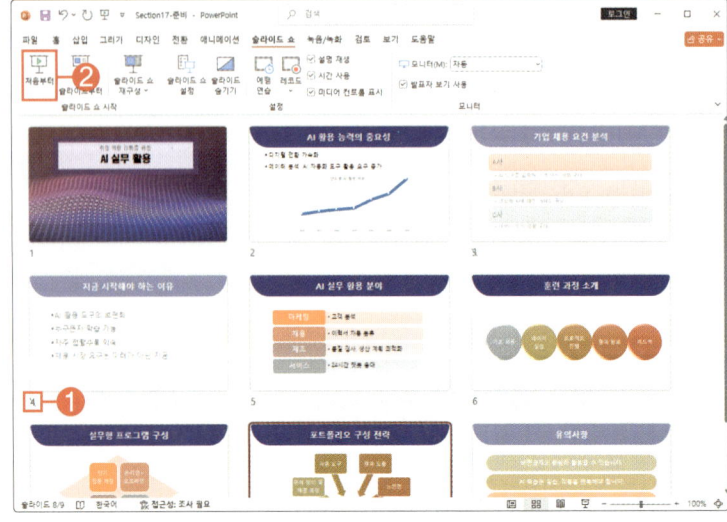

4 슬라이드 쇼 진행 구간을 사용자가 설정할 수 있습니다. ❶ [슬라이드 쇼] 탭의 [설정] 그룹에서 ❷ [슬라이드 쇼 설정]을 클릭합니다. [쇼 설정] 대화상자가 열리면 [슬라이드 표시]에서 ❸ '시작: 1, 끝: 6'으로 설정한 후 ❹ [확인]을 누릅니다. 선택한 구간만 슬라이드 쇼가 진행됩니다.

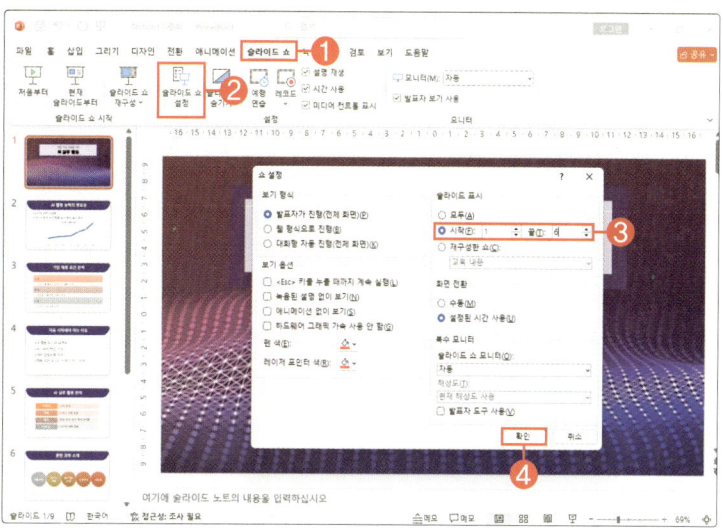

5 재구성한 쇼도 설정이 가능합니다. [쇼 설정] 대화상자에서 ❶ '재구성한 쇼'를 클릭한 후 ❷ '교육 내용'을 선택하고 ❸ [확인]을 누릅니다. '슬라이드 쇼'를 실행하면 재구성한 슬라이드만 진행됩니다.

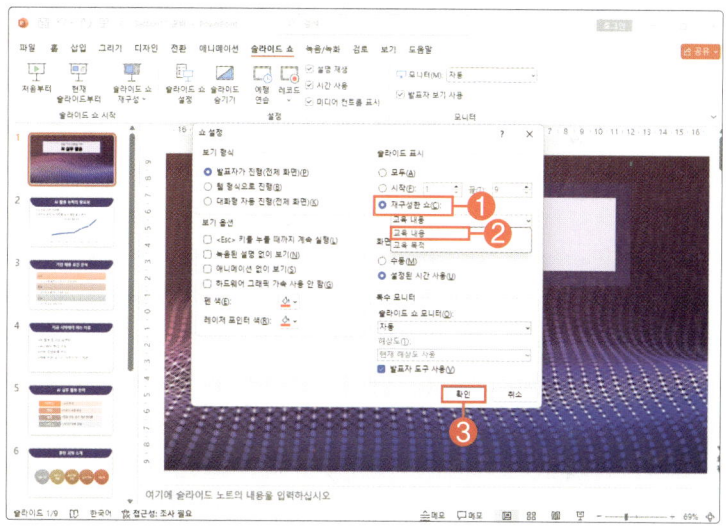

LEARN MORE

[쇼 설정] 대화상자

발표 상황에 맞게 슬라이드 쇼를 설정합니다.

❶ 발표자의 개입 없이 자동으로 진행되는 슬라이드 쇼를 만들 수 있습니다.

❷ 애니메이션 사용 여부를 선택할 수 있습니다.

❸ 펜과 레이저 포인터 색을 변경할 수 있습니다.

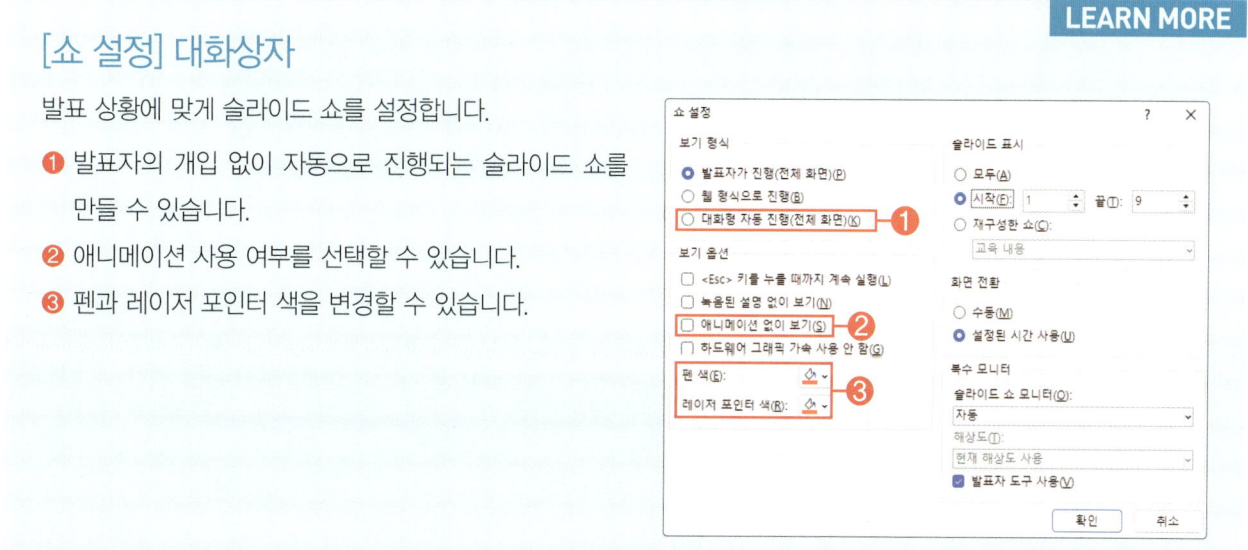

171

1 'Section17-기초-준비.pptx' 문서를 열고 다음 조건대로 슬라이드 쇼를 실행해 보세요.

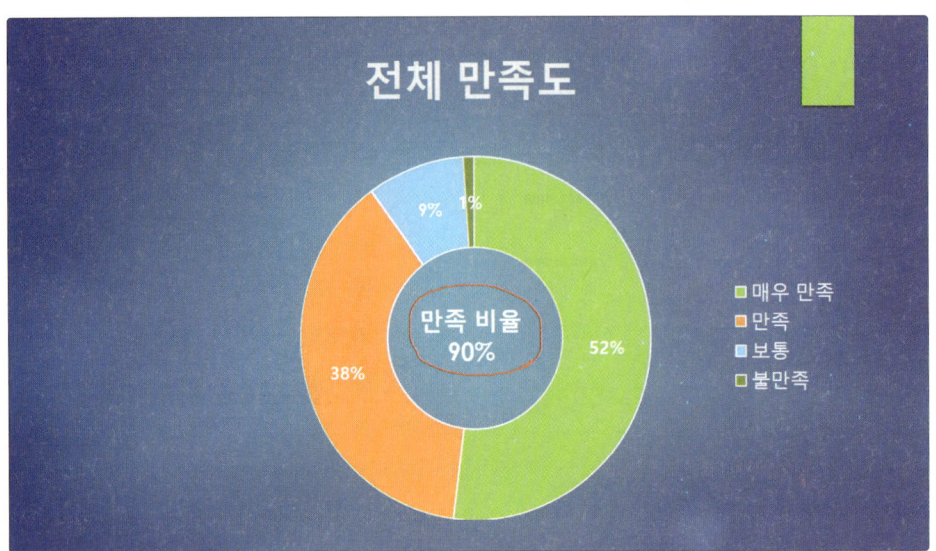

조건

❶ 처음부터 슬라이드 쇼를 진행하세요.

❷ 펜으로 '만족 비율 90%'에 동그라미를 그리세요.

2 1번 문제에 이어서 다음 조건대로 슬라이드 쇼를 실행해 보세요.

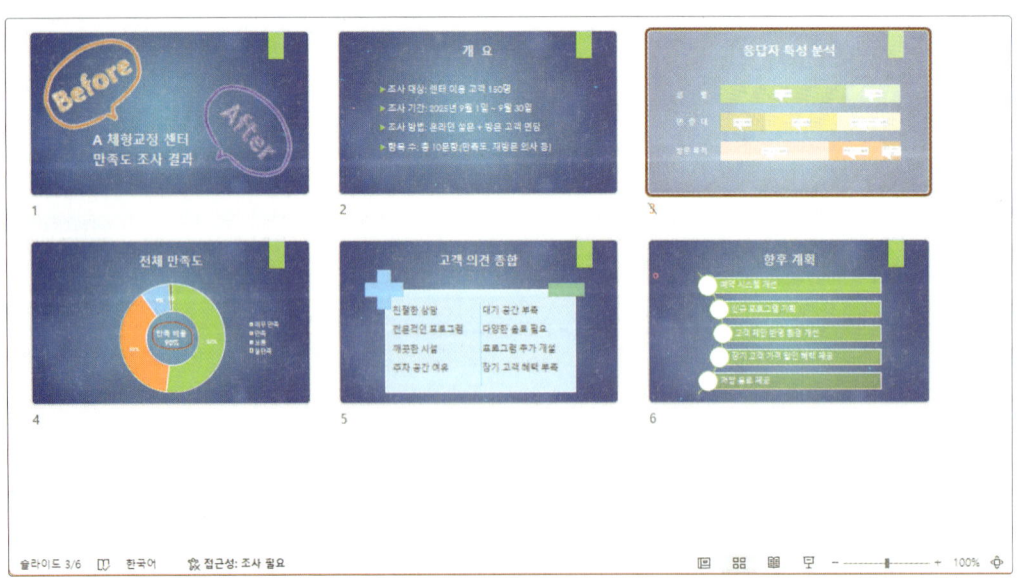

조건

❶ 단축키를 이용하여 5번 슬라이드부터 쇼를 진행하세요.

❷ 3번 슬라이드를 숨기세요.

1 'Section17-심화-준비.pptx' 문서를 열고 다음 조건대로 작성해 보세요.

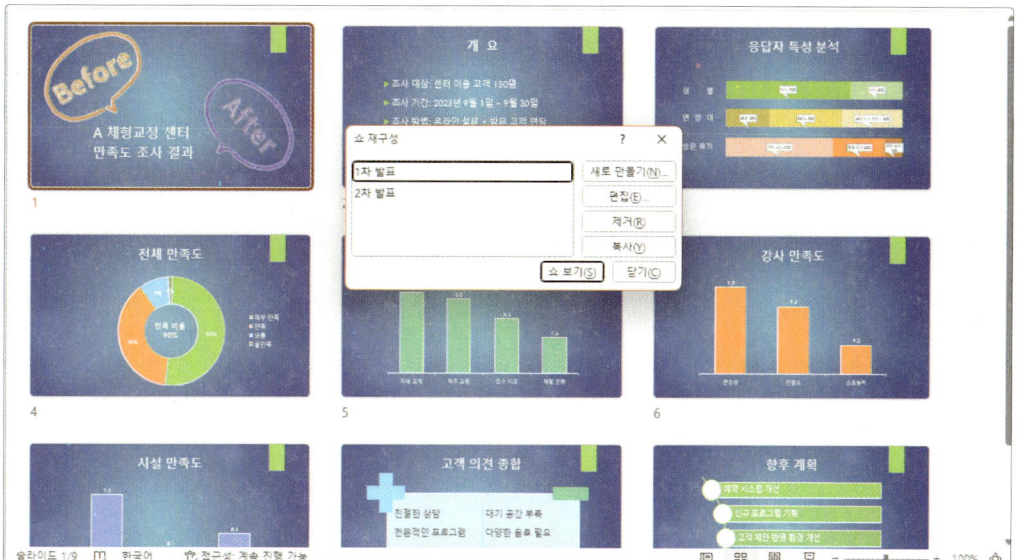

조건

❶ 슬라이드 쇼를 다음과 같이 두 가지로 재구성해 보세요.

1차 발표 1번, 2번, 3번, 4번, 8번, 9번 슬라이드

2차 발표 1번, 4번, 5번, 6번, 7번, 8번 슬라이드

2 1번 문제에 이어서 다음 조건대로 슬라이드 쇼를 실행해 보세요.

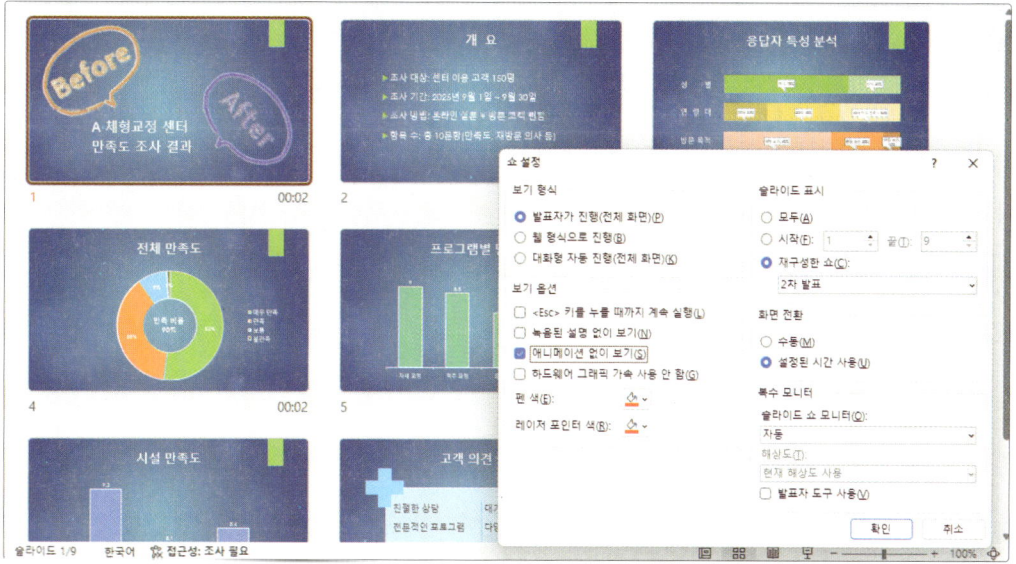

조건

❶ '2차 발표'는 '애니메이션 없이' 슬라이드 쇼를 실행하도록 설정하세요.

❷ '2차 발표' 슬라이드 쇼를 실행하세요.

18
SECTION

슬라이드 노트와 유인물 마스터

발표자의 원활한 발표를 돕고 청중에게 깊이 있는 정보를 제공하는 기능 중에 슬라이드 노트와 유인물 마스터가 있습니다. 슬라이드 노트는 발표 내용이나 슬라이드에 없는 보충 자료를 작성하여 발표자가 참고할 수 있게 해 주고 유인물 마스터는 청중에게 배포하는 자료의 디자인과 구성 방식을 설정해 줍니다.

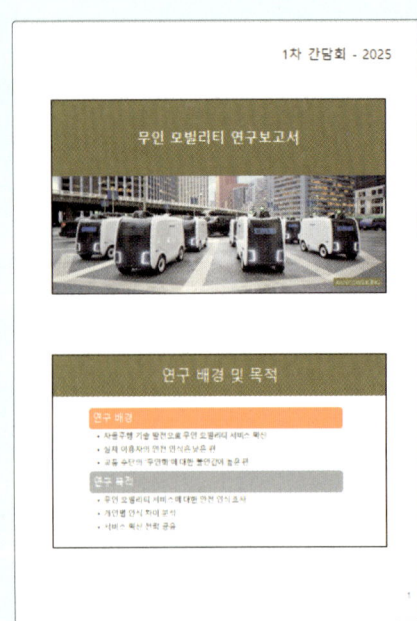
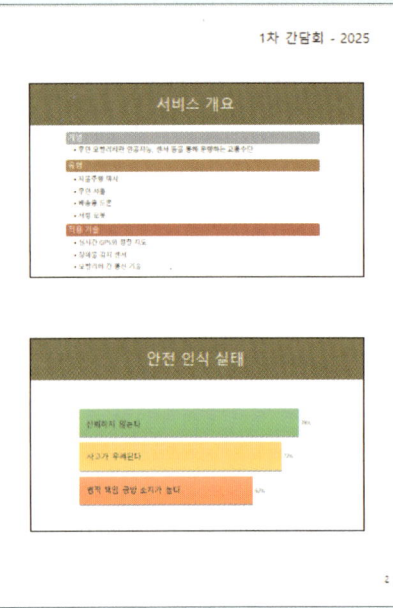
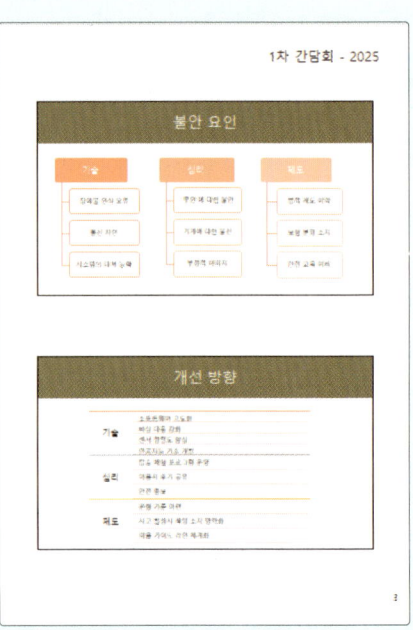

파일명 Section18-완성.pptx

MISSION

실습 1 슬라이드 노트 마스터

실습 2 슬라이드 유인물 마스터

CHECK POINT

포인트 1 슬라이드 노트 영역에 내용을 입력해 봅니다.

포인트 2 슬라이드 노트 마스터를 이용하여 슬라이드 이미지와 노트 영역을 편집해 봅니다.

포인트 3 슬라이드 유인물 마스터를 이용하여 인쇄 슬라이드의 영역을 편집해 봅니다.

슬라이드 노트 마스터

1 'Section18.pptx' 파일을 열고 프레젠테이션을 할 때 참고할 내용이나 메모 등을 슬라이드 노트에 입력합니다. ❶ [보기] 탭의 [표시] 그룹에서 ❷ [슬라이드 노트]를 클릭합니다. ❸ 슬라이드 아래쪽에 '슬라이드 노트' 영역이 표시됩니다. ❹ 슬라이드 노트의 경계선을 드래그하여 영역을 조절합니다.

TIP 슬라이드 노트는 청중에게는 보이지 않고 발표자에게만 보입니다.
슬라이드 하단의 ☰메모 를 클릭해도 슬라이드 노트 영역이 표시됩니다.

2 프레젠테이션을 할 때 ❶ 참고할 내용을 슬라이드 노트에 입력합니다.

3 슬라이드 노트에 입력한 내용을 확인하기 위해 [파일] 탭의 ❶ [인쇄]를 클릭합니다. [인쇄 모양]에서 ❷ '슬라이드 노트'를 클릭하면 ❸ '미리 보기' 창에 슬라이드 노트가 표시됩니다. ❹ ⬅를 눌러 편집 창으로 전환합니다.

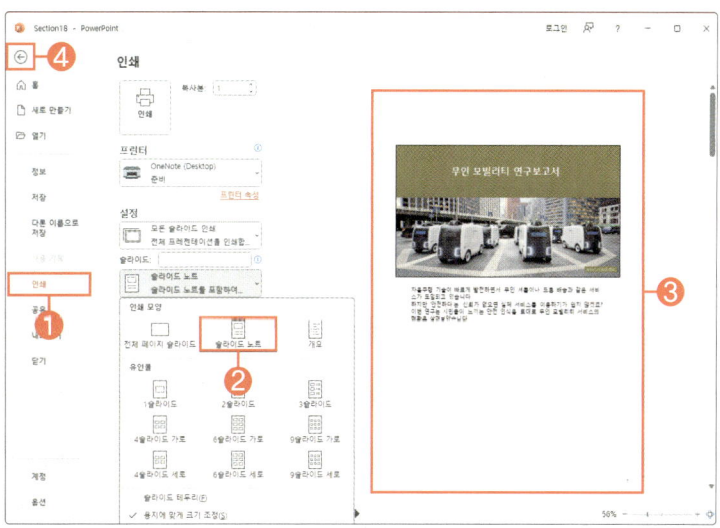

175

4 슬라이드 노트가 인쇄될 때 나타나는 모양을 수정할 수 있습니다. ❶ [보기] 탭의 [마스터 보기] 그룹에서 ❷ [슬라이드 노트 마스터]를 클릭합니다.

5 [슬라이드 노트 마스터] 창이 열립니다. '머리글' 영역에 ❶ "간담회 발표 노트"를 입력합니다. ❷ 슬라이드의 크기를 작게 조절합니다.

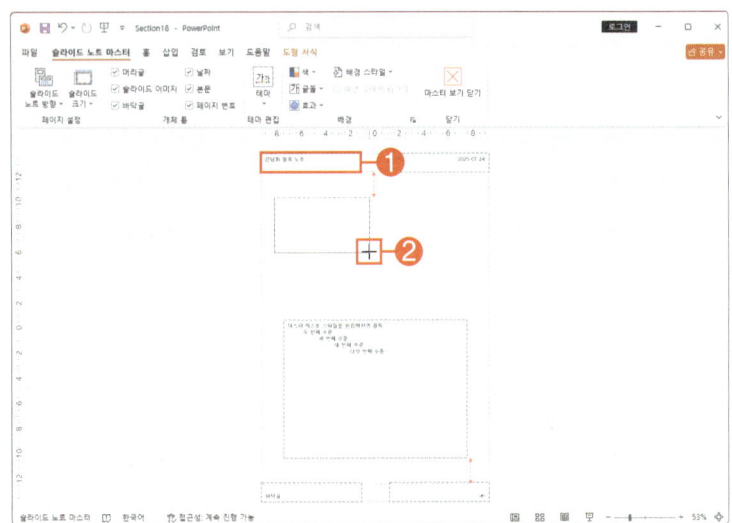

6 ❶ 슬라이드 노트가 입력되는 틀의 크기를 드래그하여 키우고 ❷ 첫 번째 단락을 블록 설정한 후 ❸ '글꼴 크기'를 '32'로 조절합니다. [슬라이드 노트 마스터] 탭의 ❹ [마스터 보기 닫기]를 클릭합니다.

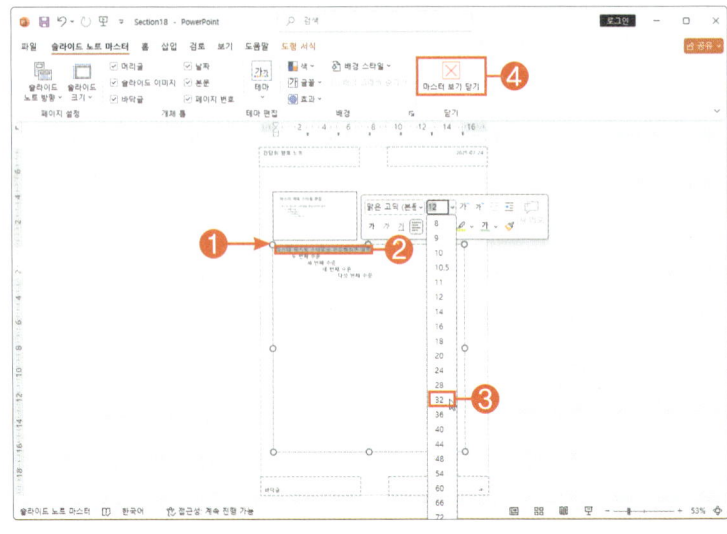

7 [파일] 탭의 ❶ [인쇄]를 클릭하여 인쇄 영역을 ❷ '슬라이드 노트'로 선택합니다. ❸ 슬라이드 크기가 줄고 슬라이드 노트 영역이 넓어진 것을 확인할 수 있습니다.

8 슬라이드 노트 마스터에 입력했던 '머리글'을 표시하기 위해 ❶ '머리글 및 바닥글 편집'을 클릭합니다. [머리글/바닥글] 대화상자가 열리면 ❷ [슬라이드 노트 및 유인물] 탭의 ❸ '머리글'에 체크하고 ❹ [모두 적용]을 클릭합니다.

> **TIP** '날짜 및 시간'을 체크하여 사용자가 직접 날짜를 입력하거나 자동으로 현재 날짜를 입력할 수 있습니다.

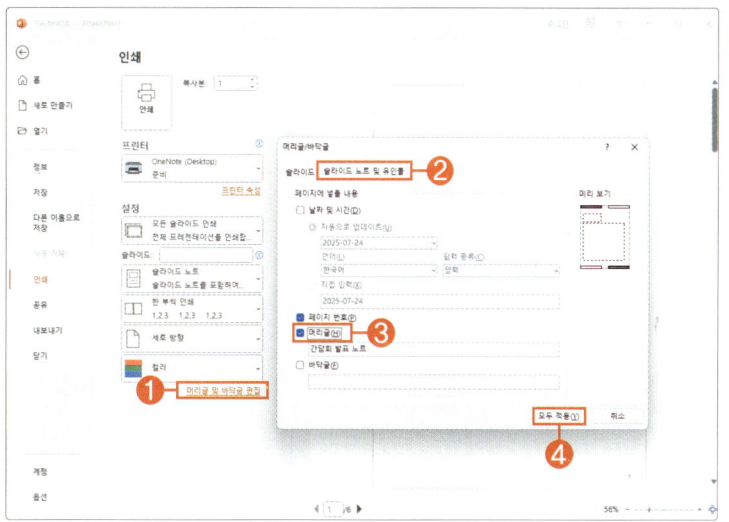

9 ❶ '머리글'이 표시됩니다. 슬라이드 노트가 완성되면 ❷ [인쇄]를 클릭하여 출력할 수 있습니다.

> **TIP** 슬라이드 노트를 작성해 두면 발표자의 발표 부담을 덜 수 있습니다.

177

슬라이드 유인물 마스터

1 청중에게 배포하는 인쇄물은 유인물 마스터에서 편집할 수 있습니다. ❶ [보기] 탭의 [마스터 보기] 그룹에서 ❷ [유인물 마스터]를 클릭합니다.

2 배포할 문서의 편집 용지 방향을 바꾸기 위해 ❶ [유인물 마스터] 탭의 [페이지 설정] 그룹에서 ❷ [유인물 방향]의 ❸ '가로'를 클릭합니다.

[인쇄]에서 '유인물' 인쇄는 기본적으로 '세로'로 출력됩니다. '가로'로 출력하기 위해서는 '유인물 마스터'에서 설정합니다.

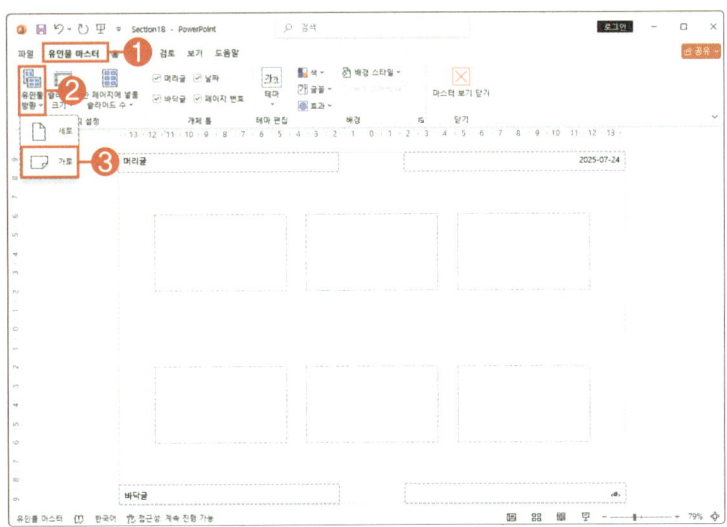

3 한 페이지에 넣을 슬라이드 수를 지정하기 위해 [유인물 마스터] 탭의 [페이지 설정] 그룹에서 ❶ [한 페이지에 넣을 슬라이드 수]를 클릭한 후 ❷ '2슬라이드'를 선택합니다.

[유인물 마스터] 탭의 [개체 틀] 그룹에서 머리글, 바닥글, 날짜, 페이지 번호가 나타나게 설정할 수 있습니다.

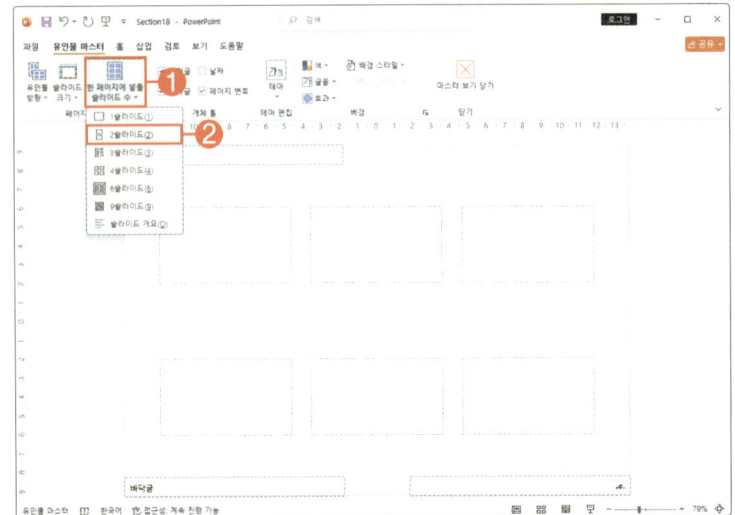

4 유인물에 삽입할 문구를 작성하기 위해 ❶ [삽입] 탭의 [텍스트] 그룹에서 ❷ [텍스트 상자]의 ❸ '가로 텍스트 상자 그리기'를 선택한 후 ❹ "1차 간담회 – 2025"를 입력합니다. 입력이 끝나면 '가로 텍스트 상자'를 드래그하여 오른쪽 상단으로 이동합니다.

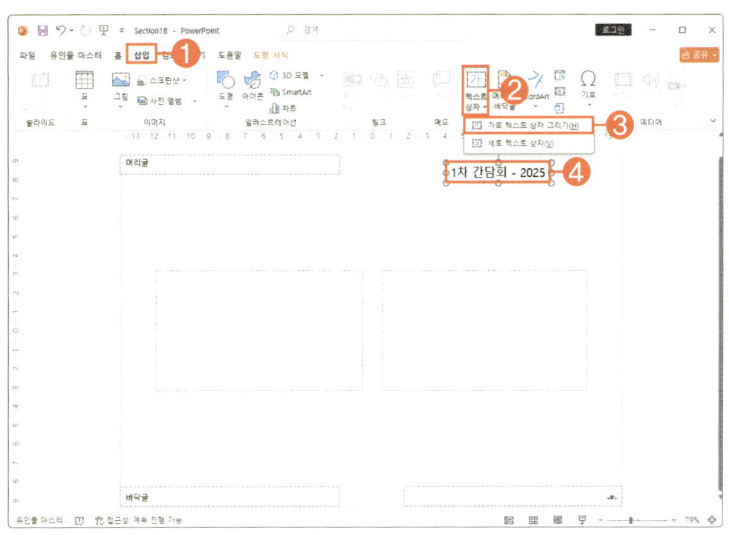

5 [유인물 마스터] 탭의 [닫기] 그룹에서 ❶ [마스터 보기 닫기]를 클릭하여 기본 화면으로 전환합니다.

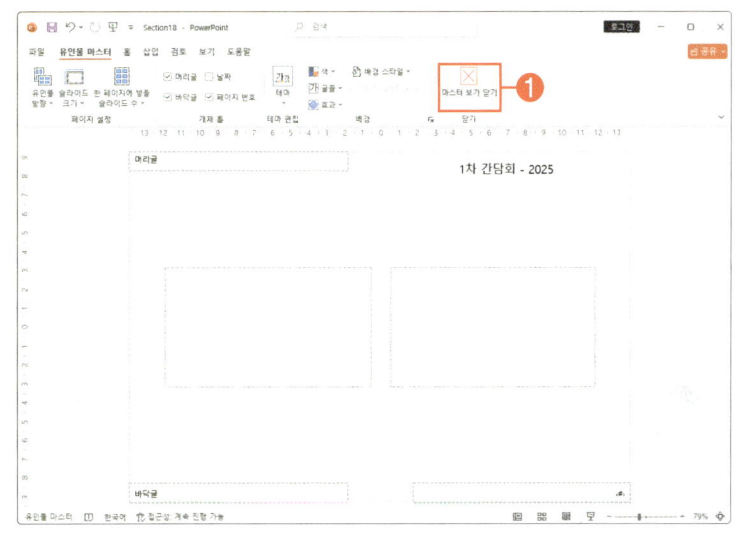

6 [파일] 탭의 ❶ [인쇄]를 클릭하여 '인쇄 영역'을 ❷ '유인물: 4슬라이드 가로'를 선택합니다. 슬라이드와 별개로 유인물을 관리할 수 있습니다.

1 'Section18-기초-준비.pptx' 문서를 열고 다음 조건대로 슬라이드 노트 마스터를 작성해 보세요.

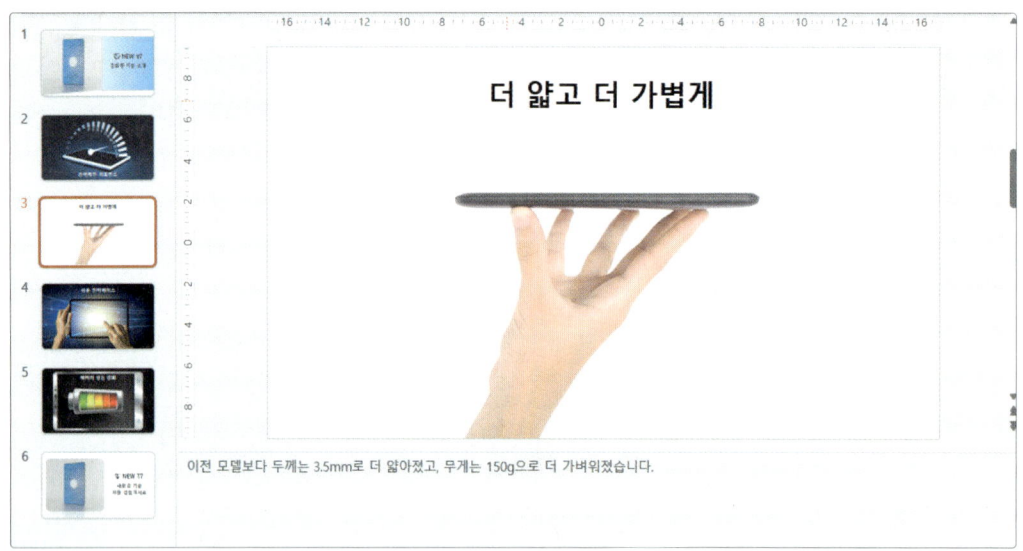

조건

❶ 3번 슬라이드 노트에 "이전 모델보다 두께는 3.5mm로 더 얇아졌고, 무게는 150g으로 더 가벼워졌습니다."를 입력하세요.

❷ '슬라이드 노트'의 방향을 '가로'로 설정하세요.

2 1번 문제에 이어서 다음 조건대로 유인물 마스터를 작성해 보세요.

조건

❶ '슬라이드 유인물'의 방향을 '세로'로 설정하세요.

❷ '머리글', '바닥글', '날짜'는 표시되지 않게 설정하세요.

1 'Section18-심화-준비.pptx' 문서를 열고 다음 조건대로 슬라이드 노트 마스터를 작성해 보세요.

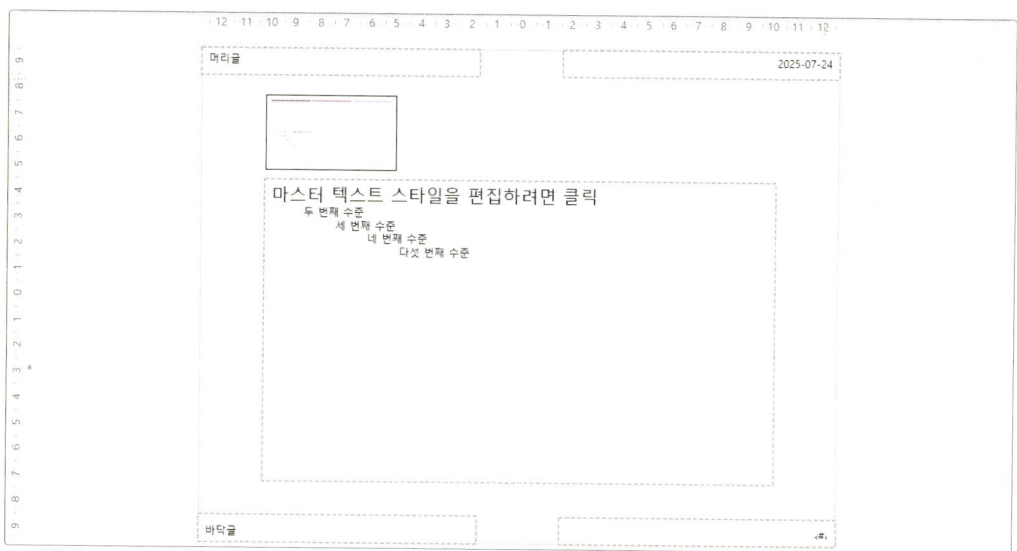

조건

❶ 슬라이드 노트 방향을 가로로 설정하세요.

❷ 슬라이드 노트에서 첫 번째 단락의 글꼴 크기를 20pt로 설정하세요.

❸ 슬라이드 이미지의 크기를 작게 줄인 후 왼쪽으로 이동하세요.

❹ 슬라이드 노트 영역을 늘린 후 마스터 보기를 닫으세요.

2 1번 문제에 이어서 다음 조건대로 유인물 마스터를 작성하여 인쇄해 보세요.

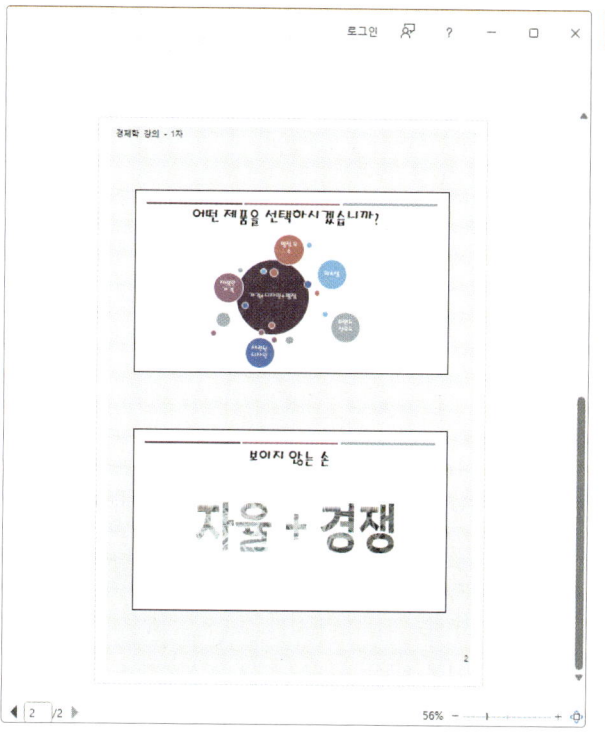

조건

❶ 유인물 방향을 '세로'로 설정하세요.

❷ '바닥글'과 '날짜'는 표시되지 않게 설정하세요.

❸ '한 페이지에 넣을 슬라이드 수'를 '2슬라이드'로 설정하세요.

❹ '배경 스타일'을 '스타일 2'로 설정 하세요.

❺ 유인물 머리글에 "경제학 강의 – 1 차"를 입력하세요.

❻ 유인물을 인쇄하세요.

19
SECTION

자동 실행 슬라이드 쇼와 리허설

프레젠테이션을 잘하기 위해 가장 중요한 것은 연습입니다. 슬라이드 쇼의 자동 실행 기능과 리허설 도구를 활용하여 시간 조율과 흐름 점검이 가능합니다. 또한 발표자 도구를 이용하여 프레젠테이션을 진행할 수 있습니다.

파일명 Section19–완성.pptx

MISSION

실습 1 자동 실행 슬라이드 쇼

실습 2 리허설 녹화하기

실습 3 발표자 도구 활용하기

CHECK POINT

포인트 1 슬라이드 쇼를 예행 연습하고 걸린 시간을 기록해 봅니다.

포인트 2 프레젠테이션을 녹화하여 자동으로 실행되는 쇼로 저장해 봅니다.

포인트 3 발표자 도구를 활용해 슬라이드 쇼를 실행해 봅니다.

자동 실행 슬라이드 쇼

1 'Section19.pptx' 파일을 엽니다. 리허설을 진행하기 위해 ❶ 1번 슬라이드를 선택한 후 ❷ [슬라이드 쇼] 탭의 [설정] 그룹에서 ❸ [예행 연습]을 클릭합니다.

2 ❶ 화면 왼쪽 상단에 '녹화' 상자가 나타나면서 시간이 기록됩니다. '방향키' 또는 Enter 키를 눌러 화면을 넘기면서 실제 발표하는 것처럼 연습합니다.

'녹화' 상자의 일시 정지(Ⅱ) 버튼을 눌러 잠시 멈추었다가 진행할 수 있습니다.

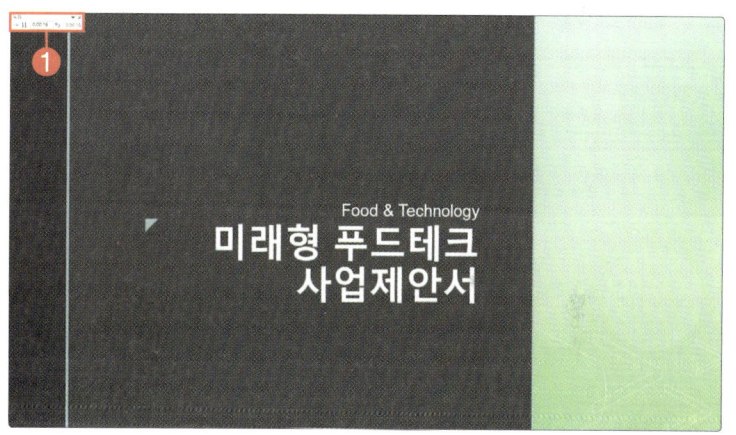

3 마지막 슬라이드까지 예행 연습이 끝나면 슬라이드 쇼에 걸린 시간을 저장할 것인지 묻는 창이 나타납니다. ❶ [예]를 클릭합니다.

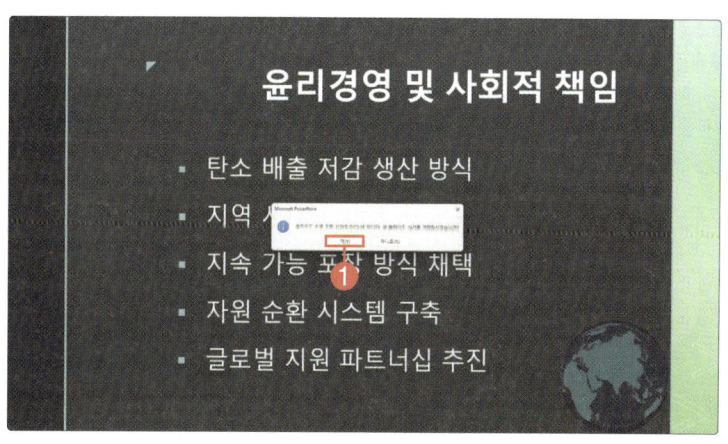

4 화면 아래쪽의 [화면 보기]에서 ❶ '여러 슬라이드'를 클릭합니다. 예행 연습에서 걸린 시간이 슬라이드마다 표시됩니다. 전체 발표 시간이 적절하지 않으면 '예행 연습'을 새로 시작합니다. 예행 연습을 통해 실제 프레젠테이션에 필요한 시간을 관리할 수 있습니다.

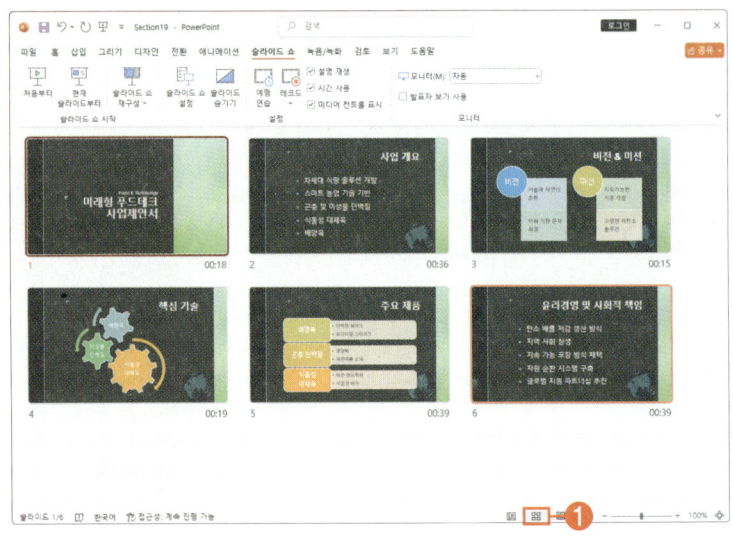

5 기록된 예행 연습 시간대로 슬라이드를 자동 실행하려면 ❶ [슬라이드 쇼] 탭의 [설정] 그룹에서 ❷ [슬라이드 쇼 설정]을 클릭합니다. [쇼 설정] 대화상자에서 ❸ '대화형 자동 진행'을 선택한 후 ❹ [확인]을 클릭합니다. [슬라이드 쇼 시작] 그룹의 ❺ [처음부터]를 클릭하거나 F5 키를 눌러 슬라이드 쇼를 시작합니다. 설정된 시간대로 슬라이드가 자동 실행됩니다.

6 슬라이드에 기록된 시간을 모두 삭제하려면 ❶ [슬라이드 쇼] 탭의 [설정] 그룹에서 ❷ [레코드]를 선택한 후 ❸ [지우기]의 ❹ [모든 슬라이드의 타이밍 지우기]를 클릭합니다.

사용자가 직접 슬라이드를 전환하려면 [슬라이드 쇼] 탭의 [설정] 그룹에서 '시간 사용' 체크를 해제합니다.

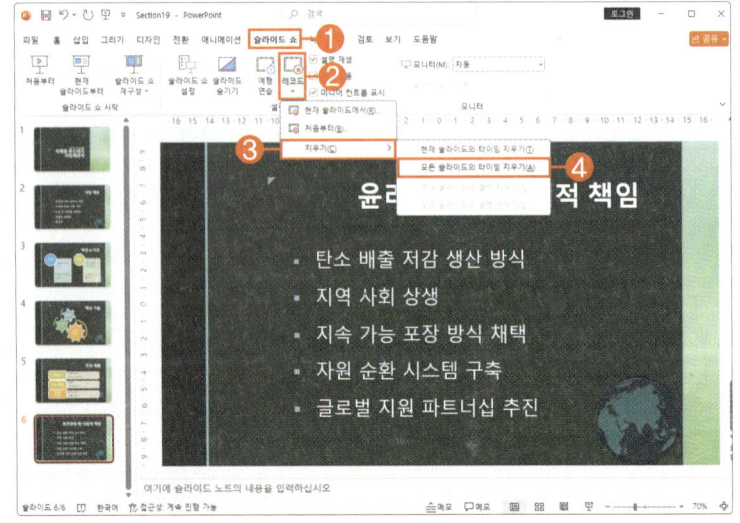

실습 2 리허설 녹화하기

1 발표자의 음성과 필기 내용을 모두 녹화하기 위해 ① [슬라이드 쇼] 탭의 [설정] 그룹에서 ② [레코드]의 ③ '처음부터'를 클릭합니다.

> TIP '레코드' 기능은 발표자가 슬라이드를 설명하는 음성과 잉크 필기, 레이저 포인터, 시간 등을 기록할 수 있습니다.

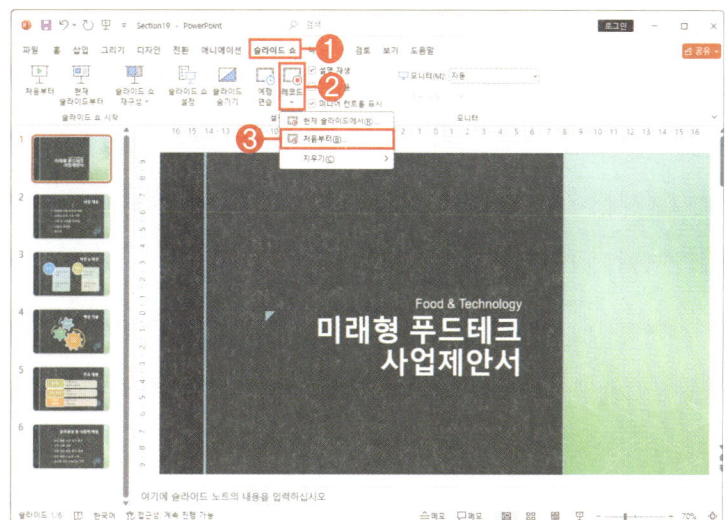

2 슬라이드 쇼 화면으로 전환되면서 화면 위쪽에 녹화 버튼이 나타납니다. ① 녹음/녹화 시작(◉)을 클릭합니다.

> TIP 오른쪽 화면 위쪽에 '설정'에서 녹음/녹화에 사용할 마이크와 카메라를 설정할 수 있습니다.

3 슬라이드 쇼가 진행되는 동안 필기하는 내용도 기록이 됩니다. ① 슬라이드 아래쪽의 팔레트에서 펜 색을 변경할 수 있습니다.

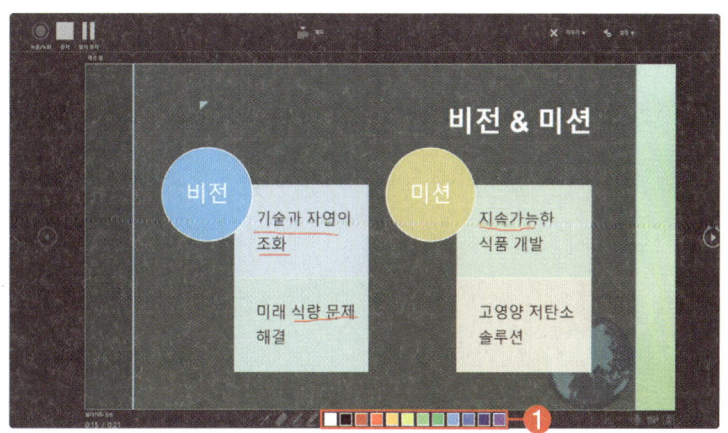

4 슬라이드 아래쪽의 [화면 보기] 에서 ❶ '여러 슬라이드'를 클릭합니다. 슬라이드 쇼가 진행되는 동안 필기한 내용과 녹음 시간이 기록되어 있습니다.

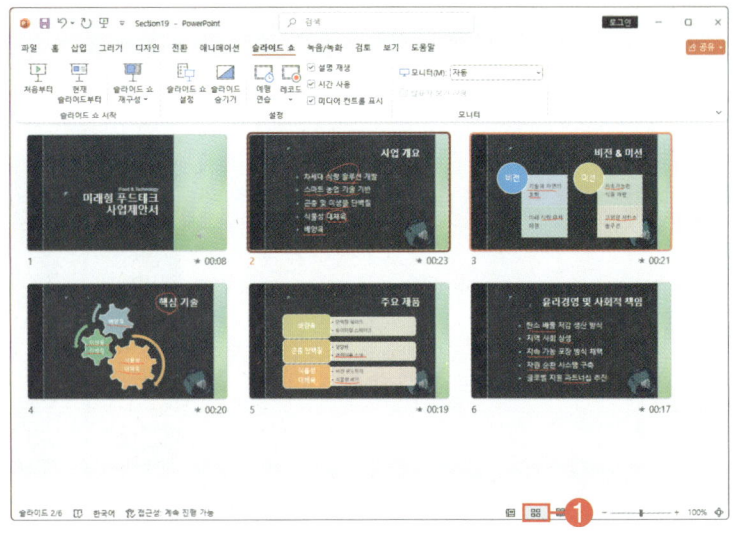

5 녹음이 완료되면 슬라이드마다 스피커 모양이 생깁니다. ❶ 재생(▶) 버튼을 클릭하여 녹음을 확인할 수 있습니다.

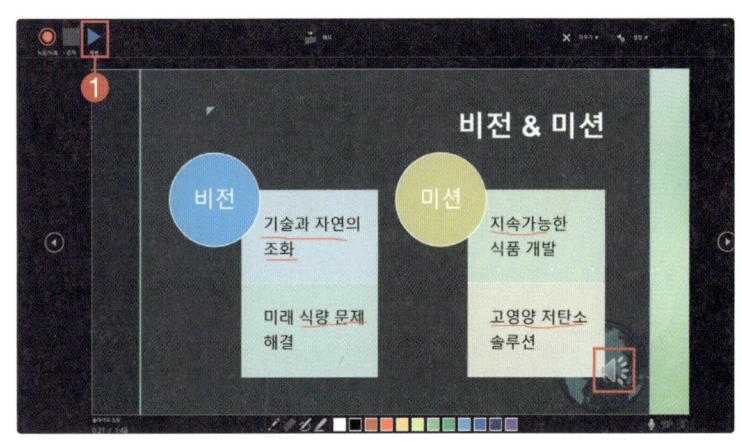

6 [슬라이드 쇼] 탭의 [설정] 그룹에서 ❶ [레코드]의 ❷ '지우기'를 클릭하면 ❸ 녹음된 시간과 필기한 내용을 삭제할 수 있습니다.

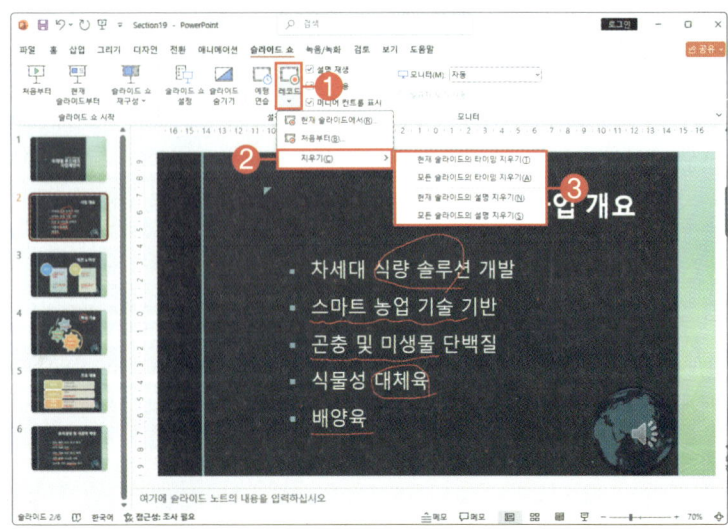

발표자 도구 활용하기

1 프레젠테이션을 할 때 발표자가 보는 화면에는 발표자 도구를 표시하고 청중이 보는 화면에는 슬라이드 쇼를 표시할 수 있습니다. ❶ [슬라이드 쇼] 탭의 [모니터] 그룹에서 ❷ '발표자 보기 사용'에 체크합니다. F5 키를 눌러 프레젠테이션을 실행합니다.

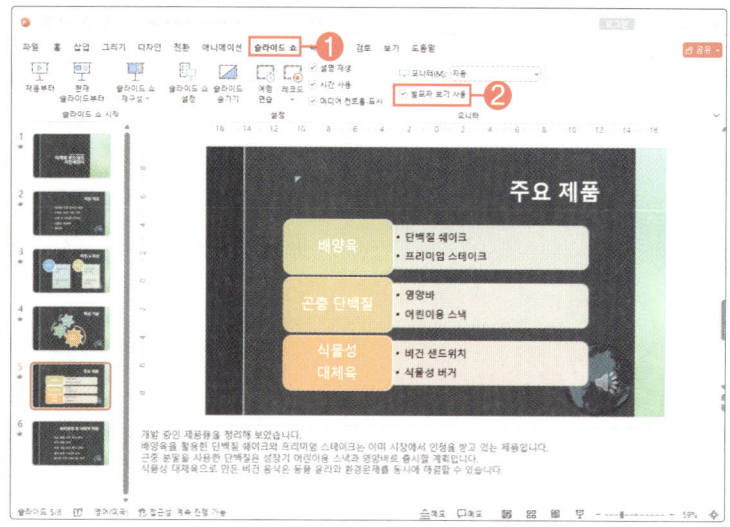

2 발표자가 보는 화면과 청중이 보는 화면이 다릅니다. 청중이 보는 화면에는 슬라이드 쇼 화면만, 발표자가 보는 모니터에는 슬라이드 노트와 슬라이드 쇼가 표시됩니다.

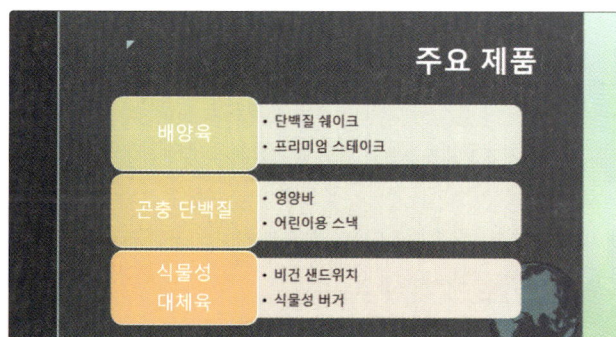

청중이 보는 화면

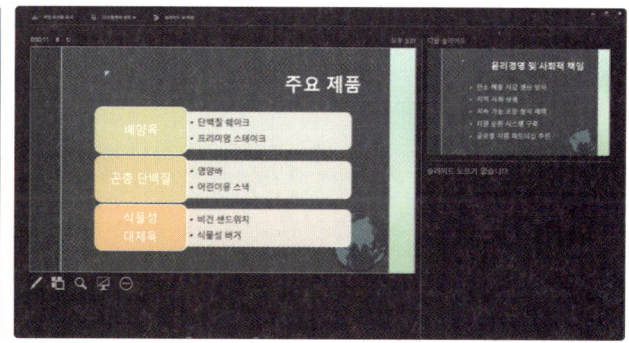

발표자가 보는 화면

3 모니터가 하나일 경우 발표자 도구를 보려면 슬라이드 쇼가 진행되는 상태에서 마우스 오른쪽 버튼을 눌러 [빠른 메뉴]에서 ❶ '발표자 도구 표시'를 선택합니다. 단축키 Alt + F5 키를 사용해도 됩니다.

TIP [슬라이드 쇼 설정]에서 '대화형 자동 진행'이 체크되어 있으면 '발표자 도구 표시'가 되지 않습니다. '발표자가 진행'을 체크해야 합니다.

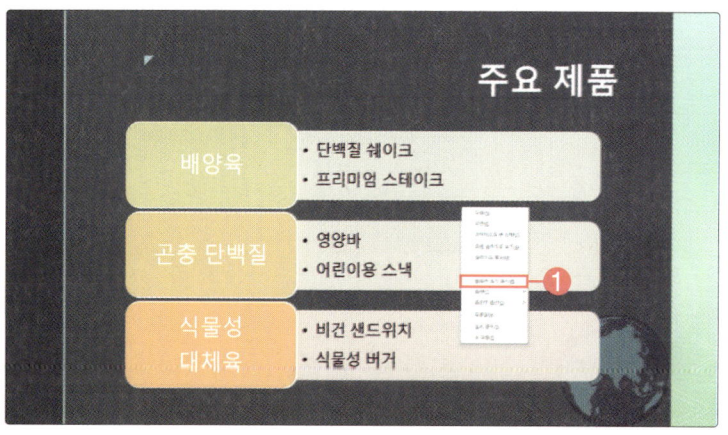

1 'Section19-기초-준비.pptx' 문서를 열고 다음 조건대로 슬라이드 쇼를 실행해 보세요.

조건

❶ 슬라이드의 '예행 연습'을 실행하세요.

❷ 예행 연습한 시간을 저장하세요.

2 1번 문제에 이어서 다음 조건대로 슬라이드 쇼를 설정해 보세요.

조건

❶ 6번 슬라이드를 숨기세요.

❷ 자동으로 실행되는 프레젠테이션으로 설정하세요.

1 'Section19-심화-준비.pptx' 문서를 열고 다음 조건대로 슬라이드 쇼를 실행해 보세요.

조건
❶ 모든 슬라이드의 전환 효과를 '닦아내기 – 왼쪽에서'로 설정하세요.

❷ 전환 시간을 '3초'로 설정하세요.

2 1번 문제에 이어서 다음 조건대로 실행해 보세요.

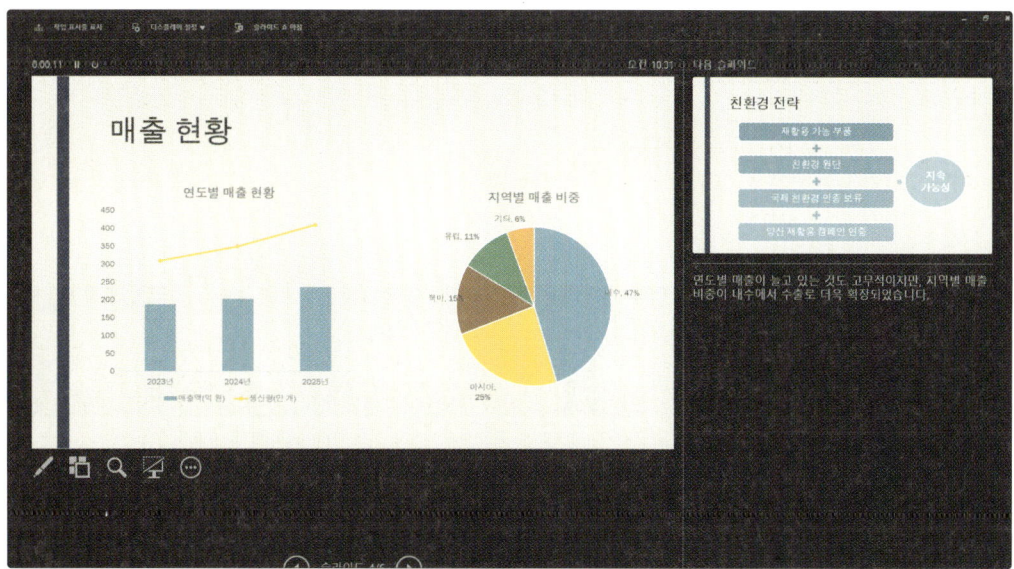

조건
❶ 발표자 도구를 사용하여 슬라이드 쇼를 진행하세요.

❷ 자동으로 실행되는 '파워포인트 쇼' 파일(.ppxs)로 저장하세요.

20 SECTION 슬라이드 비디오 만들기와 인쇄하기

프레젠테이션 환경이 온라인/오프라인 강의, 비대면 보고, 비디오 플랫폼 업로드 등 다양한 형태로 확장되면서 발표 내용을 영상 콘텐츠로 활용하는 방식이 유용해졌습니다. 파워포인트에서는 사용자가 원하는 파일 형식으로 저장할 수 있고 다양한 방법으로 인쇄하여 배포할 수 있습니다.

파일명 Section20-완성.pptx

MISSION

실습 1 슬라이드 비디오 만들기

실습 2 인쇄 설정하기

실습 3 발표자 노트 인쇄하기

CHECK POINT

포인트 1 슬라이드를 비디오로 저장해 봅니다.

포인트 2 인쇄 방식을 설정하여 다양하게 인쇄해 봅니다.

포인트 3 발표자 노트를 인쇄하여 발표용으로 활용해 봅니다.

슬라이드 비디오 만들기

1 'Section20.pptx' 파일을 열고 슬라이드가 자동으로 전환되도록 설정합니다. ❶ [전환] 탭의 [슬라이드 화면 전환] 그룹에서 ❷ [화면 전환 효과]의 '닦아내기'를 선택한 후 ❸ [효과 옵션]의 ❹ '왼쪽에서'를 클릭합니다. [타이밍] 그룹에서 ❺ '마우스를 클릭할 때'를 체크 해제하고 '다음 시간 후: 4초'를 설정한 후 ❻ '모두 적용'을 클릭합니다.

TIP 비디오 파일로 저장하려면 시간을 먼저 설정합니다. '전환 효과' 또는 '슬라이드 예행 연습'을 이용해 슬라이드에 시간을 설정할 수 있습니다.

2 비디오 파일로 저장하기 위해 [파일] 탭의 ❶ [내보내기]를 선택한 후 ❷ [비디오 만들기]를 클릭합니다. ❸ [기록된 시간 및 설명 사용]을 선택한 후 ❹ [비디오 만들기]를 클릭합니다. 슬라이드에 저장된 전환 시간을 이용해 자동으로 넘어가는 비디오가 생성됩니다.

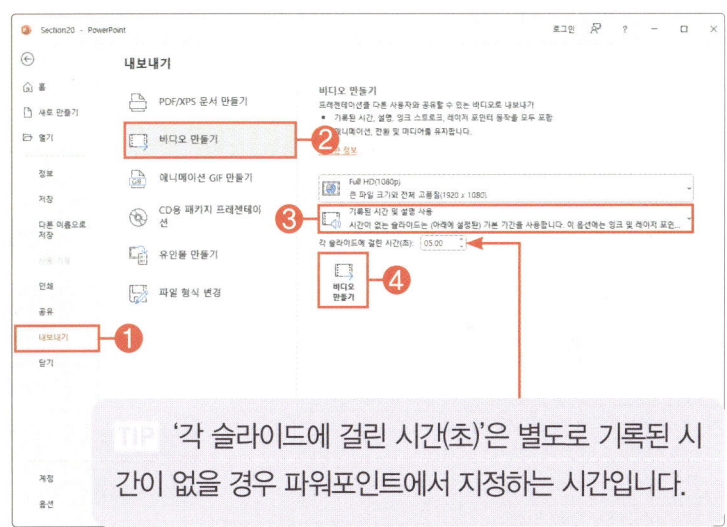

TIP '각 슬라이드에 걸린 시간(초)'은 별도로 기록된 시간이 없을 경우 파워포인트에서 지정하는 시간입니다.

3 [다른 이름으로 저장] 대화상자가 열리면 ❶ '파일 이름'에 "미래 직업 탐구"를 입력합니다. ❷ '파일 형식'은 'MPEG-4 비디오'로 설정한 후 ❸ [저장]을 클릭합니다.

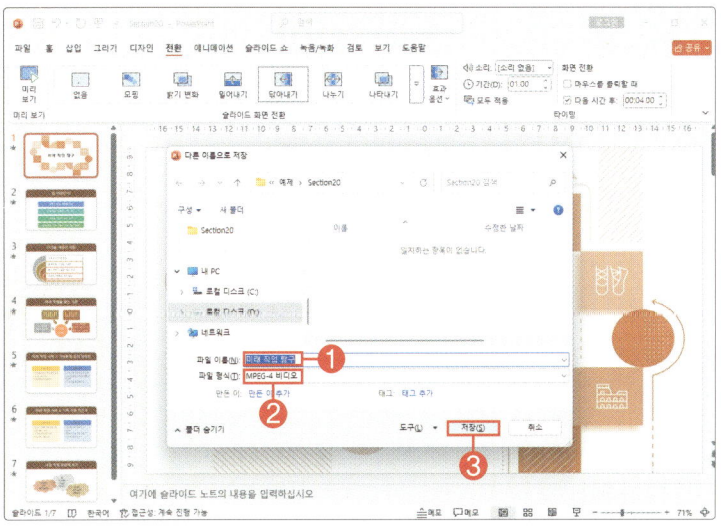

4 ① 상태 표시줄에 '비디오를 만드는 중'이 표시됩니다. ② X를 클릭하여 취소할 수 있습니다.

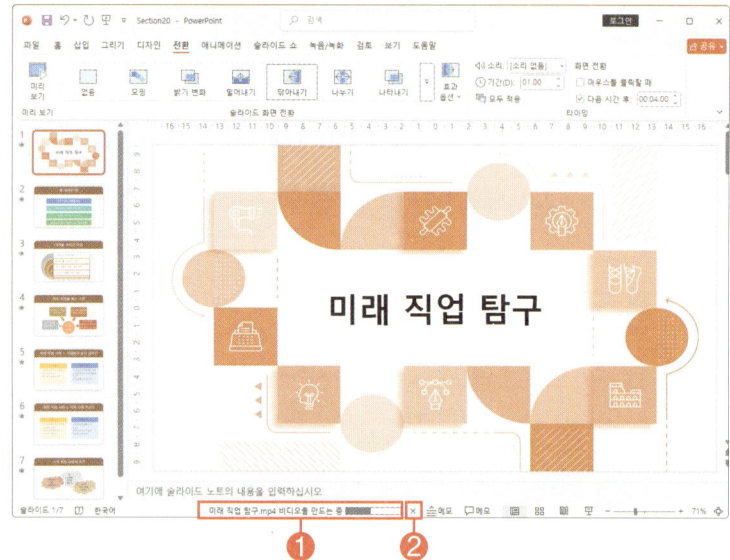

5 '미래 직업 탐구.mp4'를 더블클릭하면 비디오가 실행됩니다.

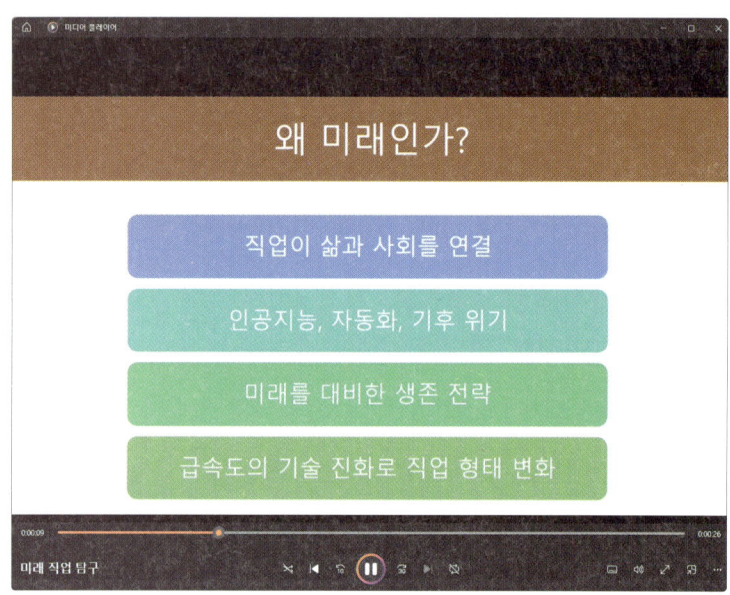

6 슬라이드를 애니메이션 GIF 형식으로 저장할 수 있습니다. [파일] 탭의 ① [내보내기]에서 ② [애니메이션 GIF 만들기]를 클릭합니다. ③ 파일 품질을 선택한 후 ④ '각 슬라이드에 소요된 시간(초): 3'으로 설정하고 ⑤ [GIF 만들기]를 클릭합니다.

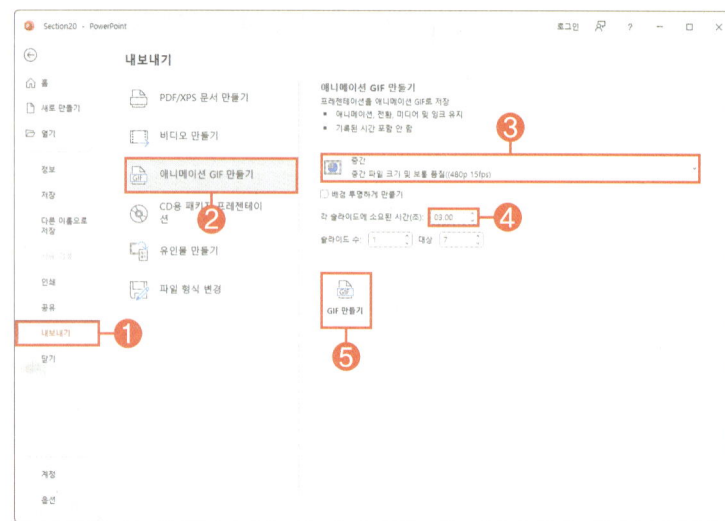

7 [다른 이름으로 저장] 대화상자가 열리면 ❶ '파일 이름'은 "미래 직업 탐구–GIF"로 입력한 후 ❷ [저장]을 클릭합니다.

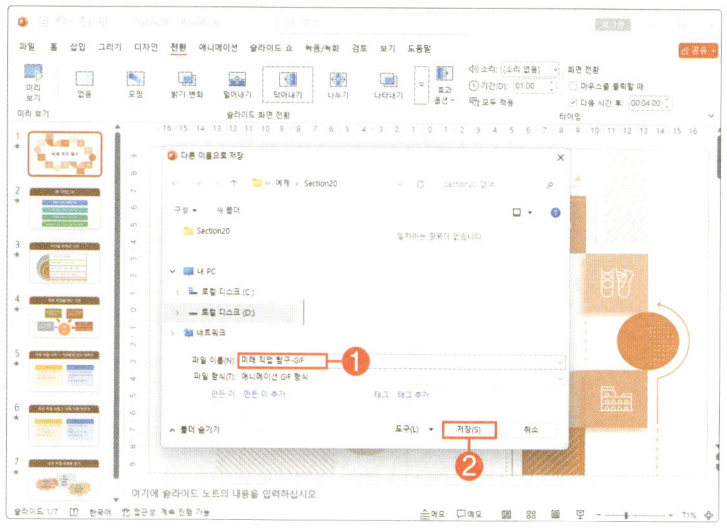

8 ❶ 상태 표시줄에 'GIF 파일을 저장 중'이 표시됩니다. 마찬가지로 ❷ X를 클릭하여 취소할 수 있습니다.

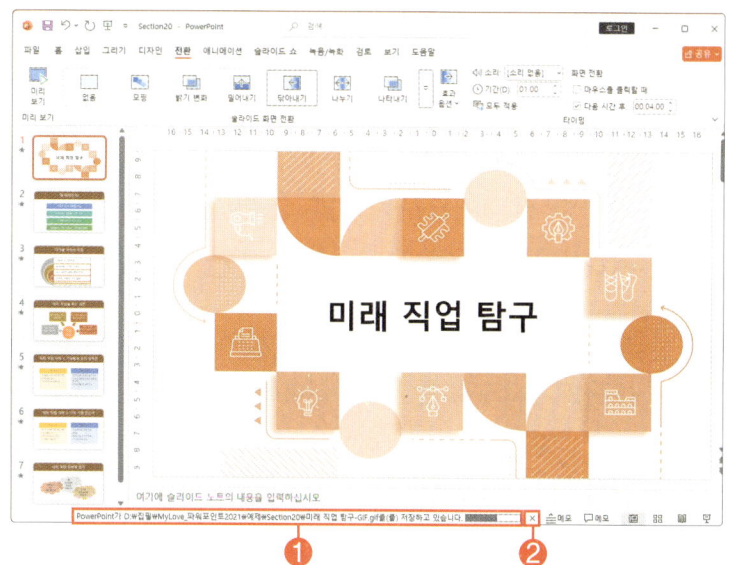

9 '미래 직업 탐구–GIF.gif'를 더블클릭하여 애니메이션을 실행합니다.

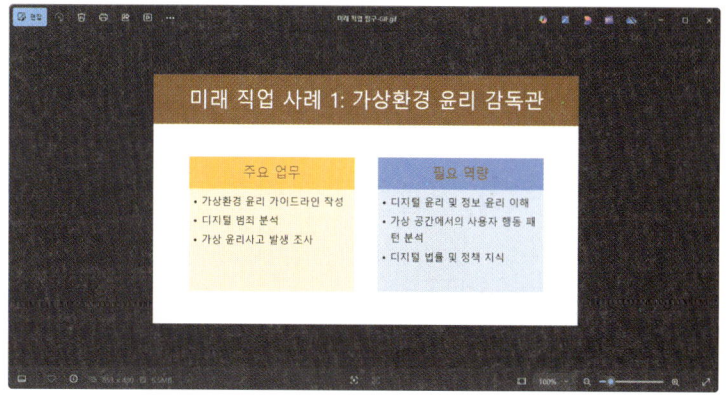

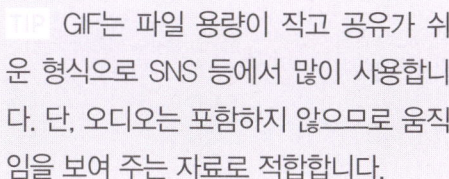 GIF는 파일 용량이 작고 공유가 쉬운 형식으로 SNS 등에서 많이 사용합니다. 단, 오디오는 포함하지 않으므로 움직임을 보여 주는 자료로 적합합니다.

인쇄 설정하기

1 슬라이드를 인쇄하기 위해 [파일] 탭의 ❶ [인쇄]를 클릭합니다. 모든 슬라이드를 인쇄하려면 '설정'에서 ❷ '모든 슬라이드 인쇄'를 선택합니다.

> TIP 선택된 현재 슬라이드만 인쇄할 때는 '현재 슬라이드 인쇄'를 선택합니다.

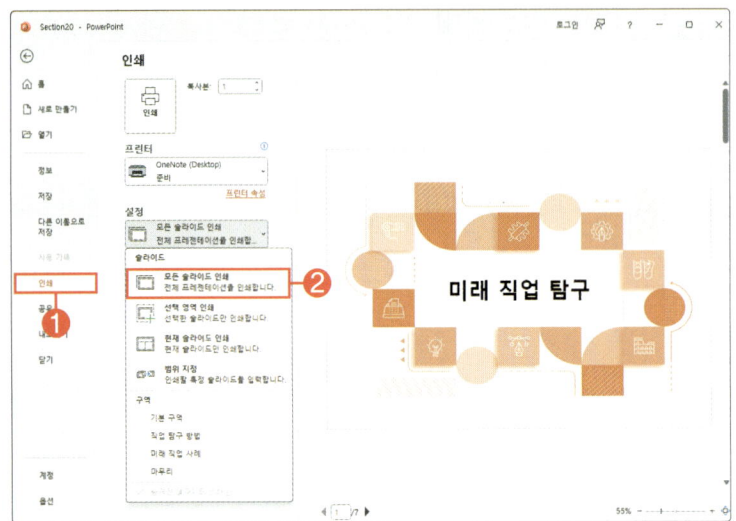

2 특정한 범위만 인쇄하려면 '설정'에서 ❶ '범위 지정'을 클릭합니다. '슬라이드 수'에 ❷ "3-7"을 입력하면 3번 슬라이드부터 7번 슬라이드까지 인쇄됩니다.

> TIP 연속되지 않은 슬라이드를 인쇄할 때는 쉼표(,)로 슬라이드 번호를 구분하여 입력합니다. 예를 들어 1번과 6번 슬라이드를 인쇄하려면 '1, 6'을 입력합니다.

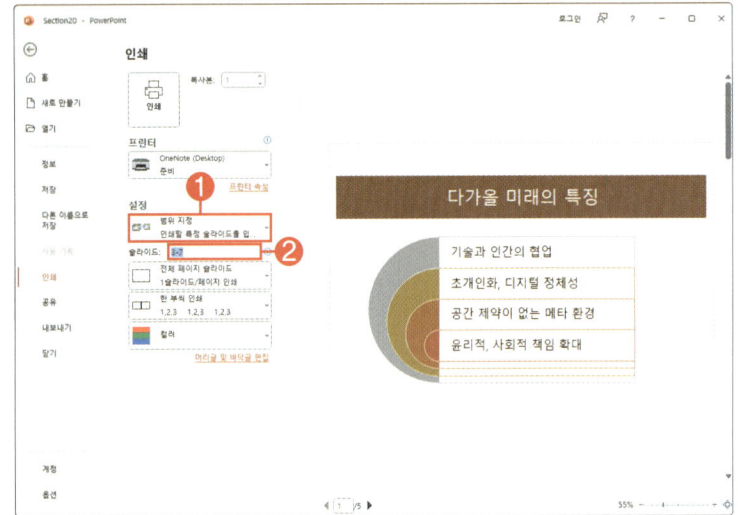

3 슬라이드에 구역을 설정한 경우 구역별로 인쇄가 가능합니다. ❶ '설정'에서 ❷ '구역: 미래 직업 사례'를 선택합니다. 선택한 구역만 인쇄됩니다.

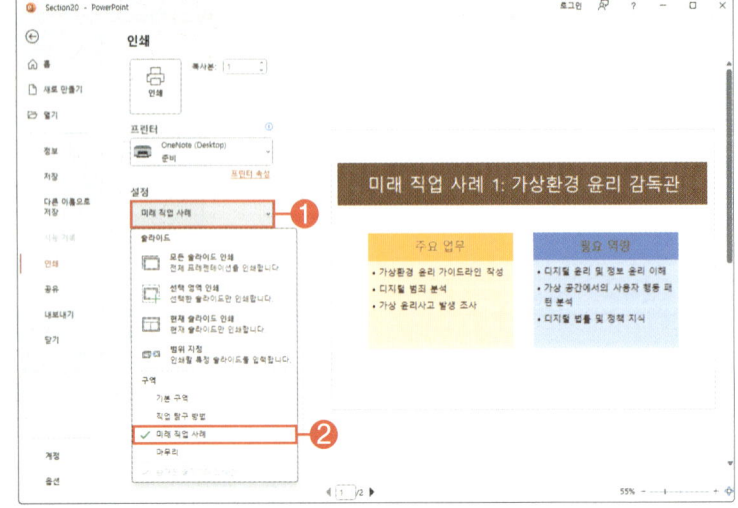

4 인쇄 영역 설정 후 한 페이지에 인쇄될 슬라이드를 선택합니다. 한 페이지에 슬라이드 한 장씩 인쇄하려면 ❶ '전체 페이지 슬라이드'를 클릭합니다.

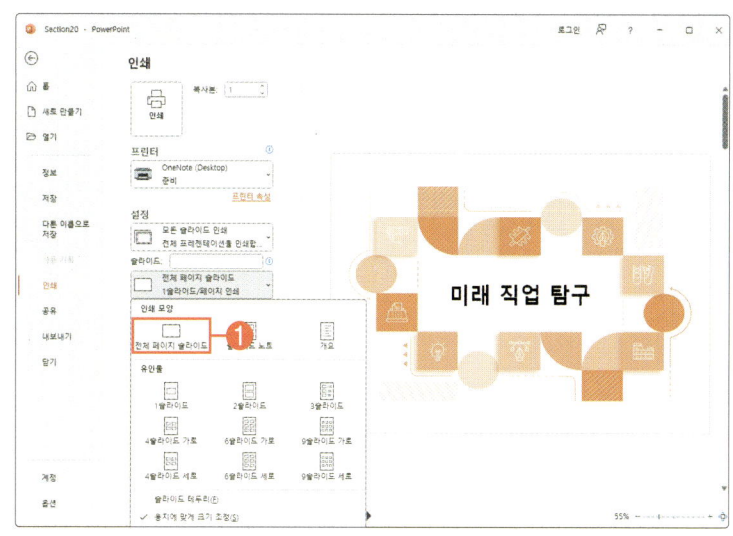

5 한 페이지에 두 장의 슬라이드를 인쇄하려면 ❶ '유인물 − 2 슬라이드'를 선택합니다. ❷ '슬라이드 테두리'와 '용지에 맞게 크기 조절'에 체크합니다.

TIP 슬라이드 노트는 '슬라이드 노트 마스터'에서 설정한 대로 인쇄됩니다. 슬라이드 노트 편집은 [보기] − [마스터 보기] − [슬라이드 노트 마스터]에서 편집할 수 있습니다.

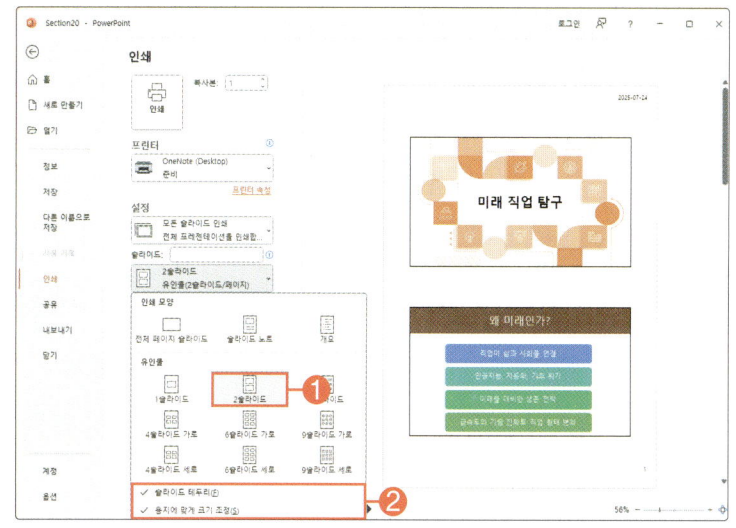

6 ❶ '컬러, 회색조, 흑백' 중에 '컬러'를 선택한 후 ❷ [인쇄]를 클릭하면 출력됩니다.

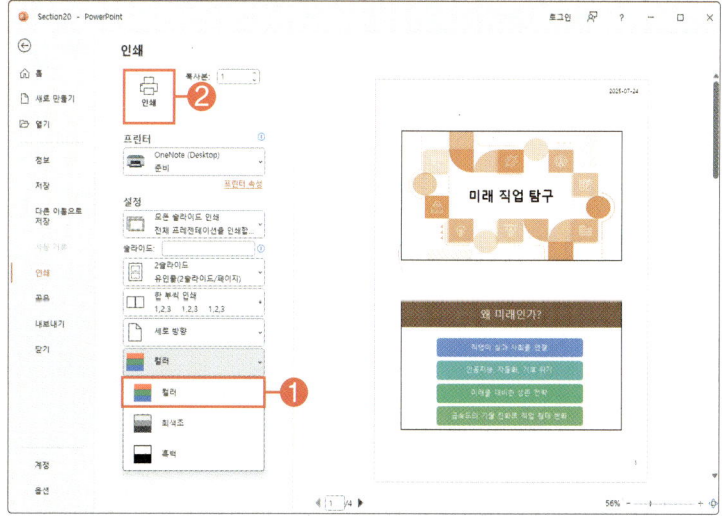

발표자 노트 인쇄하기

1 발표자 노트를 포함하여 인쇄하기 위해 [파일] 탭의 ❶ [인쇄]를 클릭합니다. '설정'에서 ❷ '모든 슬라이드 인쇄'를 선택하고 ❸ '인쇄 모양 – 슬라이드 노트'를 클릭합니다.

> TIP 발표자 노트를 인쇄하여 발표 연습이나 회의자료 준비에 사용할 수 있습니다.

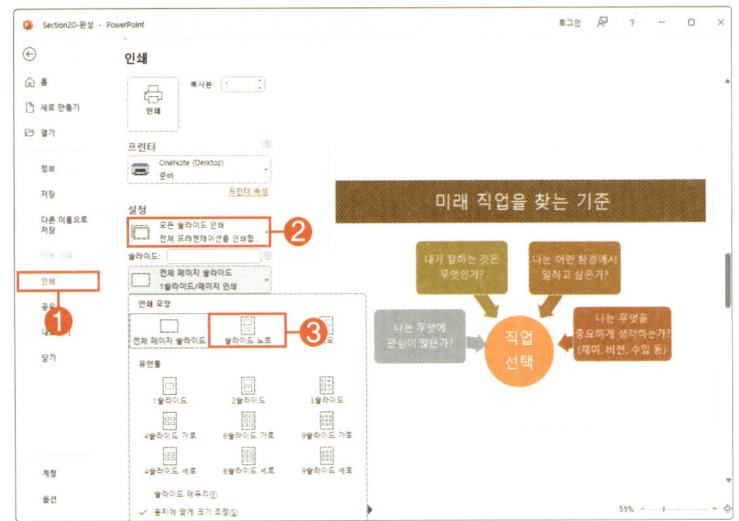

2 용지를 ❶ '세로 방향'으로 하고 날짜를 삽입하기 위해 ❷ '머리글 및 바닥글 편집'을 클릭합니다.

> TIP 슬라이드나 슬라이드 노트 영역의 크기는 '슬라이트 노트 마스터'에서 조절할 수 있습니다.

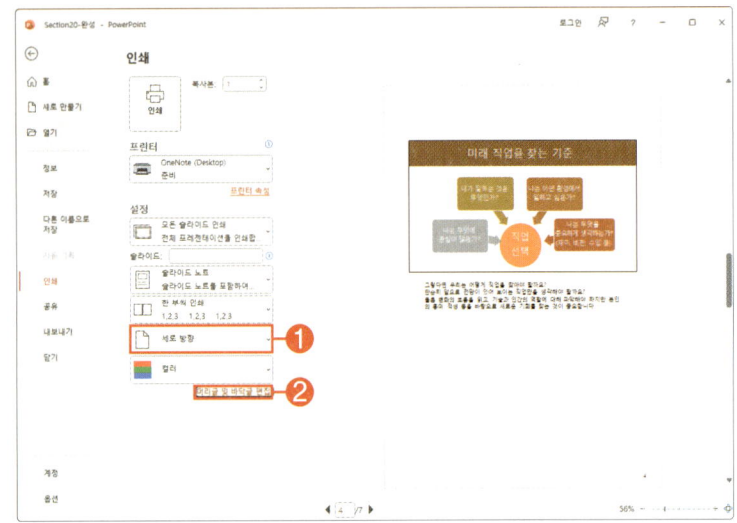

3 [머리글/바닥글] 대화상자가 열리면 ❶ [슬라이드 노트 및 유인물] 탭을 클릭한 후 ❷ '날짜 및 시간'을 체크합니다. ❸ '자동으로 업데이트'를 클릭하고 ❹ [모두 적용]을 누른 후 ❺ [인쇄]를 누릅니다.

> TIP '직접 입력'을 체크하고 원하는 날짜를 입력할 수 있습니다.

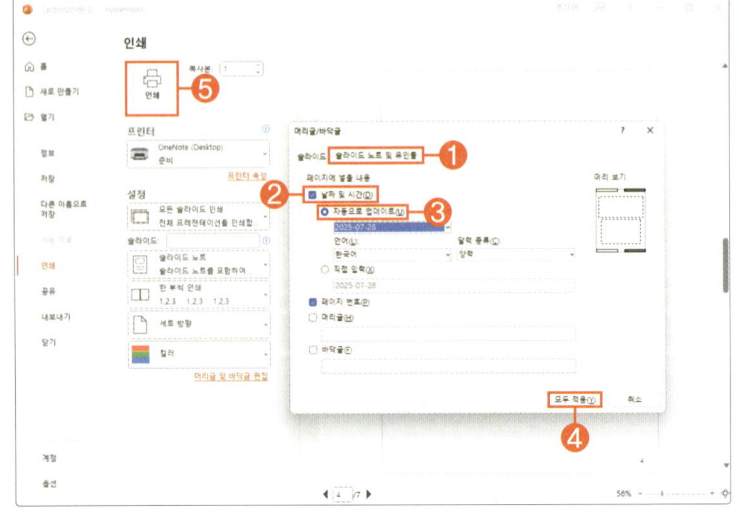

LEARN MORE

프레젠테이션을 위한 최종 점검

예상치 못한 상황에 당황하지 않으려면 실전에 대비해 꼼꼼히 점검하는 것이 좋습니다.

사전 체크 리스트		
구분	내용	확인
내용 점검	핵심 메시지가 명확한가?	
	불필요한 슬라이드는 없는가?	
파일 점검	파일은 백업하였는가?	
	현장에서 사용하는 컴퓨터에 글꼴은 설치되어 있는가?	
	이미지, 동영상 링크가 잘 연결되는가?	
슬라이드 쇼	리허설 후 발표 시간은 적절한가?	
	프레젠테이션에 사용할 펜/레이저 도구에 익숙한가?	
공유	슬라이드를 PDF, 비디오 등으로 저장하였는가?	
	청중 배포용 슬라이드는 인쇄하였는가?	

추천 도구 정리

프레젠테이션을 할 때 전체 흐름과 시간을 맞추는 것이 중요합니다. 프레젠테이션 직전에 활용할 수 있는 도구 위주로 예행 연습을 진행해 봅니다.

목적	기능	실행 방법
발표 시간 조절	'예행 연습'으로 진행 시간 기록	[슬라이드 쇼] – [예행 연습]
발표자 화면 확인	발표자 노트, 다음 슬라이드 확인	Alt + F5
발표 녹화	슬라이드 쇼 녹화	[슬라이드 쇼] – [레코드]
PDF/비디오 파일 저장	파일을 고정된 형식으로 저장하여 배포용/백업용으로 활용	[파일] – [내보내기]
필기, 내용 강조	펜/형광펜/레이저 포인터 사용	[포인터 옵션]
슬라이드 전환 점검	전환 방식, 타이밍 확인	[전환] 또는 [슬라이드 쇼] – [슬라이드 쇼 설정]

1 'Section20-기초-준비.pptx' 문서를 열고 다음 조건대로 인쇄해 보세요.

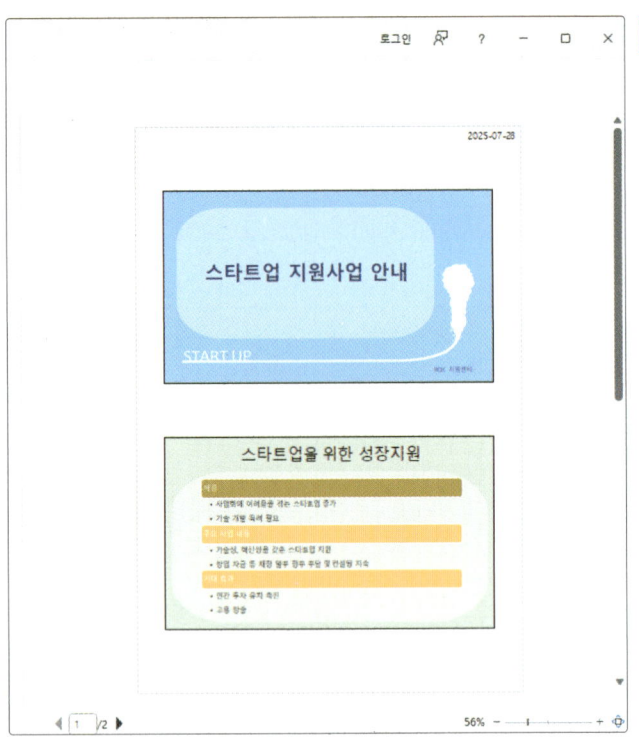

조건

❶ 1번 슬라이드부터 4번 슬라이드까지만 인쇄하되, 인쇄 용지 한 장당 슬라이드가 2개씩 들어가도록 설정하세요.

❷ '슬라이드 테두리', '용지에 맞게 크기 조정', '고품질'로 설정하세요.

2 1번 문제에 이어서 다음 조건대로 인쇄해 보세요.

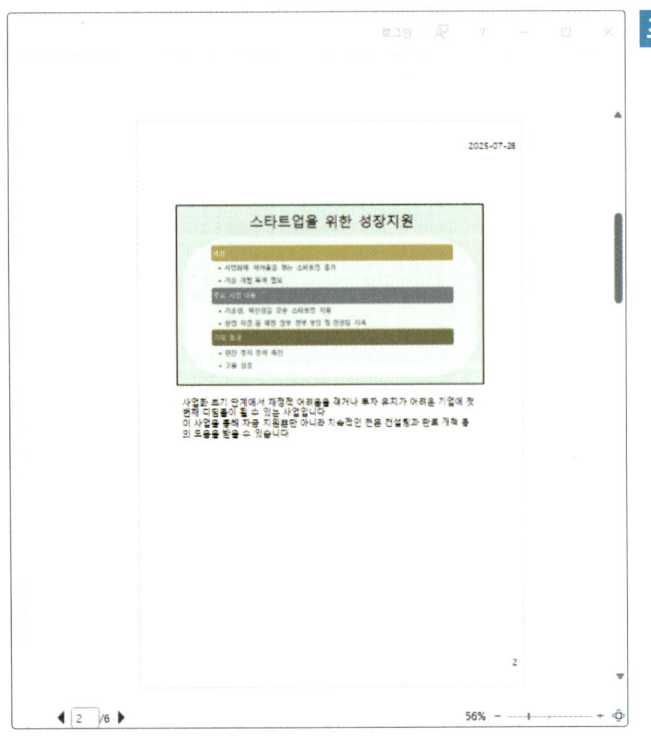

조건

❶ 인쇄 범위는 모든 슬라이드로 설정하세요.

❷ 슬라이드 노트의 '날짜'와 '페이지 번호'를 포함하여 인쇄하세요.

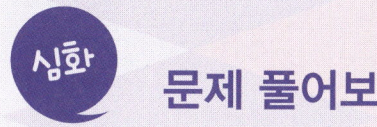

1 'Section20-심화-준비.pptx' 문서를 열고 다음 조건대로 작성해 보세요.

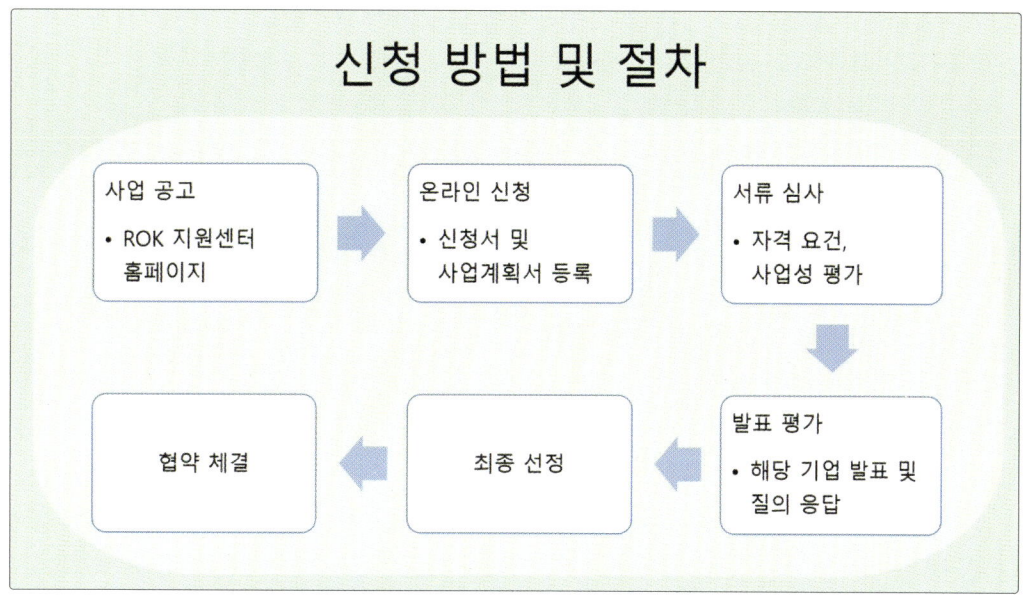

조건

❶ 각 슬라이드의 전환 시간을 3초로 설정하세요.

❷ 파일 이름을 "스타트업 지원사업"으로 MPEG-4 비디오 형식으로 저장하세요.

2 1번 문제에 이어서 다음 조건대로 인쇄해 보세요.

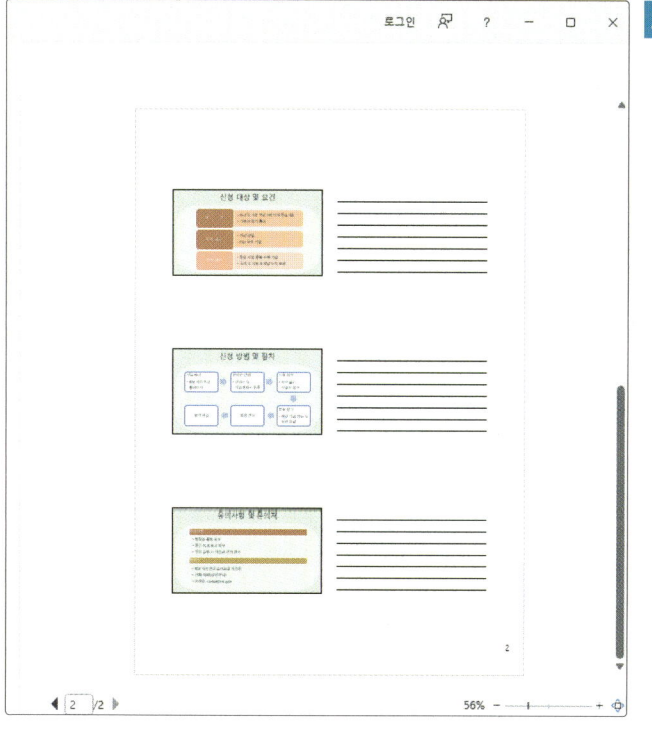

조건

❶ 모든 슬라이드를 유인물 3장으로 인쇄하세요.

❷ 유인물의 날짜는 표시되지 않게 설정하세요.

저자 **이은정**

IT 관련 도서의 국내 출간뿐 아니라 미국 Wiley's Sybex 사와 10여 종의 IT 전문서적 공동출판에 참여한 바 있습니다.
현재는 IT 전문서적 집필과 번역 및 편집 활동을 하고 있습니다.
집필한 도서로는 《파워포인트 2021로 발표하기》, 《엑셀 2021로 숫자계산하기》가 있으며
번역서로는 《How Computers Work》, 《GITHUB 사용설명서》, 《빅테이터》 등이 있습니다.
2022 개정교육과정 《중학교 정보》, 《고등학교 정보》, 《고등학교 소프트웨어와 생활》과
충북교육청에서 개발한 2022 개정교육과정 《인공지능 생활탐구》, 《인공지능 교과탐구》 등의
교과서 편집에 참여하였습니다.

파워포인트 2021

New My Love 시리즈

2025년 10월 10일 초판 1쇄 인쇄
2025년 10월 20일 초판 1쇄 발행

펴낸곳 (주)교학사

펴낸이 양진오

주 소 (공장)서울특별시 금천구 가산디지털1로 42 (가산동)
          (사무소)서울특별시 마포구 마포대로14길 4 (공덕동)

전 화 02-707-5310(편집), 02-838-5673(주문)

문 의 itkyohak@naver.com

팩 스 02-864-3723(영업)

등 록 1962년 6월 26일 〈18-7〉

교학사 홈페이지 http://www.kyohak.co.kr

책을 만든 사람들
저 자 ㅣ 이은정
진 행 ㅣ 전경숙
디자인 ㅣ 송지선